Este es un libro que que atraviesan problem todos los cristianos están enfrascados. Aun cuando algunos aspectos de este libro tal vez parezcan extraños a algunos cristianos, *Recuperemos el terreno perdido* provee consejería práctica y bíblica sobre cómo vivir en la victoria individualmente y también como familia.

J. Ronald Blue, Doctor en Filosofía.
Presidente, CAM Internacional

Al viajar por las naciones del mundo para predicar el evangelio, percibo que la intensidad de la batalla por el corazón de las personas está creciendo rápidamente. El corazón de la batalla en el Oeste parecer estar en la familia. Como naciones y como individuos hemos cedido mucho terreno al enemigo. El libro de Jim Logan viene muy a tiempo, es sólido teológicamente y muy necesitado. Nos señala el terreno de nuestra vida y familias que hemos cedido a Satanás. Luego nos dirige a soluciones bíblicas y prácticas para reclamar ese terreno. De todo corazón recomiendo este libro a los cristianos en todas partes.

Sammy Tippit
Autor, evangelista internacional

Jim Logan habla y escribe desde un trasfondo de larga experiencia en el estudio, la lectura, la enseñanza y el ministerio. Hace una contribución significativa al debate actual sobre el conflicto espiritual continuo entre nuestro Señor y su pueblo por un lado, y Satanás y sus seguidores por el otro. Este libro debe leerse y estudiarse ampliamente en la iglesia, y aplicarse sus principios y pautas.

Dr. Timothy M. Warner
Autor, profesor

RECUPEREMOS EL TERRENO PERDIDO

RECUPEREMOS EL TERRENO PERDIDO

*Protegiendo a su familia
de los ataques espirituales*

Jim Logan

Create Space

Título del original: *Reclaiming Surrendered Ground*. © 1995 por el Instituto Bíblico Moody de Chicago. Todos los derechos reservados.

Edición en castellano: *Recuperemos el terreno perdido*. © 2013, CreateSpace Inc.. Todos los derechos reservados.

Ninguna parte de esta publicación podrá reproducirse de ninguna forma sin permiso escrito previo de los editores, con la excepción de porciones breves en revistas y/o reseñas.

Traducción: Miguel Mesías
Diseño gráfico: Frank Gutbrod

BIBLICAL RESTORATION MINISTRIES INC.
1551 Indian Hills Drive STE 200, Sioux City, IA 51104
www.biblicalrestorationministries.org

This book was first published in the United States by:
Moody Publishers
820 N. LaSalle Blvd.,
Chicago, IL 60610
with the Title Reclaiming Surrendered Ground,
Copyright © 1995 by Jim Logan. Translated by permission

ISBN 1-4912-9761-1

*A mi amada esposa, Marguerite, quien
ha estado a mi lado por más de 40 años,
y a nuestros cuatro hijos y sus cónyuges:
Cheryl y Tom,
Teri,
Wendy y Tim,
Richard y Diana,
y nuestros seis nietos:
Michelle, Sarah, Elizabeth,
Jeremiah, Rachell y Malachi.*

CONTENIDO

Índice de pasos hacia un «Terreno más alto».............. 10
Prólogo 11
Reconocimientos 13
Introducción 15

PARTE 1: CÓMO ESTAR ALERTA PARA LA BATALLA
1. La batalla y la victoria 21
2. Cediendo y ganando terreno espiritual 33

PARTE 2: CEDIENDO TERRENO, RECUPERANDO TERRENO
3. A tientas en las tinieblas 49
4. Mirando hacia atrás: La falta de perdón y la amargura 63
5. Siempre está bien arreglar las cosas 76
6. ¿Por qué es tan terrible el orgullo? 89
7. Cómo romper los grillos de la esclavitud sexual 98
8. Las familias bajo ataque 110
9. La protección de un padre y esposo 121
10. La belleza duradera de una esposa y madre 132
11. Los niños también pueden resistir 143

PARTE 3: CÓMO PERMANECER LIBRES
12. ¿Quién es el ganador y quién es el perdedor aquí? 159
13. Aprenda a vivir como un ganador 169
14. Qué vestir para la batalla 180
15. La batalla está en su cabeza 191
    Notas 204
    Bibliografía selecta 207

ÍNDICE DE PASOS HACIA UN «TERRENO MÁS ALTO»

1. Cómo romper la esclavitud del ocultismo 54
2. Cómo deshacerse de la amargura 69
3. Cómo tener limpia la conciencia 81
4. Rebelión 88
5. Cómo lidiar con el orgullo 95
6. Cómo librarse de la esclavitud sexual 104
7. Iniquidades y maldiciones familiares 115
8. Un plan de batalla para el esposo 129
9. Un plan de batalla para la esposa 139
10. Cómo ayudar a nuestros hijos 153
11. Cómo descansar en Cristo 165
12. Cómo resistir a Satanás 174
13. Cómo vestirse la armadura espiritual 187
14. Cómo renovar su entendimiento 197

PRÓLOGO

Como cristianos estamos enfrascados en una guerra intensa con nuestro implacable enemigo, el diablo, a quien el Apóstol Pablo llama el «príncipe de la potestad del aire» (Ef. 2:2).

Debido a que Satanás y todas sus fuerzas son espíritus, nuestra batalla es espiritual y nuestras armas deben ser armas espirituales. Eso es exactamente lo que Pablo dice en Segunda de Corintios 10:3-4: «Pues aunque andamos en la carne, no militamos según la carne; porque las armas de nuestra milicia no son carnales, sino poderosas en Dios para la destrucción de fortalezas.»

Y para asegurarse de que comprendemos la intensidad del conflicto en que estamos, Pedro nos recuerda que «vuestro adversario el diablo, como león rugiente, anda alrededor buscando a quien devorar» (1 P. 5:8). Si el diablo no se amilanó para tentar a Jesús a desobedecer a su Padre celestial en el desierto, y si el diablo tramó por medio de hombres malos destruir a Jesús en la cruz, podemos estar seguros de que no vacilará en atacarnos.

Sin embargo, no tenemos que temer a nuestro enemigo y sus artimañas. Alabado sea Dios que por medio de su muerte y triunfal resurrección el Señor Jesucristo ha obtenido la victoria para nosotros sobre Satanás y las fuerzas del mal (2 Co. 2:14; Col. 2:15). Nuestro privilegio, nuestra tarea asignada, es permanecer en la victoria que Jesús da, fijos nuestros ojos en Él (He. 12:2).

No obstante, el diablo es un enemigo sagaz. Ha estado tentando al pueblo de Dios por siglos, poniendo trampas y argucias en nuestro caminos para que apartemos de Jesús nuestros ojos y los fijemos en nuestras circunstancias. Cuando eso ocurre, seguro que tropezamos y caemos.

El diablo nos tienta de muchas maneras, y sus métodos difieren para cada uno de nosotros, porque él conoce nuestro lado débil. Sea inmoralidad, deshonestidad, amargura u orgullo, él sabe lo que se necesita para seducirnos. Y la naturaleza del pecado es tal que si no lidiamos con el pecado y fortificamos esas esferas de debilidad, continuaremos experimentando derrota espiritual.

Por eso es tan importante comprender Efesios 4:27 si vamos a llevar vidas de victoria y de poder sobre el pecado y sobre Satanás. Pablo indica en este versículo que si damos cabida y alimentamos nuestro pecado, le damos «lugar» al diablo en nuestra vida. Esta palabra lleva la idea de una «base» un «lugar donde estar» o un «terreno» en nuestro corazón que ahora él ocupa. Una vez que le hemos cedido ese terreno a Satanás, es de vital importancia que sepamos cómo recuperarlo, reclamarlo, y cómo resistir exitosamente al tentador usando la armadura espiritual que Dios nos provee (Ef. 6:10-18). Este es el punto clave, el meollo de la guerra espiritual. Creo que los conceptos que acabo de delinear son tan indispensables para librar exitosamente la guerra espiritual contra Satanás, que estoy contento de recomendarle el libro de James Logan.

El doctor Logan es un veterano de muchos años en la batalla, y ha ayudado a miles de personas a hallar nueva libertad y victoria duradera en Cristo. Su libro muestra, paso a paso, cómo usted o alguno de sus seres queridos puede reclamar el terreno que el enemigo ha ganado en su vida, incluso aun cuando Satanás esté bien atrincherado en ese terreno dentro de sus fortalezas. Las armas que Cristo nos da son capaces de derribar las fortalezas de Satanás y reemplazarlas con las fortalezas de la verdad. *Recuperando el terreno perdido* es un libro que se necesita mucho, y es mi oración que mientras lo lea Dios le abra sus ojos y oídos espirituales a su verdad.

CHARLES STANLEY
Pastor, Primera Iglesia Bautista de Atlanta,
Georgia, Estados Unidos de América

RECONOCIMIENTOS

En la preparación de este manuscrito reconozco con gratitud a Mark Ellis por su ayuda con las palabras griegas, Stan Udd por su ayuda con las palabras hebreas, y Bill Gothard, por el significativo trabajo que él y su personal en el Instituto de Principios Básicos de la Vida ha hecho en las áreas de recuperar el terreno y derribar fortalezas en las vidas de cientos de familias.

Estoy especialmente agradecido a Phil Rawley, quien puso este libro en orden lógico y me ayudó a expresar bien ideas importantes. Sin él, no hubiera habido libro.

Por último, estoy agradecido a todos en el Centro Internacional de Consejería Bíblica por su estímulo durante todo el proyecto y como consiervos diarios en el ministerio.

INTRODUCCIÓN

El primer ataque de Satanás que se registra fue dirigido a la familia, y conforme el siglo veinte se acerca a su final, Satanás todavía está atacando a la familia. La caída y derrota espiritual de Adán y Eva tuvo tanto consecuencias inmediatas para ellos y sus hijos, como consecuencias a largo plazo que todavía se sienten hoy. Satanás continúa usando todo medio a su disposición, y la familia cristiana parece ser uno de sus principales blancos.

Aun cuando su derrota final está asegurada y su poder sobre el cristiano es limitado, Satanás todavía puede influir en los seguidores de Jesús para que pequen. Todavía busca un «lugar» nos dice el Apóstol Pablo en Efesios 4:27, una oportunidad para ganarse un sitio en la familia usando a cualquier miembro de la misma. Una vez que ha ganado un lugar, Satanás se dedica a trabajar para arruinar a esa familia. Este libro trata sobre cómo proteger a su familia contra tales ataques y reclamar cualquier terreno que Satanás pudiera tener en su vida.

Otra palabra para *el lugar, la oportunidad* o *el sitio* que Satanás está procurando lograr en nuestra vida es *terreno*, que es la idea tras la palabra griega que Pablo usa. De este modo, por todo este libro hablaremos acerca de lo que significa «ceder terreno» al enemigo; es decir, permitirle ejercer influencia sobre nosotros por los pecados y modelos equivocados de conducta que permitimos en nuestra vida.

Efesios 4:27 dice claramente que el creyente es quien da este lugar a Satanás. Este no tiene autoridad en la vida del cristiano excepto en la medida en que el cristiano se la cede.

El pastor y autor Warren Wiersbe explica lo que significa cederle terreno a Satanás:

> Si el creyente cultiva en su vida cualquier pecado conocido, está dándole a Satanás una oportunidad para sentar una base, una cabeza de puente en su vida. Satanás entonces usará esta oportunidad para invadir y apoderarse de otras áreas. Pablo nos advierte en Efesios 4:27: «y no den cabida al diablo.» La palabra que se traduce «cabida» sencillamente significa un lugar, tal como una ciudad o un edificio. Pero lleva la idea de un sitio o una oportunidad, una

ocasión para operar.»¹

Si es posible que el creyente dé lugar al enemigo, entonces es posible —en realidad, es crucial— que ese creyente, en el poder del Espíritu Santo, recupere el terreno que ha cedido al enemigo.

Esta es la esencia de este libro. Quiero ayudarlo a comprender las distintas maneras en que el pueblo de Dios puede cederle terreno a Satanás. Pero todavía más importante, quiero guiarlo a usted y a su familia, mediante nuestro estudio de la Palabra de Dios y de pasos específicos de acción que puede dar, a recuperar cualquier terreno que le ha rendido a Satanás. Desde el capítulo 3 hallará en cada capítulo un listado de una página de pasos prácticos, llamados «Terreno más alto», que lo ayudará a usted y a su familia a eliminar la influencia satánica de sus vidas. Los catorce «Terrenos más altos» han demostrado ser eficaces en el ministerio de consejería del Centro Internacional de Consejería Bíblica (ICBC) en Sioux City, Iowa, Estados Unidos de América, del que soy miembro.

Cuando la casa de publicaciones *Moody Press* me pidió por primera vez que escribiera este libro, decliné la oferta. No soy escritor; el volumen de mi trabajo de consejería es muy grande y hay numerosos libros publicados sobre los varios aspectos de la guerra espiritual. Pero al tratar con las personas por teléfono, en conferencias y en mi oficina, me di cuenta de los estragos que Satanás está causando a las familias cristianas, y sentí que un libro de las verdades bíblicas que he hallado en la Palabra de Dios y confirmado en mi tarea de aconsejar espiritualmente podría ayudar a las familias.

Un poco acerca de mí mismo. He estado brindando lo que llamo «asesoramiento de guerra espiritual» a cristianos por más de diez años. Les aseguro que no fue un ministerio que yo hubiera estado buscando. Soy extremadamente conservador en mi teología. Mi trasfondo es «evangelicalismo» clásico en todo sentido; queriendo decir que me enseñaron y creía que mientras los demonios y el mundo demoniaco son verdaderos, en realidad no se manifiestan en ninguna manera significativa en la vida diaria del pueblo de Dios. Eso era un pensamiento demasiado radical.

Es más, dedicarme a tiempo completo a la enseñanza y la consejería sobre el tema de la guerra espiritual es extraño a todo para lo que me preparé y a todo lo que yo mismo enseñaba como profesor en una universidad cristiana, capellán, y luego como pastor por más de veinte años de cuatro iglesias teológicamente conservadoras. Pero mientras asesoraba a misioneros de una destacada misión evangélica, tuve que ayudar a una mujer que claramente estaba bajo ataque satánico. Mi experiencia con esa misionera, que relato en el capítulo 1, cambió mi pensamiento respecto a la influencia satánica sobre los cristianos, y me inició en la consejería sobre guerra espiritual. Desde entonces he aconsejado a cientos de familias en las cuales había claramente influencia satánica presente.

Lo he visto demostrado incontable número de veces: cuando un miembro de la familia es derrotado por el enemigo, eso puede tener efectos devastadores sobre la familia entera. Un adolescente en rebeldía, un padre sujeto a algún tipo de cautiverio espiritual, o una madre que sufre, afectará a la familia entera. El enemigo lo sabe. ¡Por eso está trabajando tan arduamente para ganar una base para entrar a su familia y a la mía!

Al bosquejar este libro parecía lógico empezar con cuestiones que podrían aplicarse a cualquier miembro de la familia, y luego pasar a las relaciones específicas dentro de ella. Los testimonios que se usan en este libro han sido alterados ligeramente cuando ha sido necesario, a fin de proteger la identidad de las familias involucradas. Como parte de esta protección, se han cambiado todo los nombres de las personas que se han aconsejado.

Muchos de los testimonios personales que leerá en este libro son tomados de las cartas pidiendo oración que envío periódicamente a los que respaldan mi ministerio. Casi sin excepción, los testimonios fueron escritos por los propios protagonistas.

El centro de consejería del que soy parte es una organización sin fines de lucro dedicada a ayudar a las personas a vivir en la victoria espiritual que Cristo ganó por nosotros en la cruz. Mis pacientes vienen de todas partes de la nación, y a veces de países extranjeros, para una semana de asesoramiento intenso.

El meollo de nuestro ministerio es ayudar a las personas a descubrir dónde le han cedido terreno al enemigo, y llevarlos a reclamar ese terreno y a la completa libertad interna que en Cristo es la primogenitura de todo cristiano. El procedimiento que sigo queda explicado en este libro.

No cobramos nada por nuestros servicios de asesoramiento y consejo. En lugar de eso, lo que hacemos es esperar que Dios suplirá nuestras necesidades, así como lo espera un misionero. Cuán agradecidos estamos por las iglesias e individuos que nos respaldan por medio de sus oraciones y donativos monetarios.

El ministerio de consejería en la guerra espiritual ha atraído amplio interés internacional. Mark Bubeck, presidente de ICBC, también dirige nuestra conferencia bienal, a la que asisten representantes de ministerios de consejería de todos los Estados Unidos y muchos países extranjeros. Cerca de seiscientas personas se reúnen en estas conferencias para oír a oradores seleccionados de universidades y seminarios cristianos, y consejeros profesionales escogidos por su pericia en la guerra espiritual y cómo ella se relaciona con la profesión de asesorar o aconsejar.

El hecho es que Satanás desea poner tanta presión sobre nuestra familia como para que nos rindamos sin luchar. Pero Efesios 6 nos dice que cuando hemos hecho todo podemos estar firmes y mantener nuestra posición. Confío en que este libro lo ayudará precisamente a hacer eso. ¡La victoria es suya en Jesucristo! Si hay aspectos específicos del conflicto en su propia vida o en su familia respecto a los cuales necesita ayuda adicional, póngase en contacto con nuestra oficina de ICBC y haremos todo lo posible por ayudarlo.

PARTE 1

CÓMO ESTAR ALERTA PARA LA BATALLA

1
LA BATALLA Y LA VICTORIA

Si usted supiera que un ladrón está planeando meterse en su casa esta noche, ¿qué haría? Por lo menos encendería todas las luces dentro y afuera de la casa, y se quedaría vigilando para arruinar sus planes. Eso es prevención sabia. Es eso lo que quiero hacer en este libro: ayudarlo a prevenir y a prepararse para proteger del enemigo a su familia.

Este es un libro sobre la guerra espiritual, un asunto que afecta a cada lector, sea cristiano o no. Las batallas espirituales también involucran a la familia, como el subtítulo del libro lo revela. El hecho es que Satanás, nuestro gran enemigo, tiene un plan bien dirigido de ataque contra las familias: los esposos, los padres, las esposas, las madres y los hijos. A menos que sepamos lo que se propone, no podremos protegernos contra sus artimañas.

Tal vez usted se esté cuestionando declaración semejante a la siguiente. «La guerra espiritual puede haber sido un asunto en la época de Juan Bunyan y *El progreso del peregrino*, y es un problema hoy en las culturas primitivas donde prevalece el animismo y la brujería. Pero no es problema para mí y mi familia.» Usted no está solo al pensar de esa manera. Muchos cristianos evangélicos, y la mayoría de los estadounidenses, relegan a los días de antaño el tema de la guerra espiritual. «Allá en la Edad Media y en la época del oscurantismo la gente no tenía tanta iluminación como tiene ahora» arguyen. «Sabemos mucho más que lo que sabían esas personas, así que no tenemos por qué adscribir una explicación sobrenatural a muchas de las cosas que nos ocurren. La ciencia moderna y los principios de la psicología pueden explicar muchas de las cosas que nuestros antepasados pensaban que eran sobrenaturales.»

Incluso más estadounidenses creen que los espíritus están activos solamente en países primitivos. Allí rige el animismo: la gente cree que Dios dejó a sus espíritus para que gobiernen el mundo. Aun cuando no se preocupan por los buenos espíritus, los animistas pasan toda su vida en temor mortal de ofender a los espíritus malos. Los estadounidenses creen que esa personas luchan contra enemigos espirituales reales o imaginarios debido a su apertura hacia ellos.

Los cristianos correctamente rechazan la perspectiva animista del mundo. Pero mientras que los cristianos en el mundo occidental creen en lo sobrenatural, muchos todavía creen que todo en la tierra se puede esclarecer mediante explicaciones bien sean naturales o científicas. He conocido a muchos cristianos que no creen que el mundo de los espíritus sea real o importante, o que sea necesario tratar con él.

No mucha gente se levanta a menudo para decir eso, pero lo revelan por la manera en que reaccionan. Como Timothy Warner, profesor emérito de *Trinity Evangelical Divinity School* y miembro de la junta del Centro Internacional de Consejería Bíblica, una agencia que asesora a las personas de quienes se sospecha que tienen problemas con las influencias demoniacas, dice: «Las personas tal vez no siempre viven lo que profesan, pero siempre viven lo que creen.»

La realidad de la guerra espiritual

Su nivel de profesión de fe probablemente es una afirmación teórica o teológica de dogma que concuerda con su religión. Pero su verdadera creencia se revela por lo que usted hace bajo presión. La mayoría de nosotros, durante los períodos de presión no consideraríamos que tal vez una batalla espiritual está teniendo lugar en nuestra vida.

Pero a menudo nos hallamos en una feroz batalla con el enemigo de nuestra alma. La guerra espiritual es una realidad bíblica. La pregunta no es si lucharemos contra los espíritus diabólicos, sino ¿quién está ganando? ¿Nos tienen dominados los espíritus?

Los miembros de las familias cristianas, y a veces familias enteras, están siendo aniquilados a diestra y siniestra. No es porque no tengan el poder o los recursos para la victoria, sino porque muchos en el pueblo de Dios no toman en serio al enemigo y su obra, y mucho menos reconocen sus ataques o tratan de resistirlo. El Apóstol Pablo dijo que no quería que los creyentes corintios ignoraran las maquinaciones de Satanás (2 Co. 2:11), pero la iglesia de Jesucristo hoy es terriblemente ignorante de la manera en que trabaja nuestro enemigo.

Una batalla diaria

Por favor, comprenda que no estoy hablando de acontecimientos estrambóticos o cosas que salen volando por los aires. En mi experiencia de consejería he visto manifestaciones visibles de demonios, pero estas distan mucho de ser la norma. Cuando ocurren estas cosas, por lo general estoy tratando con personas que están tan profundamente esclavizados al enemigo de una manera u otra que éste domina una cantidad enorme de terreno desde donde operar en sus vidas.

Para la vasta mayoría de cristianos, la guerra espiritual es otro nombre para la batalla diaria que libramos contra «todo lo que hay en el mundo, los deseos de la carne, los deseos de los ojos, y la vanagloria de la vida» (1 Jn. 2:16).

Aun cuando la mayoría de nosotros memorizamos versículos como estos cuando éramos niños, todavía no comprendemos cómo trabaja Satanás. La Iglesia está pagando un enorme costo por esta negligencia e ignorancia de una de las verdades fundamentales de la vida cristiana: el hecho de que la guerra espiritual es real y que estamos en guerra.

Tres en guerra

Por eso pensé que sería útil darle desde el mismo principio algunas nociones de la seriedad de la batalla, presentándole a tres personas a quienes conozco y a quienes he aconsejado durante los últimos años pasados.

Mary, Angie y Bill son personas muy diferentes, y en circunstancias muy diferentes. Pero tiene algo en común. En primer lugar, son cristianos sinceros y comunes, miembros de familias cristianas que bien podrían ser sus vecinos o miembros en su propia iglesia. En segundo lugar, cada uno de ellos ha tenido un encuentro cara a cara con la realidad de la guerra espiritual, y ha visto cómo la batalla puede afectar a los creyentes como individuos y a sus familias.

Mary tiene algo más de cincuenta años, y está criando dos hijos con su esposo, Rob. Él es un miembro respetado de su comunidad y líder laico en su iglesia. Sin embargo, en años recientes, él se ha puesto muy áspero con ella y ha rechazado todo esfuerzo de ella por expresar cariño e interés.

Al principio Mary no lo sabía, pero su esposo estaba librando una batalla perdida contra una problema en particular en su propia vida. Sus episodios repetidos de derrota espiritual le habían dado a Satanás toda la apertura que necesitaba para traer tentaciones destructivas a la vida de este hombre. Y debido a que el esposo de Mary no vive en aislamiento, su conflicto afectaba a todos los que le rodeaban.

Mary pronto se percató de que su situación no era un revés momentáneo y que la batalla de Rob era mucho más que un conflicto contra sangre y carne. Sabía que tenía que tomar una decisión: darse por vencida por completo en su matrimonio, o quedarse pero rendirse a la amargura y a la ira, lo que le daría al enemigo una apertura en su vida también.

Felizmente Mary escogió una tercera opción, y Dios le dio la fuerza para ponerla en práctica. Esto es parte del testimonio que escribió y me envió:

> Este es un testimonio del amor y la fidelidad de Dios, el cual usó un tiempo muy difícil y de soledad en mi matrimonio para atraerme a sí mismo de una manera profunda e íntima. ...
> Cinco años pasaron desde que sospeché por primera vez la intervención demoniaca en la vida de mi esposo hasta su liberación.

Conforme aprendía más y más acerca de la guerra espiritual, me percataba de que el espíritu sombrío y pesado que algunas veces lo caracterizaba no era necesario. Algunas veces él tomaba días de oración y ayuno, pero sin gozo alguno. Estaba atormentado por pensamientos que no quería tener, pero de los que no podía librarse. Era frío, y la mayoría del tiempo me rechazaba y me criticaba, y en realidad me sentía muy mal por todo eso pero no podía sobreponerme.

Una oración que elevaba durante esos cinco años era que si mi esposo necesitaba liberación, el Señor Jesús la produciría a su tiempo y a su manera. La situación estaba en sus manos, y sabía que debía dejarla allí. Estaba aprendiendo de una manera especial que puedo confiar en que el Señor Jesús hará lo que es correcto y bueno, incluso aun cuando no comprenda cómo Él va a lograrlo.

Llegué al punto donde pude decirle al Señor que por amor a mi esposo me gustaría verlo libertado, pero que por causa de mí misma todo estaba bien si nada cambiaba porque Jesús mismo era suficiente.

Estoy especialmente agradecida que el Señor me demostró con claridad que no deseaba sólo una respuesta externa de amor [hacia el esposo de ella], sino que Él podía darme una respuesta de amor de corazón. Eso evitó que permitiera la amargura en mi vida. Como resultado, cuando mi esposo fue a ver a Jim Logan y en realidad quedó libre, nuestra relación fue restaurada de una manera hermosa e inmediata.

Fue una respuesta real a la oración cuando el esposo de Mary accedió a venir para recibir consejería. Fue emocionante verlo llegar a su verdadera libertad en Cristo cuando le presenté las mismas verdades que le presentaré a usted en este libro.

En el caso de Angie, conocía a la familia muy bien y había tratado con uno de sus hermanos que estaba teniendo serios conflictos también. En el curso de mi relación con la familia aconsejé al padre de Angie, un hombre que está tan completamente consagrado al Señor que oraba que cualquier problema oculto de la familia pudiera ser sacado a la luz.

Ninguno de nosotros sabía en ese entonces que Angie, de dieciséis años, había estado bregando con pensamientos suicidas desde que era niña. Por años se guardó estos pensamientos para sí por temor de que su papá se enojara con ella y la rechazara si le contaba que le venían estos pensamientos.

Por todas las apariencias externas, Angie era sencillamente una adolescente que amaba al Señor y que tomaba en serio su fe cristiana. Ella pensaba que su problema era un conflicto estrictamente privado porque nunca le dio a nadie indicios de que lo tenía. «Incluso cuando era una niña muy,

muy pequeña, pensaba cómo podría matarme yo misma y las diferentes maneras en que podría hacerlo —me contó Angie más tarde—, incluso hice planes para mi nota de suicidio. Era un secreto que decidí que jamás se lo diría a nadie.»

Pero como Angie lo cuenta en su propio testimonio que sigue, cuando uno de los miembros de una familia se permite caer bajo la influencia demoníaca —y esta era claramente la fuente de sus pensamientos destructivos como lo destacaré más tarde— le abre las puertas al enemigo para que lance ataques destructivos contra el resto de la familia.

Con el tiempo Dios contestó las oraciones del padre. Después de un incidente que le ocurrió a Angie mientras estaba en un viaje misionero, ella le contó su problema secreto a su líder. Este hombre consagrado la condujo a la libertad en Cristo. Angie encontró libertad, y ahora solamente lamenta no haberle contado antes a su padre. En su testimonio ella escribió:

> Quisiera habérselo contado a mi padre mucho tiempo antes. Cuando se lo dije él fue muy comprensivo y de mucha ayuda, y no se enojó. Puedo ver que el enemigo influyó en mí para que pensara que mi padre me rechazaría debido a mi problema. Desde que reconocí la verdadera fuente de estos pensamientos y renuncié a la influencia del enemigo, hasta hoy no he vuelto a albergar ni a considerar pensamientos suicidas.
>
> Me doy cuenta de cuánto terreno le había dado a Satanás al permitirle que introdujera esos pensamientos en mi mente y me hiciera quedar obsesionada por ellos. Aprendí que cuando uno de los miembros de la familia [su hermano] permite la influencia de Satanás, esto le da una puerta abierta al enemigo para que lance ataques destructivos contra el resto de la familia.

Angie continúa siendo libre de estos pensamientos y vive gozosa en el Señor. En los capítulos siguientes se presentará una discusión detallada de la estrategia del enemigo, pero permítame tan solo notar aquí que el conflicto de Angie fue con lo que llamamos «pensamientos intrusos» del enemigo. Como veremos, él en efecto tiene acceso a nuestra mente.

Y dicho sea de paso, a menos que usted piense que Angie es un caso poco común, muchos más adolescentes y niños menores luchan con pensamientos similares de los que la mayoría de nosotros jamás se imaginaría. Ella era una adolescente encantadora y normal que cayó presa de una de las tácticas favoritas del enemigo. Después de todo, veremos más adelante en este capítulo que el plan de Satanás es robar, matar y destruir. No le importa cuán joven sea su blanco.

La tercera persona a quien quiero presentarle es a Bill, quien en efecto trató de quitarse la vida en una ocasión. Alabado sea el Señor que su intento falló, y Bill finalmente decidió buscar ayuda. Él era un esposo y padre, con una esposa consagrada y una casa llena de niños a quienes quería entrañablemente. Usted tal vez esté pensando: *Bill no podía haber querido a su familia tanto si trató de matarse. ¿No sabía él que eso tan solo empeoraría las cosas?* Bill quería, y quiere, mucho a su familia, pero el enemigo había torcido tanto su pensamiento que él en realidad creía que su muerte libraría a su familia de cualquier otro problema.

¿Qué empujó a este talentoso y a todas luces triunfador joven esposo, padre y cristiano sincero a tratar de destruirse a sí mismo? Bill estaba atrapado en una forma particular de esclavitud sexual que al parecer había atado mortalmente su vida. Los problemas de Bill habían empezado a muy temprana edad, pero sus padres cristianos jamás tuvieron ni la menor idea de su aflicción. Después que Bill trató de quitarse la vida y fracasó, buscó consejería cristiana. Pasó un mes en una clínica psiquiátrica bajo el tratamiento de uno de los ministerios cristianos más destacados del país. Al final de ese período, se le dijo que era un incurable adicto al sexo, para quien no había ninguna esperanza de curación. Tendría que convertirse en parte de un programa de tratamiento en doce pasos cada semana por el resto de su vida.

Para cuanto puede ver a Bill, él había pasado año y medio, y había gastado miles de dólares recibiendo consejería cristiana. Su aspecto era terrible. Como veremos en capítulos posteriores, la esclavitud de Bill también le había permitido al enemigo que lanzara ataques destructores contra su familia (Mt. 12:29).

La última vez que verá a Bill en este libro es cuando hablaremos en detalle de la maravillosa obra que Dios hizo en su vida y en las de su esposa e hijos cuando él lidió con las causas de la raíz de su problema. Le cuento de él aquí, y de Mary y Angie, tan solo para dejarle ver una esquina de la caja, por así decirlo, para darle un vistazo previo de cómo la influencia satánica puede afectar a las familias y a los individuos.

El efecto de los ataques de Satanás contra las familias puede ser devastador, particularmente si puede atrapar al padre como la autoridad y protector espiritual designado por Dios para el hogar. Cuando un padre se rinde al pecado y abre su vida a la tentación y control del enemigo, también le abre el camino para que Satanás alcance a su familia y ataque a sus hijos. Si no puede atrapar al padre, el enemigo a menudo atacará a la esposa y madre, lo que también afecta al esposo y a los hijos. Y si el padre y la madre no se tragan el anzuelo, Satanás es lo bastante cruel como para lanzar sus dardos de fuego contra los hijos.

Pero ¡aquí mismo quiero decir que él es un enemigo derrotado! Esas son las buenas noticias de la Palabra de Dios para usted.

Bienvenido a la guerra

He estado dando lo que llamo «consejería de guerra espiritual» a cristianos por más de diez años. Este es un ministerio que ha crecido tremendamente en años recientes, conforme más y más personas del pueblo de Dios llegan a estar alerta del hecho de que hay una guerra en marcha. Mi amigo Neil Anderson, anteriormente profesor de seminario y autor de éxito de librerías, tiene su propio Ministerio de Libertad en Cristo. Yo también trabajo con el Instituto de Principios Fundamentales de la Vida, que ayuda a miles de familia cada año. Además de ministerios como estos y nuestro propio centro de consejería, a los asesores de guerra espiritual como yo y otros, regularmente se nos invita a enseñar los principios de la guerra espiritual en muchas agencias misioneras, conferencias denominacionales y ministerios paraeclesiásticos. También hablamos a auditorios numerosos de padres, hijos y pastores.

Por supuesto, ahora sé que no somos la primera generación que descubre la verdad acerca de la guerra espiritual. Uno de los más de 400 libros acerca de la guerra espiritual en mi biblioteca es una obra titulada *Precious Remedies Against Satan's Devices* [Preciosos remedios contra las artimañas de Satanás], ¡escrito en 1652 por Thomas Brooks! Es uno de los muchos clásicos sobre la guerra espiritual escrito hace mucho, y tratándose de los principios de la guerra espiritual son tan actuales como el periódico de hoy. Dos clásicos posteriores son *War on the Saints* [Guerra contra los santos], de Jessie Penn-Lewis, y *Demon Possession* [Posesión demoniaca], de John L. Nevis.

Uno que dudaba

Debo admitir que inicialmente no creía en los ataques diabólicos contra el cristiano. Como muchos evangélicos, rechazaba la idea de que los demonios pudieran tener alguna clase de influencia sobre el pueblo de Dios. Mi incredulidad no era al nivel teológico, por supuesto. Teológicamente reconocía la existencia de espíritus malos. Tenía que creerlo, porque la Biblia enseña sobre ellos, y yo era —y todavía soy— un que confía en la Biblia a carta cabal. Es decir, acepto la Biblia como la Palabra de Dios, sin errores e infalible. Pero en lo que respecta a la obra activa del enemigo en el mundo, más bien relegaba eso a los dos ámbitos que mencioné anteriormente: bien sea a los «días de antaño» o a los países primitivos y retrógrados espiritualmente.

Por todo lo que sabía, nada sería diferente en ese aspecto cuando me uní al ministerio de una misión evangélica de importancia en 1982. Esta era, y todavía lo es, una de las más grandes agencias misioneras del mundo, con misioneros en más de cien países. Yo fui asistente del presidente, ministrando y aconsejando a misioneros en todo el mundo. Fue allí que Dios empezó a abrirme los ojos a la realidad de la guerra espiritual.

Un día durante aquel tiempo vino a verme una misionera y me dijo: «Jim: Algo anda mal con mi compañera. Pienso que ella tiene un problema demoniaco.»

Llegó a ser creyente

Sobra decirle que me quedé completamente estupefacto cuando ella dijo eso. Estas mujeres eran misioneras veteranas que habían hecho un gran efecto en el mundo para Cristo. La misionera acerca de la cual esta mujer estaba hablando tenía cuarenta años de experiencia en el campo misionero.

—No; no lo tiene —le dije a la misionera preocupada por su compañera—. Eso es imposible.

—Pues, imposible o no, mejor será que la vea, porque usted es el consejero de la misión —me respondió.

No quería ver a esta mujer de ninguna manera, porque ¿qué tal si era verdad? No sabría qué hacer. No tenía ni preparación ni experiencia para tratar con algo como eso. Como dije, creía en los demonios solo porque la Biblia hablaba de ellos.

Por supuesto, como el consejero de la misión, hice arreglos para ver a esta misionera profesional. Cuando ella entró a mi oficina, supe que algo andaba seriamente mal. Comprendí ahora que estaba bajo el ataque demoniaco.

Su conducta era estrambótica. Vomitaba estribillos religiosos, por ejemplo. Los demonios hacían mofa de mí y de mis débiles intentos de ayudarla. Mucho más tarde me di cuenta de que ella tenía espíritus religiosos, aunque no lo sabía en ese entonces.

Creo que estos espíritus son como los que Pablo menciona en Primera de Timoteo 4:1, cuya tarea en particular es engañar a la gente con ideas religiosas falsas antes que con seducción a hacer acciones malas. El efecto, sin embargo, es el mismo: engaño y finalmente esclavitud.

En mis años como consejero he hallado que estos son los espíritus más engañosos. Esta apreciada mujer no estaba haciendo nada externamente perverso. Por el contrario, parecía ser increíblemente piadosa. Pero algo no andaba bien. Para ser franco, me asustaba. Su cuerpo estaba allí en la sede de la misión, pero ella, la persona dentro, estaba completamente fuera de control.

Más tarde me enteré de que era hija ilegítima que fue adoptada por su familia. Hablaremos más de esto más tarde con relación a la obra del enemigo, porque el trasfondo de una persona es muy importante en este aspecto. Veremos cómo las iniquidades son pasadas de generación a generación, y cómo esto le da al enemigo una ventaja para lanzar ataques destructivos contra la familia (Éx. 20:5).

Estoy convencido de que los espíritus de esta mujer eran ancestrales, una «herencia» de su familia de nacimiento. Ella tenía todo un cuaderno lleno de nociones que los demonios le habían dado.

No pude hacer nada para ayudarla, de modo que llamé a un hombre que es un teólogo respetado y muy conocedor en esta área. Para entonces me sentía desesperado. Enviamos a nuestra misionera para que lo viera, pero él tampoco pudo ayudarla. Es más, ella acabó en un hospital mental, metida por cuatro días en una camisa de fuerza. En realidad me fastidia pensar lo que ella tuvo que atravesar; la mayoría de todo eso innecesariamente. Pero finalmente ella llegó a la libertad completa, y tiene un testimonio maravilloso de cómo Dios la libertó. Hoy ella todavía sigue haciendo efecto en el mundo por Cristo.

COMPRENDIENDO LA BATALLA

Ese incidente que me asustó y me abrió los ojos fue mi introducción a la realidad de la guerra espiritual. Me sugirió que cualquier cristiano, incluso un misionero o pastor, puede ser víctima de las influencias satánicas. Empecé a preguntarme si había pasado por alto algo en todos mis años de estudiar, enseñar y predicar la Biblia. Me percaté de que necesitaba regresar y leer lo que la Biblia tiene para decir respecto a los demonios.

Mi reeducación empezó con una lectura completa del Nuevo Testamento, marcando cada versículo que trata de la guerra espiritual. Entonces hice un estudio de los vocablos griegos en cada uno de esos versículos y consulté a consagrados profesores y teólogos del Nuevo Testamento para asegurarme de que había captado lo que querían decir los versículos. Desde entonces he recorrido el Nuevo Testamento muchas, muchas veces, y también el Antiguo Testamento. En los pasados diez años he leído más de cuatrocientos libros sobre la guerra espiritual, y vuelvo a leer regularmente algunas de las obras clásicas.

Este libro es el fruto de estos años de estudio y ministerio. En el camino usted también leerá los testimonios de un número de creyentes: cristianos de todas las edades y de todos los sectores de la sociedad, cuyas vidas fueron echadas al barranco espiritualmente por los ataques demoniacos por cuanto no entendían las verdades vitales acerca de nuestro enemigo, nuestra identidad y nuestra armadura.

Nuestro enemigo

1. El enemigo es fuerte. Esta es la primera verdad vital. Hay una batalla que se está librando por los corazones, las mentes e incluso las vidas del pueblo de Dios. Satanás es el enemigo, y él y sus seguidores tienen una estrategia definida para atacarnos y derrotarnos. «Vuestro adversario el diablo, como león rugiente, anda alrededor buscando a quien devorar» (1 P. 5:8).

A las personas que enseño y aconsejo les digo de esta manera: «Satanás los odia y tiene un plan terrible para sus vidas. A diferencia de las buenas nuevas del amor de Dios, el plan de Satanás es robar, matar y destruir» (Jn. 10:10).

En primer lugar, él quiere robarse el significado eterno de su vida. Quiere que usted se enrede tanto en sus problemas y circunstancias al punto de no poder jamás alcanzar a otros. De esa manera, usted no será amenaza alguna para él. Satanás quiere robarse el fruto del Espíritu en su vida. Por eso todo ataque del enemigo está diseñado para apartar sus ojos de Cristo (He. 12:2) y para que los fije en usted mismo y en sus problemas.

En segundo lugar, Satanás desea matarlo. Pero no puede hacerlo sin el permiso de Dios, de modo que le dice que usted lo haga en su lugar. La mayoría de las personas con quienes trato han tenido serios pensamientos de suicidio porque, como Bill, están convencidas de que es la única salida.

Lo mejor sería acabar con todo, razonan. Otros piensan: *Mi situación es sin esperanza; lo mejor que pudiera hacer es darme por vencido y divorciarme de mi esposa.* Y algunos creen: *Simplemente así nací. Tengo malos genes o un problema físico.* Cada uno abandona la esperanza de poder ser útil para Dios; se salen del campo de juego como siervos de Dios lesionados.

En tercer lugar, el enemigo procura destruir nuestras relaciones. Iglesias y pastores están siendo hechos trizas por la obra del enemigo para destrozar relaciones.

Pero Satanás es un león sin dientes. Fue despojado de su poder en la cruz de Jesucristo (véase Col. 2:15). Así, en Primera de Pedro 5, el Apóstol Pedro dice: «al cual resistid firmes en la fe» (1 P. 5:9).

Si esto es verdad, ¿por qué vemos que ocurre todo esto? Debido a que hemos sido librados del poder, no de la presencia, de las tinieblas (Col. 1:13). El mundo entero yace en las garras del maligno (1 Jn. 5:19). Puesto que Satanás está derrotado, su poder está en la mentira. Diré más acerca de esto en las páginas que siguen.

Nuestra identidad

2. Nuestra identidad espiritual como hijos de Dios nos da la autoridad y poder para repeler los ataques del enemigo. Hemos de ser «más que vencedores por medio de aquel que nos amó» (Ro. 8:37). En los siguientes capítulos veremos quienes somos en Cristo, basándonos principalmente en la carta a los efesios.

Nuestra armadura

3. Dios nos da una poderosa armadura para resistir los ataques del enemigo. Necesitamos vestirnos de «toda la armadura de Dios» (Ef. 6:11) para resistir con éxito a Satanás.

Con regularidad hablo en conferencias por todo el país y en el extranjero. Sin que importe el público —misioneros, pastores, o padres y sus hijos— hallo que todo hijo de Dios es un blanco de los ataques de Satanás. Pero también hallo que la armadura de Dios es suficiente para la batalla de toda persona. La armadura, consecuente en la verdad, la justicia, y mucho más (Ef. 6.10-18), es la única manera de resistir a los ataques de Satanás. Y es, gracias a Dios, la manera eficaz.

Cómo librar con éxito la guerra

Las buenas noticias son que no todo creyente cae presa de estos ataques de la manera en que Bill cayó. Hay creyentes, jóvenes y viejos, en toda la nación y en todo el mundo, que se han preparado y están equipados con las Escrituras para lidiar con éxito en este aspecto de la vida cristiana. Y muchas de estas personas están ayudando a otros creyentes que han caído víctimas del enemigo y están presos en varios grados de esclavitud.

Sea precavido

Por eso he intentado escribir un libro que sea provechoso para lectores como usted en varios niveles. En primer lugar, quiero que se dé cuenta de la batalla espiritual que está desarrollándose a su alrededor y equiparlo para que la libre con éxito.

Como he dicho, todo creyente está sujeto a las artimañas de Satanás. Pero si usted no conoce la fuente de los pensamientos y tentaciones que encuentra cada día, Satanás puede hacerlo tropezar y a la larga aniquilado.

Por ejemplo, ¿qué pasaría si en realidad creyera que todo pensamiento malo que ha entrado en su mente se origina en usted mismo? Peor aún, ¿qué tal si creyera que debido a que fue su pensamiento, usted tiene que darle la bienvenida, acogerlo y ponerlo en práctica? Usted sería un desastre, para decirlo en forma sencilla.

Usted dice: «Eso es ridículo. Sé que no tengo que aceptar y poner en práctica todo pensamiento que me viene a la cabeza.» Tiene razón. Pero eso es exactamente lo que el enemigo ha convencido a algunos cristianos que crean y haga, y esto los está destruyendo.

Equípese

De modo que mi primer propósito es alertarlo respecto a la batalla que está librando. Mi segundo propósito es ayudarlo a equiparse para luchar la buena batalla de la fe, para permanecer firme en la victoria que Cristo ha provisto. Yo no les pregunto a las personas: «¿tiene usted la victoria?» Es una pregunta equivocada. Lo que necesitamos preguntar es: «¿Está usted firme en la victoria que ya tiene en Cristo?»

Ayude a otros

Un tercer propósito es ayudarlo a tratar con alguna otra persona que está sujeta al ataque demoniaco. El padre de Angie ya se había preparado en el ministerio de la guerra espiritual y la oración, y era activo en su papel como protector espiritual de su familia cuando el problema de ella salió a la luz y se atendió.

Muchos de los que viene a verme para pedir que lo aconseje han salido de mi oficina y guiado a sus esposas, a sus esposos o a sus hijos, a recorrer los pasos a la libertad de los que hablaré en estas páginas. Creo que hallará que los principios que se indican en este libro pueden usarse con su propia familia y pueden enseñárselos fácilmente a otros.

Los métodos y pasajes bíblicos que uso en mi tarea de consejería, que dicho sea de paso, es un proceso de toda una semana, no son ni misteriosos ni mágicos. Miles de pastores, misioneros y laicos se han preparado para reconocer las señales de intervención demoniaca y conducir a alguna persona a la libertad en Cristo.

Usted puede decir que estoy tratando de librarme de un trabajo. Para el momento en que una persona llama a nuestra oficina y viaja desde el otro extremo de la nación o desde otro país para pasar una semana en Sioux City en intensa consejería bíblica, esa persona está en muy mala forma. Recibimos 5.000 llamadas al año, de todas partes del mundo. Algunas veces nuestras secretarias difícilmente pueden atender las llamadas telefónicas; son tan trágicas.

Pero ningún creyente en Jesucristo necesita llegar a esa etapa crítica. Puesto que la guerra espiritual es una experiencia común de todos los cristianos, Dios ha equipado a todo creyente con toda arma espiritual necesaria para luchar y triunfar. Los siguientes capítulos le mostrarán cómo.

Lo primero que haremos en el capítulo 2, sin embargo, es tratar con una pregunta importante que, si no se le ha ocurrido ya, muy pronto surgirá.

2

CEDIENDO Y GANANDO TERRENO ESPIRITUAL

Cada vez que enseño sobre el tema de la guerra espiritual o aconsejo a alguna persona en mi oficina, trato de enfocar una pregunta muy importante y válida. Tal vez ya se le ha ocurrido a usted. La pregunta es: ¿Puede un cristiano ser poseído por los demonios? Dicho de otra manera, ¿puede el Espíritu Santo y un espíritu malo ocupar el mismo territorio en la vida de una persona?

Usted probablemente creerá o no que la influencia y ataques demoniacos contra el cristiano son siquiera una posibilidad, dependiendo de cómo responda usted a esa pregunta. Muchas personas abordan esta cuestión con una idea bastante firme de lo que creen. Pero algunas de las conclusiones a que llegamos son más del orden de las inferencias antes que interpretaciones de la enseñanza bíblica directa.

Definición de términos

La cuestión del cristiano y la actividad demoniaca es un botón de alarma. Pero eso no significa que podemos ignorarla o retirarnos a la seguridad de las respuestas estereotipadas. Mi amigo y compañero consejero en la guerra espiritual Neil Anderson dice: «Ningún asunto polariza más a la comunidad cristiana que este, y la tragedia es que no hay una manera absolutamente bíblica para contestarla.»[1]

«Posesión»

Lo que Anderson quiere decir es que el Nuevo Testamento no responde directamente a la pregunta de si un cristiano puede ser poseído por los demonios. Eso es porque el Nuevo Testamento en realidad no trata el asunto de la posesión demoniaca, como comúnmente pensamos, con relación al cristiano.

Es más, el mismo término *posesión demoniaca* es parte del problema. Se le usa en la mayoría de las versiones de la Biblia para traducir una palabra griega en particular, y tal vez ni siquiera sea la mejor traducción. Tim Warner dice:

> El uso de la palabra «posesión» para traducir las expresiones que

se usan en el Nuevo Testamento en griego para indicar la relación entre los demonios y la gente es desafortunado, si no carente de garantía. Obtenemos nuestra palabra «demonio» transliterando la palabra griega *daimon*. Debiéramos haber hecho lo mismo con la palabra griega *daimonizomai*: un verbo formado de la misma raíz griega. Hubiera entonces llegado como «endemoniar» y podríamos entonces hablar del grado al cual una persona pudiera estar endemoniada antes que vernos limitados a las alternativas de sí o no que impone la perspectiva de estar poseído o no.[2]

Creo que Warner da en el blanco al concluir: «La "posesión" espiritual claramente implica propiedad y pareciera incluir el control del destino eterno de uno. Sería imposible ser propiedad y estar controlado por Satanás y tener una relación salvadora con Cristo al mismo tiempo. De modo que si la pregunta es: "¿Puede un cristiano ser poseído por el demonio?" la respuesta es claramente no.»[3]

Una serie continua

La conclusión de Warner es una inferencia a partir de las Escrituras; no podemos señalar un capítulo y un versículo específico. Pero opino que es una inferencia correcta. Los que conocemos a Cristo hemos sido comprados por Él al costo de su sangre. Y no veo ningún lugar en la Biblia donde Cristo me venda al diablo.

Sin embargo, como Warner indica arriba, la cuestión de la obra de Satanás en la vida del cristiano no es una alternativa tajante entre sí o no respecto a ninguna influencia o plena posesión. Se representa mejor por una serie continua, que varía desde la sola sugestión a lo que yo llamaría una influencia dominante y destructiva. Neil Anderson observa:

> El hecho de que un cristiano pueda ser influido hasta cierto grado u otro por el «dios de este mundo» es una aseveración del Nuevo Testamento. Si no, entonces ¿por qué se nos instruye a ponernos la armadura de Dios y estar firmes (Ef. 6:10), a llevar cautivo todo pensamiento a la obediencia de Cristo (2 Co. 10:5), y a resistir al diablo (Stg. 4:7)? ¿Y qué si no nos vestimos de la armadura de Dios, si no estamos firmes, ni asumimos la responsabilidad por lo que pensamos, y qué si no resistimos al diablo? ¿Entonces qué? Somos presa fácil del enemigo de nuestra alma.[4]

Ya hemos visto Primera de Pedro 5:8. ¿Qué quiere decir ser devorado por Satanás? ¿Por qué Dios me advierte al respecto si eso no es una posibilidad? La palabra *devorar* quiere decir «tragar rápidamente». Satanás no solo quiere comerse su almuerzo, ¡quiere comérselo a usted! Warner explica tan claramente el tremendo daño que Satanás le está haciendo al cuerpo de Cristo porque tantos se niegan a reconocer su influencia: Solamente la eternidad revelará el número de creyentes que han llevado vidas improductivas, vidas frustradas, y de obreros cristianos que han sido forzados a abandonar sus ministerios debido a los ataques del enemigo. Esto ocurre a pesar del hecho de que las advertencias del Nuevo Testamento respecto a la actividad demoniaca se dirigen a todos los creyentes.... Cómo el RESISTIR se cambió a IGNORAR en tantos segmentos de la Iglesia, no lo sé. Cuando ocurrió, sin embargo, Satanás y sus fuerzas obtuvieron una gran ventaja estratégica.[5]

«Influencia»

La palabra clave en todo lo que se ha dicho hasta este punto, por lo menos para los creyentes, es *influencia*. Cuando se trata del pueblo de Dios, los espíritus malos son nada más que espíritus de influencia. Esto no es verdad respecto a los incrédulos en el mundo. Ellos están firmemente atrapados en las garras de Satanás, bajo su control, cegados en sus corazones y en sus mentes, y completamente muertos a la verdad espiritual hasta que el Espíritu Santo les da vida. Son miembros del reino de las tinieblas de Satanás (Ef. 2:2).

Pero, como hemos visto, los cristianos ya son «poseídos» (propiedad) por el Espíritu Santo, de modo que la cuestión no es la posesión demoniaca en el sentido de propiedad. Más bien, la cuestión es la influencia que el maligno puede ejercer sobre nosotros. «Al tratar de la guerra espiritual demoniaca a nivel personal —explica Scott Moreau—, desde el comienzo se debe notar un principio general: los demonios solo pueden influir a los creyentes al punto en que les permitimos hacerlo.» Moreau, profesor asistente de misiones y estudios interculturales en *Wheaton Graduate School*, añade: «Al acto de darle o permitirle a Satanás que tome cualquier cantidad de control en nuestra vida se le llama "ceder terreno".»[6]

Qué es ceder terreno al enemigo

Moreau se refiere a la advertencia de Pablo en Efesios 4:27. Después de advertirnos a no permitir que nuestro enojo arda toda la noche, Pablo dice: «Ni deis lugar al diablo.» La palabra que se traduce *lugar* aquí es la palabra griega *topos*. Esta palabra tal vez le parezca familiar incluso en su forma original. Es la raíz de palabras castellanas tales como topografía, y se refiere al terreno o a un punto o localidad específica.

De modo que darle lugar a Satanás en nuestra vida es cederle terreno, darle «cabida» según la *Nueva Versión Internacional*, una «oportunidad» *(Biblia de las Américas* y *Versión Popular)*. Por otro lado, un comentarista describe la admonición de Pablo como no darle al diablo «ningún espacio... ningún campo para que se mueva».[7]

Se abre entrada

Todas estas traducciones, y otras, se suman en una descripción muy gráfica de la manera en que Satanás puede abrirse entrada a la vida del creyente. Clinton Arnold, profesor asociado de Nuevo Testamento en la Escuela Talbot de Teología, describe de esta manera el proceso y cómo resistir:

> Es probable que cualquier actividad pecaminosa con la cual el creyente no lidia en el poder del Espíritu puede ser explotada por el diablo y convertida en un medio de controlar la vida del creyente. Por consiguiente, los cristianos necesitan resistir. Para Pablo no hay terreno a medias. No hay cristianismo nominal. Los creyentes, o bien resisten la influencia del maligno que obra por medio de la carne y el mundo, o le entregan el control de sus vidas al poder de las tinieblas. Ceder a esas tentaciones no solo confirma la debilidad de la carne, sino que abre las vidas de los creyentes al control del diablo y sus poderes. Necesitamos reconocer la naturaleza sobrenatural de la tentación y estar preparados para enfrentarla.[8]

Efesios 4:26 es el contexto inmediato de la advertencia de Pablo, y un maravilloso ejemplo de cómo podemos cederle terreno espiritual a Satanás. Este versículo claramente permite el enojo apropiado. Esto está más allá de discusión. Pero ¿qué ocurre cuando el enojo arde al rescoldo en nuestra alma y sin control? Degenera en amargura, un pecado que le da a Satanás una apertura en nuestra vida lo bastante grande como para que entre en ella un camión de remolque. (Véase en el capítulo 4 una consideración a profundidad del crucial tema de la amargura.)

Edifica fortalezas

¿Por qué quiere Satanás ganar terreno, una entrada, en nuestro corazón? Le da una cabeza de puente desde la cual atacarnos con tentaciones destructivas. Usa ese terreno para edificar sus «fortalezas» de mentiras y por ellas empieza a socavar nuestra relación con Jesús y el testimonio por Él. Ed Silvoso, un argentino que dirige una obra evangelizadora internacional llamada Ministerio de Cosecha, define acertadamente una fortaleza satánica: «Una fortaleza es un marco mental impregnado con desesperanza que me hace aceptar como incambiable algo que sabemos que es contrario a la voluntad de Dios.»[9]

A primera vista, esa definición pudiera parece un poco compleja. Pero en realidad es muy sencilla y muy poderosa. ¿Recuerda a Bill? Es su lucha con un pecado sexual con el tiempo llegó a convencerse de que era una mujer atrapada en un cuerpo de hombre y que jamás podría cambiar. (Su mente fue «impregnada con desesperanza».) Estaba tan convencido que decidió suicidarse.

¿Qué dice respecto a Dios el marco mental de Bill? Dice que Dios cometió una enorme equivocación. Se equivocó en las «conexiones» de Bill. Hubo confusión en algún punto. Dios tenía la intención de que yo fuera una mujer, pero me puso en un cuerpo de hombre, se decía Bill. *De modo que Él es o un Creador incompetente o muy cruel.*

Imagínese todo esto atravesando la mente de un cristiano; y siendo creído. ¡Eso es una fortaleza! Estos patrones de pensamiento se graban a fuego en nuestra mente con el tiempo o por medio de experiencias traumáticas. Luego salen como actitudes y comportamiento no cristiano que con frecuencia no se reconocen o, si se reconocen, pocas veces se ven como opciones.

Cuando esto ocurre se oye a las personas decir: «Tal vez yo sea una persona colérica, pero no puedo evitarlo. Así es como Dios me hizo.»

El pastor Jackson una vez le dijo a su congregación: «Soy un hombre iracundo. Ustedes simplemente tendrán que aprender a soportarme.» Después de cinco años y medio, los miembros no pudieron soportarlo más, y le pidieron que se fuera. Posteriormente ocurrió una división en la iglesia. Aun cuando la ira del pastor tal vez no fue la única causa de la división, las tensiones que creó y su salida subsecuente, probablemente crearon la división en el rebaño.

¿Peones de Satanás?

Este concepto de darle terreno al enemigo es tan crítico que edifico mi consejería sobre él. Note que nosotros, como creyentes, podemos darle terreno a Satanás. Él no puede tomarlo sin nuestra cooperación y permiso. Todo lo que puede hacer es influirnos: plantar pensamientos malos, dar sugerencias, poner tentaciones en nuestra senda.

Quiero retornar continuamente a esta idea de la influencia porque es tan importante para librar con éxito la guerra espiritual. ¡Ningún cristiano es un peón desvalido de Satanás! Por eso nunca queremos llegar a enfocar fijamente al enemigo y su poder. Nuestro enfoque debe estar en Cristo (He. 12:1-2).

Usted tal vez diga: «Es extraño que usted afirme que no quiere que me concentre en Satanás y sus caminos, siendo que está escribiendo un libro precisamente sobre ese tema.»

Es cierto. Pero saber cómo opera el enemigo y llegar a estar obsesionado por él son dos cosas muy diferentes. Como ya dije antes, la mayoría de los evangélicos yerran por saber demasiado poco, no por saber demasiado. Un amigo mío tiene una gran respuesta para los que nos acusan en este ministerio de «ver demonios detrás de cada matorral». Él replica: «¡Mi preocupación es que veamos los matorrales!»

Como ve, mi problema más grande no es Satanás, sino yo mismo. Si deseo y decido aferrarme al pecado, le doy al enemigo el terreno que necesita para lanzar su destructivo ataque contra mí. Si me deleito con el pecado en mi vida, Satanás tratará de explotar eso. Debo servir a alguien (véase Jos. 24:15), el hecho es que cualquier aspecto de mi vida que no someto al control del Espíritu Santo, Satanás lo controlará.

Jurisdicción legal

Es provechoso pensar del «terreno» como jurisdicción legal. Cuando le doy lugar a Satanás, le estoy dando permiso legal para que me ataque. Como he indicado arriba, el enemigo quiere este terreno para poder edificar allí fortalezas. Si Satanás consigue una base lo bastante firme en la vida de una persona, puede convertir un acto de pecado en una práctica regular de pecado, y de allí degenerar en hábito, lo cual llevará a la persona a hundirse en la esclavitud, donde «retenido será con las cuerdas de su pecado» (Pr. 5:22).

Este espiral descendente es relativamente fácil de discernir en cualquier forma de esclavitud que no tenga un componente físico. Por ejemplo, la mayoría de los alcohólicos no empiezan anunciando: «Planeo arruinar mi vida y mi familia bebiendo tanto alcohol como pueda todos los días a partir de hoy.» No; empiezan con un trago, luego dos, luego un par para entonarse en la mañana y un par más para ayudarle a tranquilizarse después de un día arduo. La caída puede rastrearse del acto inicial a la práctica regular, de allí al hábito y luego a la esclavitud.

¿Adicción o pecado?

Dicho sea de paso, no me gusta usar la palabra *adicción* en mi labor de consejería. La adicción es un concepto secular, y no me gusta porque sugiere que soy una víctima impotente de mi problema. Dios lo llama pecado; el mundo lo llama «malos genes».

Tenemos que escoger cuál vamos a creer. Si es pecado, hay esperanza. Pero si simplemente nací de esta manera, o si soy nada más que una víctima impotente de una fuerza o sustancia poderosa, entonces mi situación no tiene esperanza. La cuestión es el pecado, y podemos cambiar. Como les digo a quienes aconsejo: los únicos «malos genes» se venden en el almacén de descuento local.

Alimentando el pecado

Este es un buen lugar para detenernos y asegurarnos de que entiende lo que no estoy diciendo. No estoy diciendo que cada vez que pecamos le damos a Satanás una enorme porción de terreno sobre la cual edificar una fortaleza imponente. ¿Puede imaginarse usted el caos que seríamos si cada pecado que cometemos condujera a una fortaleza satánica? Más bien, le damos lugar cuando rehusamos abandonar nuestro pecado, confesarlo y alejarnos de él. Opino que eso está muy claro en Efesios 4:26-27. No es necesariamente un momento de ira lo que le da cabida a Satanás, sino la ira que se almacena, que se nutre y que se le permite convertirse en amargura y otras cosas horribles que el Apóstol pasa a describir en los versículos finales de Efesios 4. En otras palabras, darle lugar y permitir a Satanás edificar una fortaleza en ese lugar son cuestiones diferentes. Darle lugar es el punto de entrada del enemigo a nuestra vida. Las fortalezas son sistemas de creencia que toman más tiempo y mayor participación para ser edificados. Como he dicho antes, creo que ese terreno es cedido al enemigo cuando nos aferramos a nuestro pecado antes que confesarlo y alejarnos de él. Entonces, si persistimos en nuestro pecado, Satanás tiene el tiempo y la oportunidad que necesita para construir una fortaleza en el terreno que nos ha quitado.

Estoy convencido de que una fortaleza satánica ha sido erigida y está firmemente en su lugar en nuestra vida para el momento en el que pecado llega a la etapa de hábito, si acaso no antes. Usted tiene que escuchar y creer un enorme montón de mentiras antes que Satanás pueda lograr esta clase de reducto estrangulador en su vida.

Tal vez sea útil pensarlo de esta manera. Darle terreno es como darle a Satanás el lote y el «permiso de construcción», el permiso que necesita para erigir su fortaleza. Todo lo que tiene que hacer, entonces, es empezar a cavar los cimientos.

Creyendo las mentiras

Es importante comprender el aspecto del engaño de esto, porque la definición que Ed Silvoso da de una fortaleza indica claramente que las fortalezas satánicas se construyen sobre un cimiento de mentiras. Los mismos «ladrillos» o cimientos de la fortaleza son mentiras. Sabemos que Satanás «es mentiroso, y padre de mentira» (Jn. 8:44). Satanás sabe que si puede lograr que apartemos nuestros ojos de Cristo y los pongamos sobre nuestras circunstancias y problemas, pronto nos hará tropezar.

Mi hijo Richard era un corredor a campo traviesa durante sus años de adolescente y en la universidad. Ahora corre por el gusto de hacerlo. Como corredor hace dos cosas importantes. Primero, fija su mirada en la línea de la meta que tiene por delante. Segundo, ocasionalmente echa un vistazo al camino que tiene por delante vigilando por obstáculos. Si enfocara su vista en sus pies, pronto tropezaría y perdería la carrera.

Las mentiras pueden hacernos tropezar sólo si las creemos. Pero una vez que creemos en las mentiras de Satanás, ellas se convierten en realidad para nosotros. Una mentira que creí por años fue que yo era inferior, que no podía hacer nada bien. Mi padre era muy criticón, y me criticaba constantemente. Le gustaba decirme que las cosas que yo hacía eran «necias» e incluso decía que yo era un «bobo». Mi adolescencia fueron años difíciles para mí. Incluso traté de quitarme la vida cuando tenía quince años. Cuando no lo logré, recuerdo haber pensado que papá debía tener razón en cuanto a mí. Ni siquiera podía suicidarme.

Llegué a Cristo cuando tenía diecinueve años, pero esa fortaleza se quedó en mi vida por años después de eso. Creía la mentira de Satanás de que yo valía muy poco, y vivía en abyecto temor del rechazo de la gente. Las cosas se pusieron tan mal que ni siquiera podía hablarle a un grupo. Allí estaba yo, un pastor, y casi me enfermaba si tenía que oficiar en un entierro. Mis pensamientos siempre eran lo mismo: *¿Qué si a la gente no le gusta lo que tengo para decir? ¿Qué si me rechazan?*

Años más tarde Dios me ayudó a derribar esa fortaleza de las mentiras del enemigo. Sentado en mi oficina en la misión donde era vicepresidente, empecé a mirar hacia atrás en mi ministerio. Me di cuenta de que Dios había usado mi vida. Se me ocurrió el pensamiento: *No eres ningún bobo. Si fueras un bobo, no estarías sentado donde estás sentado.*

Dios me recordó la verdad de que era su hijo, especial a su vista, escogido para servirle con los dones que Él me dio. Este pensamiento me emocionó tanto que quise correr por el pasillo diciendo: «¡Oigan! ¿Saben qué? ¡No soy ningún bobo!» La mentira de que era un inútil era una fortaleza que tenía que ser derribada. La verdad de que Dios podía usarme fue una torre de verdad que tenía que construir yo en su lugar.

UN PROCESO BÍBLICO

Ahora que he usado términos como «ceder terreno», «fortalezas» y «torres de verdad», permítame mostrarle hacia dónde vamos con todo esto. Dirijo a las personas a quienes aconsejo a recorrer cinco pasos bíblicos a la libertad en Cristo, y quiero presentárselos ahora. Estos pasos le serán útiles tanto para llevar a alguno a la libertad, o para equiparlo a usted y a su familia para librar con éxito la guerra espiritual. Muchas personas han descubierto que debido a que estos principios proceden de la Palabra de Dios, son eficaces para los que están en profunda esclavitud de algún hábito o pecado secreto. También son parte de las «armas espirituales» que Dios nos ha dado a todos nosotros, armas que son poderosas en Él para «la destrucción de fortalezas» (2 Co. 10:4).

He visto a Dios usar la aplicación de estos principios sencillos para libertar a hombres y a mujeres de las más terribles clases de esclavitud espiritual que usted pudiera imaginarse.

Algunos de los conceptos que presento pueden ser nuevos para usted, de modo que no se afane si todo no cae en su lugar apropiado al instante. Es cierto sentido, estoy participándole la solución antes de penetrar profundamente en el problema, pero hay una razón para enfocar las cosas de esta manera.

Los cinco pasos que siguen (y los pasajes bíblicos que los acompañan) se mostrarán en este libro. Este vistazo le presentará cuestiones importantes que exploraremos a profundidad a medida que avanzamos. Después que delinee los pasos que son el corazón de mi ministerio, veremos algunas de las principales áreas de problemas que abren nuestra vida a la influencia y el dominio de Satanás. Luego concluiremos el libro con una fuerte afirmación y observación detallada de nuestra identidad en Cristo, y los tremendos privilegios y poder que son nuestros en Él.

Pasos a la libertad en Cristo

En caso de que no lo diga lo suficiente en el libro, déjeme decirlo de nuevo ahora: ¡Satanás es un enemigo derrotado! Se le dejó impotente en la cruz de Jesucristo. El enemigo no tiene más poder sobre los hijos de Dios que el que le permitimos tener. Tenga estos pensamientos ante su mente mientras miramos las maneras en que Satanás puede esclavizarnos y lo que se necesita para derrotarlo.

1. Arrepentimiento genuino

El primer paso para traer a alguna persona a la genuina libertad en Cristo es este: debe haber *genuino arrepentimiento* del pecado.

Una vez aconsejé a una pareja casada que trataba de recuperarse de un enredo extramarital. El problema había tenido muchas consecuencias, incluso la pérdida del empleo del cónyuge de esta persona, lo que los obligó a mudarse. El nuevo empleo no pagaba mucho, lo que condujo problemas económicos y a mucha desdicha. El cónyuge que tuvo el enredo lloraba profusamente en mi oficina mientras hablábamos acerca de lo que había ocurrido.

—Comprendo por qué llora usted —le dije, dando por sentado que sabía por qué esta persona estaba llorando, y con deseo de ayudarlo.

—No; no pienso que usted lo comprende —me respondió—. Lloro porque el amorío se acabó.

Había dado por sentado que las lágrimas eran lágrimas de arrepentimiento por el adulterio. ¡No era así! No se puede dar por sentado el arrepentimiento de parte de la otra persona. La convicción de pecado es obra del Espíritu Santo. Sólo Él puede poner el dedo en el pecado y producir la «tristeza que es según Dios produce arrepentimiento» (2 Co. 7:10).

Alejarse del pecado incluye la confesión y la limpieza por la sangre de Cristo (1 Jn. 1:9; 1 P. 1:18-19), y un compromiso para abandonar el pecado. Este tiene que ser el primer paso, debido a que sin verdadero arrepentimiento no ocurrirá nada de valor duradero.

Scott, un adolescente cristiano que estaba metido profundamente en el ocultismo, buscó los poderes demoniacos para tener una sensación de poder, de tener el control. A sus ojos, sus poderes eran lo que lo separaban de otros muchachos y le hacían sentirse especial. Le dije que si quería ser libre tendría que renunciar al trabajo del enemigo en su vida y entregarse al Señor Jesucristo. No dijo nada, de modo que le expliqué de nuevo. Scott simplemente se quedó mirándome. De modo que empecé otra vez.

—Deténgase —dijo—. Sé lo que está diciendo. Pero si dejo a un lado mis poderes, seré como cualquier otra persona.

—Sí, lo serás —le dije. Scott no estaba dispuesto a abandonar lo que lo hacía sentirse importante, aun cuando esas mismas fuerzas tratarían de destruirlo. Le dije que podía marcharse cuando quisiera. No había nada más que podía hacer por él. La victoria en la guerra espiritual tiene que empezar con el arrepentimiento.

2. Recuperación del terreno

El paso dos para ser libres, usted mismo o para ayudar a otros a hallar la libertad, es *recuperar el terreno* que se le ha cedido al enemigo. Ya he indicado el concepto bíblico de ceder terreno a Satanás. ¿Cómo recupero el terreno que he cedido al enemigo? Mediante una abierta declaración a Dios de lo que hice mal.

Esto quiere decir anunciar verbalmente que en el nombre y poder del Señor, estoy pidiéndole que recobre cualquier terreno que le he cedido a Satanás. Anuncio a las fuerzas del mal que aquí y ahora mismo, renuncio en mi vida a las obras y caminos de Satanás, que no quiero tener ya nada más que ver con ellos.

En la superficie, esto puede sonar como arrepentimiento. Pero he hallado que recuperar el terreno es un paso distinto para ayudar a la persona a llegar a la verdadera libertad en Cristo. Les pido a las personas a quienes aconsejo que declaren su intención en voz alta; y para mucho esta declaración es donde la batalla realmente empieza.

¿Por qué? Porque están poniéndose firmes contra Satanás, ¡en la mayoría de casos por primera vez en sus vidas! Son cristianos que le han permitido a Satanás que los zarandee y los tenga esclavizados, sin jamás resistirlo ni siquiera una vez.

Me he hallado en mi oficina con más de un cristiano sincero que me ha dicho: «Quiero declarar esto, pero sencillamente no puedo. Algo en mi mente me dice que no. No puedo pronunciar las palabras.» Un pastor a quien aconsejaba me dijo: «Jim, quiero ser sincero cuando hago tal declaración. No quiero simplemente repetir palabras. Pero no puedo hacerlo.» De modo que le animé a que diera una larga caminata por el río y conversara con el Señor al respecto. Lo hizo, y luego regresó y vino a la verdadera libertad.

Recuerde que «terreno» es una jurisdicción legal. Es como darle al enemigo la llave de mi casa. Cuando le cedo terreno, estoy dándole al enemigo permiso para que me ataque con pensamientos y tentaciones destructivas. Mirándolo desde otro ángulo, me he descarriado a su jurisdicción, su territorio, y esto le da derecho al que debo renunciar.

Por eso dije anteriormente que el terreno y las fortalezas son cosas diferentes. El ocultismo (véase el capítulo 3) es un área donde podemos darle claramente ventaja a Satanás . Otras incluyen la amargura, la falta de perdón, la falta de una conciencia limpia, el orgullo y el pecado sexual.

Una vez que todo el terreno se ha recuperado del enemigo (su derecho legal para atacarme), entonces es el momento de ordenarle al enemigo en el nombre y en la sangre del Señor Jesucristo que *salga* y vaya donde Jesús lo envía.

3. Derribar fortalezas

El tercer paso para librarse del enemigo es *derribar las fortalezas*. Recuerde que una fortaleza es una fortificación de mentiras que Satanás edifica en su corazón y mente. Dios quiere que derribemos estas estructuras, como hemos visto (2 Co. 10:4). Al contrario de las fortalezas hechas de piedras y ladrillos, estas fortalezas no se pueden destruir con las armas de la carne. ¿Qué socava y destruye una mentira? ¡La verdad! Jesús dijo que es la verdad la que nos hará libres (Jn. 8:32), pero es solamente cuando se cree la verdad, y se actúa de acuerdo con ella, que ella puede hacer su obra.

Otra razón por la que necesitamos identificar y derribar las fortalezas es que Satanás es un engañador (Ap. 12:9). Ese es uno de sus principales ataques con que tenemos que lidiar. Un engaño ocurre cuando su mente y sus emociones creen algo que no es cierto. Los engaños pueden ser 90 por ciento verdad y solamente 10 por ciento mentira, pero el poder de un engaño queda roto solamente cuando reconocemos que es una mentira.

Satanás no es solamente un mentiroso y un engañador. También es «el acusador de los hermanos» (Ap. 12:10). Esta es otra de sus principales tácticas. Me acusará ante Dios, acusará a Dios ante mí, y hará que me acuse a mí mismo. Entrometerá sus pensamientos en mi mente, y luego me acusará por tenerlos. Cuando di oídos a la evaluación de mi padre de que yo era bobo y bueno para nada, por ejemplo, pronto creí esas palabras. Era una creencia falsa, pero esos pensamientos de inferioridad se convirtieron en una fortaleza real en mi vida.

Nuestro sistema de creencias se moldea por una serie de fuerzas significativas: la familia, la sociedad, nuestros iguales, la educación, la televisión, e incluso la música que oímos. Por eso como creyentes tenemos que renovar nuestro entendimiento (Ro. 12:2) pensando los pensamientos de Dios. Una manera de hacerlo es perseverar en las cosas que son honestas, puras, amables y «de buen nombre» (Fil. 4:8). Hablaré más acerca de esto posteriormente.

4. Edificar torres de verdad

Me gusta decirles a las personas a quienes aconsejo que cuando derriba una fortaleza satánica, use los ladrillos *para edificar torres de verdad*. Este es el cuarto paso a la libertad.

Una torre de verdad es exactamente lo que el nombre implica: reprogramar su mente con la verdad acerca de usted mismo, acerca de Dios, y acerca de Satanás y sus caminos. Entonces, cuando el enemigo viene con sus pensamientos intrusos, mentiras, engaños y acusaciones, usted puede huir a su torre.

Por supuesto, la Palabra de Dios es la fuente final de verdad que necesitamos para reemplazar la fortaleza satánica de mentiras. En los Salmos el rey David varias veces usó esta idea de una torre a la cual podemos huir (véase Sal. 18:1-3).

5. Llevar cautivos a los pensamientos

Para este quinto y final paso volvamos a Segunda de Corintios 10, un pasaje crucial que nos enseña que el entendimiento o la mente es el campo de batalla entre Dios y Satanás en la guerra espiritual.

El versículo 5 nos instruye a *llevar cautivo todo pensamiento* «a la obediencia de Cristo». Debemos poner nuestros pensamientos en línea con lo que Él desea y lo que le agrada.

¿Sabe que apariencia tiene un pensamiento errado? Es decir, ¿reconocería un pensamiento errado cuando le viene? Usted se sorprendería al ver cuántos cristianos no pueden reconocerlos. O tal vez debiera decir, usted se sorprendería al ver cuántos cristianos piensan que los pensamientos horribles, viles, e incluso blasfemos con que Satanás los atormenta, son en realidad de ellos mismos. ¿Qué puede concluir respecto a usted mismo si cree que estos pensamientos proceden de sí mismo? Tiene que concluir: «Debo ser una persona terrible, corrompida. Ningún hijo de Dios pensaría estas cosas. Dios no puede amarme cuando tengo estos pensamientos tan sucios.»

Muchas personas que vienen a mi oficina luchan terriblemente con pensamientos intrusos, a menudo viniéndoles tan rápidamente que no pueden detener el flujo. Les pregunte: «¿Vienen de Dios estos terribles pensamientos?»

La respuesta inevitable es «No; de ninguna manera.» Pero no pueden discernir si los pensamientos proceden de ellos mismos o del enemigo. Tratando de lidiar con los pensamientos cuando éstos vienen tan rápidamente es agotador. Es como un niño en una jaula de bateo tratando de batear cien pelotas que le son lanzadas cada minuto. Está indefenso.

Pero Mateo 16:13-23 nos muestra que nuestros pensamientos pueden proceder de tres fuentes: de nosotros mismos, de Dios o de Satanás. En el versículo 16 Dios puso sus pensamientos en la mente de Pedro para que éste expresara la misma mente de Dios cuando confesó a Jesús como el Hijo de Dios.

Lo interesante es que si Jesús no le hubiera dicho a Pedro que este pensamiento procedía de Dios, Pedro no hubiera sabido de dónde vino. Hubiera dado por sentado que fue su propio pensamiento. Pero luego, en el versículo 22, Pedro reprendió a Jesús por hablar acerca de la cruz. Jesús inmediatamente informó a Pedro que este pensamiento era del diablo. Estos versículos nos dan principios para andar en victoria que son tan importantes como cualquier otro en el Nuevo Testamento. No todos los pensamientos que nos vienen proceden de nosotros. ¡Ay de la persona que no puede diferenciar entre sus propios pensamientos y los que proceden de Satanás! Dios no quiere que seamos controlados por nuestros pensamientos. Nosotros debemos controlarlos (1 Co. 10:5). En otras palabras, no le deje al enemigo tomar ventaja. Cuando el enemigo le envía un pensamiento intruso, diga: «No doy mi consentimiento a eso», y avance. Dicho sea de paso, Dios no nos ha dejado la decisión de cuáles pensamientos evitar y cuáles abrazar. El dejar que nuestra mente persevere en las cosas descritas en Filipenses 4:8 nos ayudará a discernir cuando el enemigo nos ataca con pensamientos intrusos.

Ahora que hemos fijado el blanco hacia el que avanzamos, hablemos acerca de algunas de las maneras en que los creyentes pueden cederle a Satanás terreno en sus vidas.

PARTE 2

CEDIENDO TERRENO, RECUPERANDO TERRENO

3

A TIENTAS EN LAS TINIEBLAS

Nada puede hundir a toda una familia en completa aflicción más rápido que un adolescente metido en serios problemas. Si usted tiene (o tuvo) adolescentes o conoce a alguien que tiene hijos adolescentes, sabe exactamente a que me refiero. Nuestros adolescentes están cayendo en número récord en la trampa del enemigo que consiste en el ámbito del ocultismo. Por esto es crucial que comprendamos el poder y la seducción del ocultismo. No es exclusivamente un problema de adolescentes. Gran cantidad de adultos están adhiriéndose a las nuevas formas de espiritualidad que se ofrecen hoy día. Cuando usted oiga a alguna celebridad de Hollywood hablando enardecida de entusiasmo acerca del «avivamiento» del interés en el mundo espiritual, probablemente hará bien en contener su aplauso. La mayoría de esto es diabólico.

Temprano en mi ministerio descubrí los grilletes que las actividades de ocultismo pueden imponer sobre una persona. Estaba hablándole a un grupo de adolescentes una noche y al terminar mi mensaje sobre consagrarse por completo a Cristo, vi a un joven llorando quedamente. Le pregunté si había algo que podía hacer, pero me dijo que no. Continué hablando con él, porque sabía que algo debía andar mal para que un muchacho adolescente permitiera que las chicas lo vieran llorando. Finalmente me dijo que había estado participando activamente en el juego *Dungeons and Dragons* [Calabozos y dragones]. Me ofrecí a orar con él, de modo que nos fuimos a otra habitación para orar.

«Sr. Logan, no solo he jugado "Calabozos y dragones" —me dijo—. Fui un maestro de calabozos (un experto en el juego que memoriza libros de reglas intrincadas). Pero el año pasado destruí todos mis libros y me deshice de mi disco de computadora. Sin embargo, algo todavía no anda bien.»

Confesó su participación y le pidió a Dios que recobrara el terreno que le había cedido a Satanás mediante este juego diabólico que conlleva el uso del poder y planeación diabólica. Mientras oraba en contra del enemigo, la silla de este joven fue lanzada hacia atrás, y él empezó a hacer ruidos guturales. Le ordené al enemigo que saliera en el nombre y la autoridad de Cristo, y todo cesó inmediatamente. La pesadez salió de su espíritu, y se fue a casa libre en Cristo.

Este joven me llamó no hace mucho para decirme que ahora está en el seminario, estudiando para ser pastor. Le pregunté si alguna vez le han vuelto esta clase de problemas y me dijo que no.

Me gustaría decirle que todo joven que intenta con juegos y actividades de ocultismo llega a darse cuenta, como lo hizo este joven, de que estas cosas son malas. Pero eso no sería verdad. Si lo fuera, ¡una buena cantidad de mis entrevistas podrían cancelarse!

Comienzos «inofensivos»

Lo peligroso de las actividades de ocultismo es que a menudo empiezan de maneras al parecer inofensivas. Comienza con un tentar. La mayoría de los adolescentes no dicen: «Abramos nuestra vida a toda clase de experiencias estrambóticas e influencia satánica para poder tener horrible pesadillas y pensamientos compulsivos de suicidio.» Ahora bien, algunas personas en efecto acuden deliberadamente a Satanás, pero no son la mayoría.

No. Por lo general empieza cuando uno de ellos pasa la noche en la casa del otro, o en alguna fiesta cuando los muchachos y muchachas se aburren, y alguien dice: «Oigan, ¿quieren divertirse? Saquemos la tabla espiritista. Es realmente curioso. Se le puede hacer preguntas personales y te las contesta.» A un adolescente esto le suena bastante inofensivo, de modo que se lanza a probar. Pero también conozco casos de adultos que recuerdan las predicciones de la tabla espiritista hechas años antes y que viven con gran temor esperando que se cumplan.

Cuando aconsejo a alguien que ha tenido problemas con demonios uno de los primeros aspectos que trato es la posible participación en el ocultismo. La mayoría de los cristianos reconocen que lo oculto es real. La Palabra de Dios prohíbe específicamente el contacto con los espíritus malos y los que practican lo que hoy podríamos llamar actividades de ocultismo (véase Lv. 19:31). Pablo menciona a la brujería como una de las «obras de la carne» con las que los creyentes no deben tener nada que ver (Gá. 5:20). Pero cuando se trata de lo oculto, muchos en el pueblo de Dios tienen dos puntos ciegos principales. Uno es el alcance al que las prácticas del ocultismo, incluso antes de su conversión, pueden afectar el andar del creyente con Cristo.

El segundo es el alcance al que los cristianos hoy día, en particular los jóvenes, están siendo engañados y guiados a actividades ocultistas por el enemigo, mediante cosas tales como la música y los juegos fantásticos. Consideraremos estos dos después de tratar un poco más detalladamente el ocultismo.

Razones para la participación en el ocultismo

Hay fundamentalmente cuatro razones por las cuales la gente se introduce en el ocultismo de alguna manera.

Poder

¿Recuerda el adolescente que me preguntó si perdería sus poderes de ocultismo si renunciaba a la obra de Satanás en su vida? Cuando repliqué que así ocurriría, Scott rechazó su libertad, porque tenía temor de que sería «como cualquier otro». Esta es la primera razón por la cual la gente es atraída por el ocultismo: Poder. Quieren poder sobre sus propias vidas y sobre las vidas de otras personas. Hay universitarios que me han dicho que esta es una de las razones por las cuales se sienten atraídos por el movimiento de la Nueva Era: la promesa de control.

Tuve en mi oficina un hombre hace poco que era experto en una vieja práctica llamada «brujear el agua» o «adivinar el agua» (los nombres en sí mismos debieran decirle algo). Usaba unas varillas de soldadura para hallar tuberías plásticas enterradas. Sucedió que eso constaba en nuestra lista de actividades de ocultismo, pero él se enfadó mucho conmigo.

«No veo nada de malo en eso, —dijo—. Puedo hallar tuberías a metro y medio bajo tierra. Sencillamente camino y las varillas se bajan.»

Sucedió que mi compañero de oración esa semana era un profesor de ingeniería. Nos acompañó mientras yo aconsejaba a este hombre, y dijo: «Eso es científicamente imposible. El agua no es magnética, ni tampoco las tuberías de plástico.»

«No es científico; es diabólico —le dije al hombre—. Usted tiene que renunciar a esto.» Eso no lo entusiasmó mucho.

Mark Bubeck, director de nuestro centro, creció en una granja en los estados del medio oeste. Cuenta de que un día llegó a su granja un hombre para hallar agua usando una vara de adivinación. La vara se dobló vertiginosamente y marcaron un sitio.

Entonces el hombre le dijo a Mark que lo intentara. Mark, que entonces era un adolescente, caminó por sobre el mismo sitio con la vara, pero nada sucedió.

«Camina de esta manera, Mark», le dijo el adivinador. De nuevo, nada ocurrió. Mark trató una vez más, sin resultado alguno, cuando el hombre finalmente dijo: «Ahora, déjame poner mis manos sobre las tuyas.» Esta vez, cuando caminaron por sobre el sitio, Mark dice que la vara se lanzó hacia abajo tan fuertemente que casi le descoyunta las muñecas. El poder no estaba en la vara ni en el agua, sino en el hombre. Y no era de Dios.

Dirección

Una segunda razón para la incursión en el ocultismo es dirección. Esto es tan popular hoy que uno puede llamar a una psíquica en una línea de teléfonos de código 900 (en los Estados Unidos) y por unos dólares hacer que le digan su futuro. Es una aplicación en los días modernos de prácticas muy antiguas (Dt. 18:9-14).

Muchas personas han jugado con la tabla espiritista y han tenido experiencias aterradoras o espeluznantes. Uno fue un estudiante de secundaria cuyos padres le instaron que viniera a verme. Había empezado a exhibir señales de profunda depresión. Cuando sus padres le preguntaron qué andaba mal, les dijo que todo lo que podía pensar era en el suicidio. Por ejemplo, cuando conducía el automóvil pensaba en lanzar el vehículo por el barranco que había en su camino a la escuela, en chocar de frente contra otro automóvil, o en estrellarse contra el muro de concreto de contención. No podía conseguir que estos pensamientos cesaran.

Cuando entró en mi oficina este joven empezó a sacudirse violentamente y a sudar profusamente. Le pregunté qué andaba mal, pero me dijo que no lo sabía. Le pregunté cuándo le empezaron a venir estos pensamientos de muerte. Dijo que habían empezado unos tres meses atrás, después de que él y un amigo habían estado jugando con una tabla espiritista de fabricación casera, y que todos los mensajes que le fueron dados eran los mismos: iba a morir ese año.

Confesó que su búsqueda de dirección por medio de la tabla espiritista fue un pecado, y le pidió a Dios que recobrara el terreno que le había cedido a Satanás. Ordenamos al enemigo que saliera y el temblor cesó de inmediato. En lugar, le vino una profunda paz interna. Esto ocurrió hace ya varios años y nunca ha vuelto a tener tal problema.

Algunas personas buscan dirección en la tabla espiritista. Millones de otros dirigen sus vidas por lo que los horóscopos les dicen que hagan. Y dudo que alguna vez hallaré a los adivinadores de fortuna haciendo fila en la oficina de desempleo. Todo el mundo está buscando esa pequeña ventaja, sea en el romance o en los negocios.

Sanidad

Sanidad es la tercera razón para involucrarse en el ocultismo. Oímos mucho acerca de esta clase de cosas ocurriendo en el extranjero, tales como algunos sanadores psíquicos en algunos países de Asia. Pero las personas en este país también buscan salud física a través del ocultismo.

Conozco a una madre cristiana a quien se le dijo que trajera saliva de uno de los miembros de su familia en transparencias cuidadosamente marcadas, a fin de determinar las vitaminas y minerales que cada miembro de la familia necesitaba.

La mujer que hacía la evaluación le preguntó a la madre si le gustaría ver cómo se hacía. La madre dijo que sí, y pasó a la parte posterior del establecimiento para observar. Una de las transparencias fue colocada bajo un péndulo, que de inmediato se movió y apuntó a las vitaminas que necesitaba aquel miembro en particular de la familia. No hace falta decirlo, pero la madre salió apresuradamente del lugar.

Ese proceso es diabólico, sin duda alguna. El poder que movió el péndulo no procede el mundo científico, sino del mundo de los espíritus. Estas cosas toman toda clase de formas. Hace poco se me dijo de un proceso en el que se pone una foto de una persona enferma en una máquina que lee el «aura» de esa persona, la luz que despide la persona. Basándose en tal lectura, se hace un diagnóstico y se envía la medicina al enfermo mediante ondas de radio. Si el enfermo se muere, la máquina lo sabrá porque el aura desaparecerá.

Protección

La cuarta y final razón por la cual la gente es atraída al ocultismo es protección. Muchos practicantes del ocultismo creen que los espíritus pueden protegerles de daños. He ministrado extensamente entre los nativos de los Estados Unidos y he tenido alguna experiencias que me han abierto los ojos y que relataré a medida que avanzamos.

La historia del gran guerrero indio Jerónimo es un estudio fascinante del poder del otro mundo. Jerónimo no fue un jefe, sino un brujo. (Puedo decirle por experiencia de primera mano que los brujos tienen poderes reales.) Jerónimo creía que su poción hacía que fuera imposible que muriera por las balas de los soldados blancos.

Jerónimo entonces se lanzaba de frente a la carga en la batalla, lo cual aterrorizaba a los soldados que luchaban contra él. Se dice que Jerónimo recibió seis impactos de bala en la batalla, pero que no murió por una bala. Pero recuerde: la cuestión en las actividades ocultas no es si estas cosas resultan. La pregunta es: ¿quién las hace que resulten?

EL PELIGRO DE LAS PRÁCTICAS OCULTISTAS

No hay cómo negar que Satanás tiene poder. Podemos agradecer a Dios que el poder del enemigo es limitado y que Dios está firmemente en control. Pero Satanás y sus fuerzas tienen poder, y cuando alguien se entrega a Satanás, su poder puede manifestarse en la vida de esa persona.

El peligro de las falsas espiritualidades

Un peligro clave al intentar con el ocultismo es que otro poder espiritual invadirá la vida. El doctor Samuelson, amigo mío que es médico en una sala de emergencia, ora todos los días antes de salir para el hospital que Dios le dé la sabiduría y el discernimiento al tratar a los pacientes. Un día el médico estaba alistándose para ver a una mujer que había sido traída a la sala de emergencia porque estaba totalmente fuera de contacto con la realidad. Al entrar en la sala orando en silencio pidiendo sabiduría, la mujer de súbito se sentó en la camilla, lo miró directamente, y le dijo: «Deje de orar por mí.»

Eso lo asustó en realidad. ¿Cómo sabía ella que él estaba orando? Ella estaba tan mal que tuvieron que internarla en la sala de psiquiatría del hospital. Más tarde Samuelson me llamó y me describió el encuentro. Él me preguntó: «Jim, ¿cuál es el problema de la mujer?»

TERRENO MÁS ALTO:
Cómo romper la esclavitud del ocultismo

Los siguientes pasos quitan de su vida la intervención en el ocultismo y le ponen en terreno más alto en su relación con Dios. Incluso si cree que no le ha cedido terreno a Satanás por medio de la participación en el ocultismo, practique el paso uno, y periódicamente lea los pasos restantes para confirmar su abstinencia de las prácticas del ocultismo.

1. Comprométase delante de Dios a permanecer firme contra los caminos y obras de Satanás en su vida, y que usted quiere consagrarse al Señor Jesucristo.
2. Pídale a Dios que le revele cualquier actividad ocultista que ha tenido lugar en su vida:
   a. Renuncie a la búsqueda del poder como pecado y conságrese al poder que da el Espíritu Santo de Dios.
   b. Renuncie a la búsqueda de dirección procedente de los espíritus malos y conságrese a la dirección que procede de las Escrituras.
   c. Renuncie a toda intervención en la sanidad procedente del ocultismo y conságrese al Dios que sana *(Jehová Rafa)* y a la sanidad que honra a Dios.
   d. Renuncie al uso de toda *mantras*, encantamientos, medallas y cualquier otro objeto en el que haya confiado para protección y entréguese a la protección de Dios (Sal. 91:1-2).
3. Saque de su casa todo material de ocultismo. Queme lo que puede ser quemado y rompa o entierre lo que no puede ser quemado (véase Hch. 19:19).
4. Pídale a Dios que recupere todo terreno cedido a Satanás por su intervención en las tinieblas y en la música equivocada.
5. Comprométase a oír solamente música que sea consecuente en su melodía y que edifique en el Señor Jesucristo.
6. Elimine y destruya toda música que no glorifica a Dios. (Si usted es un joven, pida la dirección de sus padres.)

Le dije que probablemente ella estaba involucrada en actividades de ocultismo, y que comprobara con el jefe de psiquiatría para verificar el progreso del tratamiento. Lo hizo, y el psiquiatra, que no era creyente, le dijo que era el peor caso que había visto en sus diez años como jefe de la sala. La evaluación del psiquiatra fue que esta mujer había viajado a otra dimensión y que estaba atrapada allí por otros seres.

Esto ocurrió un miércoles, pero el viernes ella estaba bien y le dieron de alta. Cuando el psiquiatra le preguntó lo que había ocurrido, ella le dijo que era una canalizadora de la Nueva Era de quien se habían apoderado los espíritus que estaba canalizando. Cuando el espíritu la dejó, ella volvió a ser «normal».

Ahora sé de por lo menos un psiquiatra secular que cree en la realidad y el poder del mundo de los espíritus. En realidad, muchos profesionales en el campo de la psicología y la psiquiatría están convencidos de que hay algo en «otra dimensión». Muchos creen que hay seres llamados espíritus, aun cuando estos hombres y mujeres por lo general no son cristianos. Pero debemos reconocer el peligro en cualquier encuentro con el ocultismo en que los espíritus puedan obtener acceso a nosotros.

El terreno que Satanás gana en la vida de una persona no siempre se recobra sin lucha. El problema con la actividad de ocultismo es que una vez que usted se ha involucrado, no puede simplemente descartar de su mente las cosas. Por eso muchos creyentes que estuvieron dados profundamente al ocultismo antes de llegar a ser cristianos todavía luchan, incluso años después de su conversión, con los recuerdos y asociaciones de su vida anterior.

El peligro de la música incorrecta

En una de las cartas de oración de mi ministerio imprimí un testimonio de un joven que fue practicó la adoración a Satanás la mayor parte de su juventud. Como adolescente fue a varios aquelarres diferentes, asistiendo a los cultos de adoración donde usaban la música para llamar a los espíritus malos a que se manifestaran y les dieran poder a los adoradores para cometer indecibles males. Más tarde dejó su aquelarre y comenzó a adorar a Satanás por su propia cuenta.

Este joven fue salvo y dedicó su vida al Señor. Pero cierta música todavía desata horribles recuerdos y sensaciones en él. Así es como lo describe:

> Le estoy pidiendo a Dios que me sane de mi participación en el satanismo y de los horrores de aquellos primeros años de mi vida. Cada vez que oigo música rock, sea supuestamente cristiana o no, mi reacción es extrema. No puedo contenerla. No me importa lo que digan las palabras; tan pronto como oigo el ritmo, me lleva de regreso a aquellos cultos donde llamábamos al enemigo para que nos diera el poder de hacer gran mal.

Lo aconsejé y conduje por los pasos a la libertad, y confiamos en que Dios hará una obra completa en su vida. Pero mi punto es que incluso como cristiano que ha estado por años alejado de sus días de adoración satánica, este hombre todavía atraviesa aterradores conflictos.

Estoy plenamente consciente de que si usted quiere empezar una discusión acalorada, todo lo que tiene que hacer es sacar a colación el tema de los estilos y preferencias musicales. Se han escrito libros y libros sobre el tema, y dudo que todos los cristianos alguna vez llegarán a un acuerdo completo sobre lo que es apropiado o aceptable en la música. Mi propósito no es escribir un tratado sobre la música. Todo lo que sé es que cuando el enemigo quiere controlar y finalmente destruir a una persona, la música es con frecuencia el arma que escoge. Alguien ha dicho que el que puede controlar la música de una nación, puede controlar esa nación.

Estoy de acuerdo. Pudiera llenar el resto de este libro con testimonios de adolescentes y jóvenes adultos que fueron arrastrados a pensamientos destructivos, homicidas y suicidas por la música que oían como parte de su participación cada vez más profunda en la actividad ocultista. Un hijo de misioneros dijo:

> Sin que importe lo que digan, estos cantos se quedan en la persona por el resto de su vida. No he oído a los «666» por más de cinco años, y ni siquiera he visto el disco, sin embargo todavía pudiera cantar la mitad de los cantos si quisiera. Es un gran truco que Satanás usa para alejar de Dios la mente.

Otro adolescente vino a mi oficina hace poco bajo la opresiva influencia de espíritus malos. Parecía que sencillamente no podíamos lograr romper la influencia del enemigo sobre su vida.

—Oremos juntos y pidámosle al Espíritu Santo de Dios que te traiga a la mente exactamente lo que está estorbando tu libertad —le dije.

—La música —dijo cuando terminamos de orar—. Oigo la clase equivocada de música y por eso no soy libre.

—¿Estarías dispuesto a confesar esto a Dios? —le pregunté—. ¿Estarías dispuesto a poner tu música en el altar de Dios, bajo la dirección de Dios y de tus padres, y destruir toda la música equivocada al llegar a casa?

Cuando este joven le entregó su música a Dios en oración y le dijo a Dios que la destruiría conforme Dios y sus padres le dirigieran, fue libertado.

Sabemos que los espíritus responden a la música. David alejaba de Saúl el espíritu malo tocando para él (1 S. 16:23). A través de los años he visto el increíble poder que la música tiene para influir en las vidas de las personas. Y no es solamente en esta nación o el mundo occidental. El uso de la música en la adoración de los espíritus ocultos es mundial, y la música que se usa es siempre muy similar en su ritmo.

Hay mucho más que pudiera decir, pero es seguro llegar a esta conclusión: La música es una de las herramientas que el enemigo usa para seducir a las personas para que entren en el ocultismo, y los efectos con frecuencia se quedan con las personas mucho después de su conversión a Cristo.

El peligro de la fantasía

Ya hemos visto que los juegos fantásticos son otra puerta abierta al ocultismo; ¡y muchos son los jóvenes cristianos que han entrado por ella! Hace pocos años juegos como Calabozos y dragones eran muy populares entre los muchachos. Hoy ese y otros juegos de simulación de ocultismo están disponibles en discos para computadoras. En las versiones más complicadas en discos compactos, los que las ven reciben el color, la profundidad, la resolución (procedente de imágenes digitales), y la acción de pleno movimiento que atrae a los jóvenes tan profundamente en el juego, dejando fuertes imágenes que se acercan a la realidad.

Estaba hablando a un grupo de jóvenes cierta vez y les advertía respecto a cierto juego, cuando un muchacho de trece años me interrumpió.

—Yo no veo nada de malo con el juego. Yo lo juego muy bien y es mi favorito. Usted no debiera decir esas cosas.

—Cualquier juego que requiere que violes, mates, lances maldiciones sobre las personas, y cites pasajes de la Biblia satánica no es bueno para que lo juegues —le respondí.

No estoy diciendo que cada vez que una persona oye una canto de rock o juega un juego de computadora está luchando contra los demonios. Lo que digo es que todas estas cosas le abren la puerta a la influencia de Satanás, y le da una tremenda extensión de terreno en que construir sus fortalezas.

Lo que muchos jóvenes cristianos consideran ser música o juegos inofensivos pueden ser herramientas poderosas en manos del enemigo. Temo que no hemos visto nada todavía. La locura de la «realidad virtual» que ha caído sobre nosotros con toda la fuerza le da al enemigo una nueva avenida más amplia por la cual hacer desfilar sus tentaciones. Por medio de los avances en la tecnología de las computadoras, los adultos —y los niños— pueden ponerse en la cabeza un casco que encierra su campo de visión para ver la acción en una pantalla de televisión en miniatura que les da una sensación de realidad, mediante el uso de color e imágenes en tres dimensiones. Aun cuando esto puede tener implicaciones positivas para el aprendizaje (las escuelas de medicina o de comercio pueden usar eso para adiestrar a los profesionales) e incluir entretenimiento sano (aprender cómo usar un palo de golf), apenas acaba de empezar a ser explotado para experiencias pornográficas y de ocultismo.

Con la realidad virtual, por ejemplo, un hombre puede, por voltear su cabeza, u oprimir algún teclado, hacer que una mujer tridimensional en su campo de visión responda según desee. Esto no es simplemente ver un objeto, sino participar en una experiencia. El vidente se vuelve parte de la escena, la que responde a sus acciones. De este modo puede tener una prostituta en su imaginación sin tener que concurrir a un prostíbulo; también una mujer puede «participar» en actividades de ocultismo sin salir de su casa, mientras los discos compactos giran presentando diversos escenarios ante sus ojos, de acuerdo con sus opciones seleccionadas. Los expertos en la tecnología predicen que con el tiempo las computadoras responderán de acuerdo con los cambios en el ritmo del pulso, el sudor o el ritmo de la respiración.

«Se te mete en el alma —me dijo un amigo después de hacer la prueba en uno de los juegos interactivos, usando apenas un teclado y una pantalla de computadora. Devolvió el juego y varios otros que se negó a empezar—. Te involucra totalmente. Es realmente espeluznante.» Lo que parece ser una diversión inofensiva pueden llevarle a nuevas experiencias que lo dejan expuesto a la influencia satánica.

El peligro de los objetos de ocultismo

Antes de considerar cómo romper la esclavitud del ocultismo, consideremos una manera muy diferente en la que una persona puede darle terreno al enemigos en estas áreas y ni siquiera darse cuenta: la asociación con los objetos del ocultismo. Leonard había sido un misionero en Taiwan por dos años cuando tuvo lo que parecía ser un quebrantamiento nervioso. Sufría de temor debilitante, insomnio, depresión y un espíritu de intranquilidad.

A pesar de ver a quince diferentes consejeros y psicólogos, y finalmente acabar en un centro de recuperación para misioneros, sus problemas persistían. De acuerdo con la carta que me envió, no fue sino hasta años después que empezó a sentir que la raíz de su problema pudiera ser los dos años que pasó de un templo idolátrico a otro, tomando fotografías.

«Quería ver de primera mano los caminos y las obras del enemigo —escribió Leonard—. Esto fue algo muy necio que hice, puesto que sin saberlo me estaba exponiendo al ataque de los demonios. Di por sentado que como turista no me harían daño. El Señor ha usado el libro *El adversario* por Mark Bubeck, para confirmar mis sospechas. Todos mis síntomas se mencionan como posible origen demoniaco.»

Una vez que se percató de lo que estaba ocurriendo, este misionero y su hermano oraron y le pidieron a Dios que le hiciera libre. Leonard fue libertado al instante, y empezó su largo recorrido de recuperación.

El peligro de la curiosidad

En este caso, como al gato, la curiosidad casi mató a un misionero. No debemos ser curiosos respecto a las cosas del mal. El rey David dijo que ni siquiera tomaría en sus labios los nombres de los dioses falsos (Sal. 16:4). Dios le dijo a Israel que quemara las imágenes de los dioses falsos y que no metiera en sus casas nada de las tierras paganas, para que no se convierta en maldición (Dt. 7:25-26). Es algo muy peligroso ser un observador de las cosas ocultas o participar en alguna manera en las prácticas de ocultismo. Pero si usted acude como un rescatador, como la misionera Amy Carmichael, quien iba a los templos paganos de la India para rescatar a las jóvenes de la prostitución en el templo, entonces tendrá la protección de Dios. Por eso siempre advierto a los cristianos que tengan mucho cuidado de lo que hacen o dónde van, y de lo que traen a sus hogares. Recibí una llamada de una familia cristiana cuyo hijo adolescente era un gran aficionado de Stephen King, el escritor de libros de horror número uno hoy. Este muchacho tenía muchos de los libros de King en su casa, algunos de ellos suyos y otros de la biblioteca.

Los padres no se dieron cuenta del contenido de los libros sino hasta cuando su hijo empezó a tener ataques de terror. Quemaron los libros de su propiedad, esperando que esto detendría los ataques. Pero cuando lo hicieron, cosas extrañas empezaron a ocurrir por toda la casa: ¡Tal como lo que pudiera ocurrir en una novela o película de Stephen King! Los artefactos se apagaban o se encendían por sí solos. Oían golpear a la puerta cuando no había nadie allí, y las cosas se movían por sí solas.

No hace falta decirlo, la familia estaba siendo aterrorizada por estas cosas aterradoras. ¿Quién podría ser? La curiosidad del muchacho respecto al mal y al ocultismo le había abierto a la influencia diabólica. Le aconsejé a este joven que como cristiano tenía que renunciar a su participación en lo oculto, y dejar de leer tales historias siniestras. Lo hizo así, y no he vuelto a saber nada de problemas desde entonces. Pero su curiosidad respecto a las cosas del mal, poderosas y del otro mundo, le habían hecho que cediera terreno a la influencia demoniaca.

El peligro de la participación de la familia

Hablaremos más en un capítulo posterior acerca de los espíritus ancestrales y la transmisión de las iniquidades de los padres «hasta los terceros y hasta los cuartos» (Nm. 14:18). Este fenómeno es especialmente poderoso cuando se trata de lo oculto.

He visto esto en mi trabajo con los indios sioux y apaches, donde un brujo discierne cuál de sus hijos han seleccionado los espíritus para heredar sus poderes. Todo el mundo en la tribu sabía quién tenía estos poderes.

He oído informes de poderes ocultos en mi propia familia. Una vez llamé a una de mis tías y me sorprendió cuando su hija, mi prima, contestó el teléfono. No la había visto en décadas, y ella había vivido en Utah y su madre en California.

Cuando le pregunté qué estaba haciendo en esa ciudad, dijo que su madre, mi tía, estaba muy enferma y que la había llamado a México, donde había ido en una cacería, para que regresara. Había llegado justo a tiempo para llevar a su madre al hospital y salvarle la vida. De otra manera hubiera muerto de una obstrucción intestinal.

—Eso es realmente sorprendente —le dije— ¿Cómo así pudo hallarte tu mamá en México?

Jamás olvidaré su respuesta.

—Jim —dijo—, ella no me llamó por teléfono. Me llamó en mi mente. Ellas habían usado telepatía mental, y a menudo hablaban de esta manera. Entonces recordé que esta tía solía decir la suerte con exactitud. Solía observarla hacer esto cuando yo era adolescente. Traté de que lo hiciera conmigo, pero ella dijo que solo podía hacerlo cuando le venía «el sentimiento especial». Mi madre me dijo más tarde que esta tía recibió su adiestramiento para decir la suerte de su madre, mi abuela.

Desde que me enteré de todo esto, he orado con especial intensidad por la familia Logan. No quiero que nada de este poder pase a mis nietos, todos los cuales han recibido a Cristo.

Hay que renunciar a las cosas ocultas de las tinieblas

Esto debiera ser obvio, ya que cualquiera que entra en el mundo del ocultismo se halla en territorio de Satanás. Si le damos terreno a Satanás cuando pecamos, imagínese cómo oprime a los que se entregan a las prácticas de ocultismo en cualquier nivel.

1. Renuncie al lazo de Satanás

Los pasos a la libertad para las personas atrapadas en lo oculto son similares a los que usamos para ayudar a los que tienen otros problemas. Cuando las personas que vienen a verme pidiendo ayuda han estado involucradas en el ocultismo en algún grado, lo primero que les digo es que renuncien al lazo que Satanás tiene sobre sus vidas. Tiene que empezar aquí si quieren ser libres.

Les señalo aquel maravilloso pasaje de Apocalipsis 12, donde el pueblo de Dios vence a Satanás «por medio de la sangre del Cordero y de la palabra del testimonio de ellos, y menospreciaron sus vidas hasta la muerte» (v. 11). ¡Qué cuadro maravilloso! Estas personas testificaron que preferirían morir antes que hacer compromisos con las fuerzas del mal.

2. Declare su propósito

Es vital que la persona renuncie a la obra del enemigo en su vida. De otra manera, ¿cómo podemos ayudar a alguien que no está seguro de querer recuperar el terreno que le ha cedido a Satanás? Si usted está involucrado en actividades, objetos o personas que son diabólicas, necesita declararle en voz alta a Satanás su propósito de servir a Jesús. Les pido a las personas a quienes aconsejo que hagan esta declaración de propósito: «Satanás: no

quiero tener nada más que ver con tus caminos y tus obras en mi vida. Quiero entregarme totalmente al Señor Jesucristo.»
Para muchas personas con problemas de ocultismo, esta puede ser la primera vez que en realidad se yerguen contra el mal. Mi experiencia es que cuando una persona hace esto, puede quedar bajo tremendo ataque. Es como si Satanás dijera: «¿De modo que quieres pelear, eh?» Cuando las personas sinceramente se arrepienten y renuncian a la obra de Satanás en sus vidas, inicialmente se sienten mejor, pero todavía tienen que bregar con muchos otros aspectos.

Dicho sea de paso, las personas atrapadas en el ocultismo no son las únicas que necesitan renunciar a la influencia de Satanás. Todos nosotros, como creyentes, somos llamados a decirle no a Satanás cada día y ser obedientes a Cristo. No estoy hablando de nada extremo, sino de un comprometerse cada día a no someterse a los caminos o las obras del enemigo, sino a ser fieles al Señor.

TRES RECORDATORIOS IMPORTANTES

Permítame hacer tres observaciones para concluir este capítulo. En primer lugar, cuando una persona rompe claramente con el ocultismo, por lo general tiene algunas artículos de los que debe librarse. Si tiene tales artículos, destrúyalos usted mismo. Yo nunca lo hago por nadie. Mi filosofía es: «Usted los compró; usted los quema.»

En segundo lugar, recuerde que Dios jamás nos dice que quitemos algo y luego simplemente nos deja vacíos (Mt. 12:43-45). Cuando quiere que quitemos algo, debemos reemplazarlo con algo. Las personas atrapadas en el ocultismo necesitan reemplazar toda la influencia maligna con la verdad de la Palabra de Dios.

En tercer lugar, cualquiera que alguna vez se ha involucrado profundamente en el ocultismo le dirá: Introducirse en el ocultismo es relativamente fácil. Salirse, por el contrario, es muy traumático. Pero es esencial para la salud espiritual. El resultado será libertad y sanidad. Ninguno del pueblo de Dios tiene nada que hacer en este mundo peligroso. En lugar de eso, podemos renunciar al mismo y hallar la paz interior como resultado de la obediencia a la Palabra de Dios.

4

MIRANDO HACIA ATRÁS: LA FALTA DE PERDÓN Y LA AMARGURA

No tengo conocimiento de ningún estudio que se haya realizado para medir el número de creyentes en la Biblia que han tenido experiencias con el ocultismo. Si alguien hiciera tal encuesta en la iglesia evangélica promedio, sospecho que el porcentaje de personas para quienes el ocultismo es un problema de envergadura sería pequeño. Por lo menos, espero que así sería.

No estoy reduciendo, de ninguna manera, el tremendo poder que el ocultismo puede tener en la vida de una persona. Pero si las tablas espiritistas y los adivinos nunca han sido problema para usted, Satanás probablemente no lo va a tentar agudamente en estas áreas. Él es demasiado listo, no desperdicia ninguno de sus «dardos de fuego».

Su táctica puede ser como la de cualquier guerrero eficaz. Recuerdo una conversación que tuve con varios indios sioux mientras trabajaba entre ellos. Hablábamos acerca de aquellas viejas películas del oeste, donde los indios lanzaban enormes descargas de flechas contra las caravanas de carretas.

—¿Era eso lo que hacían los guerreros sioux? —pregunté. Su respuesta fue fascinante.

—¿Está bromeando? ¿Alguna vez ha fabricado una flecha con sus manos? Cada vez que un guerrero sioux lanzaba una flecha, esperaba oír un ¡ay! Cada flecha contaba.

Esa es una gran ilustración de la manera en que Satanás trabaja. No lanza sus flechas de tentación simplemente a la ventura. Espera que cada flecha llegue al blanco.

De modo que si el mundo del ocultismo le parece extraño, me parece estupendo. Alabado sea el Señor. No tiene ningún atractivo para mí tampoco. Pero el enemigo sabe dónde es vulnerable cada uno de nosotros, y es hacia ese punto donde apunta.

En este capítulo, y algunos de los próximos, vamos a tratar con los aspectos que son problemas más serios para muchos creyentes; áreas en las que el pueblo de Dios, incluidos los padres y sus hijos, están dándole al enemigo tremendo terreno para que los ataque. La primera de éstas es el área de la amargura y la falta de perdón.

UNA HISTORIA DE PERDÓN

Si tuviera que resumir el mensaje de las Escrituras en una palabra, sería la palabra *perdón*. La Biblia es la historia de cómo Dios perdona. Empieza en el Génesis y continúa hasta Apocalipsis. En el intermedio, vemos a Dios alcanzando a las personas para perdonarlas.

Ahora bien, si el perdón es uno de los temas centrales de la Biblia —tal vez el tema central—, ¿dónde supone que el enemigo puede atacarnos a usted y a mí como hijos de Dios? Por medio de la falta de perdón. ¿Cómo puedo ir y decirles a otros hombres y mujeres las buenas nuevas de que pueden ser perdonados por Dios cuando estoy albergando rencor en mi propio corazón? Es más, cuando la falta de perdón y la amargura gobiernan mi corazón, estoy retrocediendo en mi relación con las personas y con Dios, y estoy abriéndome a los ataques de Satanás.

Hay que perdonar a otros

¿Cómo nos enseñó Jesús mismo a orar? Una de sus peticiones en su oración modelo fue: «Perdónanos nuestras deudas, como también nosotros perdonamos a nuestros deudores» (Mt. 6:12). Esa es petición seria, ¿verdad? Jesús no está hablando aquí acerca del perdón respecto a la salvación, sino de la clase de perdón que debemos extender a otros precisamente porque somos personas perdonadas. Este es perdón que nos mantiene en el compañerismo apropiado con Él.

Hebreos 12:15 habla poderosamente de los peligros de permitir que una «raíz de amargura» crezca en nuestro corazón. El cuadro de una planta creciendo de sus raíces es una ilustración perfecta de lo que el escritor está diciendo. Si la raíz es amarga, ¿qué puede producir la planta sino amargura? Usted no puede plantar un manzano y esperar higos. Note cuán amplios son los efectos de la amargura. «Muchos» serán contaminados si se permite que la amargura crezca en el corazón del pueblo de Dios.

Pero a los cristianos no les gusta admitir que están amargados. ¿Qué dicen los cristianos? «Me han ofendido», o: «Tengo resentimientos.» No estoy negando que otros puedan lastimarnos. Pero los resentimientos son amargura en la cuna, simplemente esperando crecer y desarrollarse en amargura. Necesitamos llamarlo por su peor nombre y verlo como lo que es.

Hay que sacarlo por completo

Tengo un diente de león hecho de seda en un florero en mi escritorio. Es una gran herramienta de enseñanza. Cuando les pregunto a las personas qué clase de flor es esa, por lo general responden:

—No es una flor. Es un diente de león, una hierba mala.

—Tiene razón —replicó—. Es una hierba mala. Si quisiera librarme

de los diente de león, ¿cómo lo haría? ¿Podría arrancar los pétalos y desecharlos?
—No.
—¿Podría simplemente pasarle por encima la podadora de césped? ¿Arreglaría eso mi problema?
—No.
—Acertó de nuevo. Solo hay una manera de librarme de un diente de león. Hay que sacarla por completo, con raíz y todo.
La mayoría concuerda de inmediato. Y eso es lo que debemos hacer para limpiar la amargura de nuestra vida. Debemos reconocer que es una hierba mala, un pecado; y sacarla por completo. Supóngase que el médico le da la mala noticia de que tiene cáncer y necesita cirugía. Usted se opera, y cuando apenas está saliendo de la anestesia el médico entra en su habitación. ¿Qué es lo primero que usted quiere saber? «¿Lo sacaron por completo?»
«Sacamos la mayoría.» ¿Es eso muy reconfortante? Es lo mismo con la amargura y los resentimientos. Si no los sacamos por completo, con raíces y todo, crecerán de nuevo y muchos serán afectados y contaminados. No es una cosa secreta cuando albergo resentimientos en mi corazón.

El sufrimiento y la amargura

El Apóstol Pedro en su primera carta nos enseña bastante respecto a la amargura que puede resultar del sufrimiento. Primera de Pedro es un tratado sobre cómo responder al sufrimiento. Claramente Pedro no deja espacio para el falso evangelio de la década de los noventa, de que si usted se convierte en cristiano todo va a marchar a las mil maravillas.

Esa predicación es falsa. Cristianos y no cristianos atraviesan las mismas experiencias en la vida. Pero con una gran diferencia: El pueblo de Dios no tiene que atravesar el sufrimiento a solas. Cuando Jesús murió en la cruz, la oscuridad le rodeó y clamó en agonía. Jesús atravesó su oscuridad a solas para que yo no tenga que atravesar a solas la oscuridad.

Todos sufrimos. Es más, Primera de Pedro 4:19 dice que el sufrimiento es la voluntad de Dios para su pueblo. Este es un versículo que no verá en muchas placas decorativas colgando en las paredes. Pero le digo esto. Si nuestro cristianismo no funciona en el sufrimiento, no tenemos mucho que ofrecer a nadie.

Todo esto es relevante para la cuestión de la amargura y la falta de perdón porque estos sentimientos surgen por lo general cuando somos llamados a sufrir, especialmente cuanto otros nos han tratado mal. En realidad, Pedro concluye el capítulo 4 hablando de cómo responder al sufrimiento que resulta cuando alguien nos trata injustamente debido a nuestra devoción a Cristo. (Véase 1 P. 4:14-19; nótese también 2:19-24.)

Cómo librarse de la amargura

Sacar de nuestra vida la amargura requiere tres pasos. Cada uno es vital: la persona debe dar los tres pasos o el proceso no resultará. Recuerde que Satanás no cederá fácilmente ningún terreno que le he cedido mediante la amargura u otro pecado. Según Pedro, para ver un ejemplo de cómo responder al sufrimiento y evitar la amargura, debemos mirar a Jesús.

> Porque esto merece aprobación, si alguno a causa de la conciencia delante de Dios, sufre molestias padeciendo injustamente. Pues ¿qué gloria es, si pecando sois abofeteados, y lo soportáis? Mas si haciendo lo bueno sufrís, y lo soportáis, esto ciertamente es aprobado delante de Dios. Pues para esto fuisteis llamados; porque también Cristo padeció por nosotros, dejándonos ejemplo, para que sigáis sus pisadas; el cual no hizo pecado, ni se halló engaño en su boca; quien cuando le maldecían, no respondía con maldición; cuando padecía, no amenazaba, sino encomendaba la causa al que juzga justamente (1 P. 2:19-23).

Jesús es nuestro ejemplo en todo esto. Algunas veces sufrimos injustamente. Otras veces cosechamos las consecuencias de decisiones malas. Nuestras palabras y acciones son impropias; decimos cosas que no debiéramos decir, y hacemos cosas que no debiéramos hacer. Pero Jesús nunca dijo o hizo algo impropio. Su sufrimiento fue totalmente injusto. Pero en lugar de amargarse cuando sufrió, «encomendaba la causa al que juzga justamente». Jesús sabía que su Padre siempre haría lo correcto. De modo que pudo decirle a Dios: «Te entrego esto porque sé que harás lo que es correcto.» Este es el primer paso para librarnos de la amargura. (Véase en «Terreno más alto» (p. 69) maneras específicas para poner en práctica los siguientes tres pasos.)

1. Identificarlo y dejarlo

El primer paso para librarse de la amargura es identificar a quienes lo han lastimado y estar dispuesto a dejarlos en las manos de Dios para que Él pueda lidiar con ellos (Ro. 12:19). Pedro dice que cuando hacemos mal y soportamos sufrimiento por ello, no hay alabanza alguna por eso. Pero si una persona cuya conciencia está limpia delante de Dios sufre por algo que no ha hecho y se lo entrega al Señor, puede ser honrado por medio de todo eso.

Vi un maravilloso ejemplo de esta verdad demostrada por un jugador de béisbol de las ligas mayores, a quien Dios envió a mi vida para discipularlo hace ya varios años. Pude discipularlo al mismo tiempo que él estaba discipulando a otros miembros de su equipo en la liga estadounidense.

Arnie (no es su nombre real) era un jugador de medio campo, y un sobresaliente cristiano con un maravilloso testimonio por Cristo. Sus tarjetas incluían Romanos 10:9-10 con su autógrafo, así como su foto en el programa del equipo. Cada vez que lo entrevistaban, siempre hablaba del Señor Jesús. Por ese tiempo el equipo contrató a un nuevo administrador que era un virulento anticristiano; detestaba la fe de Arnie y por consiguiente detestaba a Arnie. Cuando eligieron a este joven como el deportista cristiano del año, el administrador se negó a permitirle recibir su galardón en la cancha. «Lo recibirá en el túnel, debajo de las graderías», dijo el administrador; y allí fue exactamente donde lo recibió. Arnie recibió mucho maltrato de parte de este administrador, y le dolía, porque le encantaba el béisbol.

No mucho tiempo después de este incidente, el administrador finalmente envió a Arnie a las ligas menores, no debido a ineptitud para jugar béisbol, sino debido a su testimonio cristiano. Arnie acudió al equipo de las ligas menores, pero no se amargó. Es más, me llamó un día y me dijo que sabía por qué lo habían enviado a las ligas menores: ¡para conducir a los muchachos a Cristo! ¿Supone que si este jugador hubiera ido a las ligas menores rumiando la amargura Dios podría haberlo usado para conducir a aquellos jugadores a Cristo?

Con el correr del tiempo este destacado joven regresó al equipo de las grandes ligas, pero el administrador insistió en que el equipo o se deshiciera del jugador o renunciaba. De modo que el equipo compró lo que restaba del contrato de Arnie, y lo dejó en disponibilidad. ¿Se hubiera usted dejado ganar por la amargura si no se le permitiera hacer lo que más quería hacer sencillamente porque es cristiano? Mi amigo beisbolero no se amargó.

Hablamos de la situación. Los reporteros deportivos preguntaban por él, queriendo que lo dijera todo. Él me dijo: «En realidad quisiera responder a esto apropiadamente.» De modo que pidió entrevistarse con el dueño del equipo para agradecerle por la oportunidad de ser parte de una excelente organización, y así podría dejar el equipo con la conciencia limpia. Arnie fue a ver a la oficina del dueño y le agradeció, y entonces se volvió para salir. Pero el dueño lo detuvo, y le dijo: «No podemos dejar ir a un hombre como tú. Te daré un trabajo en la organización.» Y así lo mantuvo en la organización. Como ve, este beisbolero no hizo nada malo. Pero se acogió a la gracia de Dios y reflejó a Cristo en los momentos de sufrimiento, y sus acciones trajeron la respuesta de Dios.

El primer paso es muy importante, porque veremos un poco más adelante que Jesús mismo dijo que la amargura le da lugar al enemigo. También es vital aprender ahora cómo lidiar con la amargura porque el sufrimiento no es una alternativa para nosotros. Sufrir es nuestro llamamiento como cristianos (1 P. 2:21a).

Si no puede confiar en Dios cuando las cosas andan mal, usted se abre a la amargura. Lidiar con los que lo han lastimado u ofendido es tarea de Dios, no suya (Ro. 12:19). Cuando trata de asumir esa responsabilidad sobre usted mismo, desliga a Dios de toda responsabilidad en cuanto a actuar a su favor. Ya hemos visto que el sufrimiento es algo cierto. Vendrá, de modo que es mucho mejor estar preparados de antemano y saber cómo responder. Como Pedro escribió:

> Puesto que Cristo ha padecido por nosotros en la carne, vosotros también armaos del mismo pensamiento; pues quien ha padecido en la carne, terminó con el pecado, para no vivir el tiempo que resta en la carne, conforme a las concupiscencias de los hombres, sino conforme a la voluntad de Dios (1 P. 4:1-2).

¿Cómo nos armamos con el misma pensamiento de Cristo en el sufrimiento? No desquitándonos, sino entregando el asunto a Dios. Este es el conflicto real para muchas de las personas que vienen a nuestro centro de consejería. El asunto es: ¿podemos realmente confiar en Dios cuando sufrimos? Puedo decirle que esto fue una lucha terrible para mí. Ya he mencionado la desdicha de mi hogar y los horribles sentimientos que tenía al crecer.

Esas heridas me afectaron incluso hasta mi edad adulta, y estaba profundamente amargado contra Dios por el sufrimiento que sufrí a manos de mi padre. Entonces asistí a un seminario del Instituto sobre Conflictos Fundamentales de Adolescentes en 1968, en el que el orador, Bill Gothard, me dijo que Dios me había colocado en mi familia.

Esto realmente me asombró. Y pensé: *No puedo creer que este tipo este diciendo estas cosas. Está fuera de quicio. Dios no me pondría en un hogar donde me ultrajarían verbalmente y denigrarían toda mi vida, ¿verdad?*

Bill tenía razón. Dios en su sabiduría nos da el ambiente familiar preciso en el cual Él puede obrar. Ningún trasfondo familiar es demasiado difícil como para que Dios obre. Muchas de las personas a que aconsejo están amargados contra Dios por las cosas que les han ocurrido, incluso el haber sido colocados en cierta familia en particular. Pero es difícil para ellos admitir su amargura, así como fue duro para mí años antes darme cuenta de que en realidad estaba amargado contra Dios por mi vida familiar.

La amargura es hacer que Dios me rinda cuentas a mí. Es también una afrenta a su soberanía. En efecto, estamos diciendo: «Dios, no me gusta lo que estás haciendo, y quiero que lo sepas. No me pediste permiso ni me consultaste de antemano; y estoy furioso.»

En la última parte del versículo 1, Pedro también dice que el sufrimiento es parte del proceso purificador de Dios para ayudarnos a librarnos del pecado. Algunas veces oramos: «Señor, quiero ser piadoso», luego ponemos a un lado las herramientas por medio de las cuales Él quiere purificarnos. A menudo cuando los tiempos difíciles llegan, lo primero que preguntamos es: «¿Por qué a mí?» (véase v. 12).

La respuesta de Dios es: «¿Por qué no a ti?» Es una buena pregunta. ¿Por qué usted o yo debiéramos ser excluidos de la «prueba de fuego»? Queremos ser santos, pero a menudo no queremos los fuegos refinadores. Cuando nos vienen, nos resentimos y nos amargamos en el proceso de tornarnos santos. ¿No es de asombrarse? Nos volvemos amargados porque Dios no lo hizo a la manera en que nosotros lo esperábamos.

Cuando pienso de pruebas de fuego, pienso en los tres amigos del profeta Daniel (Dn. 3). Cuando fueron arrojados al horno de fuego, ¿qué se quemó? Solo las cuerdas que los ataban. Eso fue todo. Dios quiere quemar las cuerdas que nos tienen esclavizados.

Y como Pedro escribió en el versículo 13, antes que tornarnos amargados en las pruebas, debemos regocijarnos. ¿Por qué? Porque la gloria de Dios descansa sobre nosotros.

Corrie ten Boom relata una historia de gran sufrimiento en su obra épica de fe en Dios *El cuarto secreto*. Su padre holandés murió por ocultar judíos de los nazis, y Corrie y su hermana Betsie sufrieron gran aflicción en el campo de concentración de Ravensbruck, y Betsie a la larga murió allí. Años antes que Corrie escribiera *El cuarto secreto* la oí hablar. Allí estaba esta mujercita holandesa que sufrió tan terriblemente por servir a Dios, pero que escogió confiar en Él y perdonar antes que dejarse ganar por la amargura, en un clímax conmovedor en el libro perdona al guardia que la había maltratado a ella y a su hermana Betsie. Millones de vidas fueron tocadas debido a su obediencia. Mientras la oía hablar aquella noche, el resplandor de Dios se veía en el rostro de esa mujer.

2. Perdonar de corazón

El paso dos para librarse de la amargura se halla en Mateo 18:21-22: «Entonces se le acercó Pedro y le dijo: Señor, ¿cuántas veces perdonaré a mi hermano que peque contra mí? ¿Hasta siete? Jesús le dijo: No te digo hasta siete, sino aun hasta setenta veces siete.» Para quedar libre de la amargura debo estar dispuesto a perdonar de todo corazón a las personas. Cuando Pedro le preguntó en qué punto debía dejar de perdonar a alguien, Jesús le respondió con un llamado al perdón ilimitado.

Cada vez que una persona me ofende, debo perdonar. La mayoría de nosotros hemos oído las palabras de Jesús tan a menudo que perdemos el significado de lo que está diciendo. Imagínese lo que significa perdón ilimitado, por ejemplo, para una esposa que tiene un esposo que la maltrata. ¿Hay un punto en el cual ella puede dejar de perdonarlo? Tal vez tenga que separarse de él por protección propia, pero todavía puede —y debe— perdonarlo.

¿Recuerda a Mary, la del capítulo 1? Mire de nuevo a su testimonio (páginas 23), y notará que en el párrafo final ella agradeció al Señor por capacitarla

TERRENO MÁS ALTO:
Cómo deshacerse de la amargura

Si no ha perdonado a alguien, es probable que albergue un espíritu no perdonador y *amargura*, porque conforme pasa el tiempo el resentimiento por una ofensa se profundiza y transforma en amargura. Usted debe perdonar.

1. Pídale a Dios que le revele en su mente las personas contra las cuales tiene sentimientos que no son correctos. Haga una lista de nombres según Dios se los revela. También, verifique usted mismo para ver si está guardando alguna amargura contra Dios o contra usted mismo, e incluya estos nombres en su lista, si este es el caso.
2. Empiece por el final de la lista, porque estas personas son por lo general más fáciles de perdonar. Conforme recorre la lista hacia arriba, dígale a Dios que usted perdona a cada persona y le entrega a Él las ofensas. Eso es perdonar de corazón. Nos amargamos por una razón y debemos ponernos en contacto con el dolor; es decir, las razones por las cuales nos hemos amargado.
3. Si después de perdonar a la persona por una ofensa importante recuerda algún incidente específico y doloroso, no permita que sus sentimientos ardan de nuevo al rescoldo. En lugar de eso, entrégueselos a Dios allí mismo y al instante. En mi experiencia con mi propio padre hallé que después de lidiar con las principales ofensas, días o semanas más tarde recordaba algún incidente específico. Me detenía y oraba: «Dios, perdono a mi papá por (la ofensa específica) también.» Usted necesita lidiar solo con las cosas que Dios trae a su recuerdo.
4. Dígale a Dios que está dispuesto a vivir con las consecuencias continuas de la acción del ofensor y contárselas en oración.
5. Pídale a Dios que recupere el terreno que usted le ha cedido a Satanás mediante la falta de perdón, luego vuélvase y avance hacia las cosas que están por delante.
6. Si alguna acción futura de una persona a quien ha perdonado desata recuerdos dolorosos y usted se ve tentado a volver a tomar la amargura pasada, entréguele al Señor esta tentación en el mismo momento.

para evitar los paralizantes efectos de la amargura en su propia vida mientras luchaba con el maltrato verbal de su esposo. Dios le dio poder a Mary para que descartara la amargura y el resentimiento hacia su esposo. En lugar de eso, ella empezó a devolver ese rechazo con amor como el de Cristo.

La único que hizo posible este testimonio fue una esposa que decidió confiar en Dios para recibir la gracia para perdonar a su esposo, y dejar que Él se encargara de los resultados.

Note que después que Jesús llamó a un perdón interminable en Mateo 18, relató una historia (vv. 23-24) acerca del perdón. Los números en la historia son apabullantes: este siervo debía al rey diez millones, pero fue perdonado. Un segundo siervo le debía al primero unos pocos dólares en comparación, pero el siervo perdonado se negó a perdonarlo. Como resultado, el rey lo entregó a «los verdugos» (v. 34). Jesús no quería que nos perdamos la aplicación de esta sorprendente historia de falta de perdón, de modo que nos la dio Él mismo (v. 35). Si guardamos resentimientos y falta de perdón en nuestro corazón contra alguien, lo mismo nos ocurrirá a nosotros. Le daremos al enemigo terreno para que nos atormente.

También hallamos la misma idea en la edad de la Iglesia. En Primera de Corintios 5:1-5 Pablo escribe acerca de un pecado en la iglesia que era tan malo que era ofensivo incluso para los incrédulos de la localidad. ¿Cuál fue el juicio que dictó sobre el hombre? Que sea entregado a Satanás (v. 5).

En el Nuevo Testamento, la disciplina eclesiástica consistía en entregar al ofensor a las fuerzas demoniacas (véase también 1 Ti. 1:20). Se le quitaba a la persona la protección espiritual de la iglesia y el enemigo quedaba libre para crear el caos en él; incluso para «la destrucción de la carne».

Pero el hombre de Corinto se arrepintió, y la iglesia no sabía qué hacer (2 Co. 2:1-11). «Perdónenlo», dice Pablo (v. 7), y luego añade su propio perdón (v. 10). Hagan esto, dice: «para que Satanás no gane ventaja alguna sobre nosotros; pues no ignoramos sus maquinaciones» (v. 11). La amargura y el negarse a perdonar a otros son las maquinaciones de Satanás que abren a la persona a los ataques demoniacos y hacen daño al cuerpo de Cristo, y Pablo lo sabía.

Como ya dije en un capítulo anterior, el problema hoy es que ignoramos las obras y caminos de Satanás. Por ejemplo, los investigadores informan que el porcentaje de divorcios entre creyentes es igual de malo como entre los incrédulos. Cónyuges que no perdonan infectan y destrozan muchos matrimonios.

¿Cuánto perdón supone que interviene en un divorcio? Si usted no sabe cómo perdonar, no se case. Sea que usted esté casado o sea soltero, recuerde que Jesús le ordena perdonar. Y no debemos perdonar artificialmente o con medio corazón. Debemos perdonar a otros completamente, de todo nuestro corazón. Es decir, debemos ponernos en contacto con el dolor de la ofensa y entregársela a Dios al perdonar a la persona por nombre, y por las ofensas específicas que nos causaron el dolor. «Dios, perdono a (el ofensor) por (la ofensa).»

3. Vivir con las consecuencias

El tercer y final paso para librarse de la amargura es una disposición para vivir con las consecuencias perennes de las acciones del ofensor. Este es el paso más difícil de todos, si se lo aplica. Sin embargo, es esencial si hemos de escapar de las consecuencias de un espíritu de amargura, y honrar a Dios obedeciéndole. La clave para estar dispuesto a vivir con las consecuencias es mantener un contacto vital con el Espíritu Santo. Efesios 4:30-32 dice que esto es esencial si queremos tener éxito en la guerra espiritual. Se nos dice que no entristezcamos al Espíritu Santo, y luego en la frase que viene inmediatamente se nos dice: «Quítense de vosotros toda amargura, . . .» (v. 31). También se menciona la ira. Muchas personas amargadas también batallan con la ira.

Note que debemos reemplazar los actos pecaminosos señalados en el versículo 31 con perdón. Y no cualquier perdón. Debemos perdonar de la manera que Cristo nos perdonó: por completo. Él nos perdonó una deuda eterna. Todo lo que a nosotros se nos pide es perdonar deudas temporales.

Un hombre a quien llamaré Jack se yergue como el mejor ejemplo que he visto de alguien dispuesto a perdonar y a vivir con las consecuencias de las acciones de otra persona. Jack llamó a mi oficina hastiado de su profunda depresión. «He ido a todas partes buscando ayuda. ¿Puede ir a verlo?» preguntó. Yo estaba escéptico en cuanto a poder hacer algo por él, porque sabía que los consejeros que ya había visto eran excelentes personas. Pero insistió, y así fijamos una cita para una fecha futura.

Justo antes que viniera, su esposa me llamó y me preguntó si podía venir también. Me dijo: «Yo sé por qué está deprimido, pero él no lo sabe.»

¿Alguna vez se le despierta la curiosidad? Esa afirmación de ella me despertó la curiosidad, aun cuando esa fue una ocasión en que hubiera querido que no hubiera ocurrido así. De modo que le pregunté qué quería decir.

«Mi esposo tiene un conteo muy bajo en su semen —empezó ella—. Sabemos que Dios abre y cierra el vientre, y queríamos una familia grande, de modo que nos entregamos a Dios pidiéndole hijos. Hemos tenido varios hijos desde ese entonces, y mi esposo está muy entusiasmado. Pero lo que no sabe es que estos no son sus hijos. El padre es otro hombre.» Esta ruptura en el pacto matrimonial estaba poniendo a este hombre bajo una gran opresión espiritual.

No voy a relatar más de los sórdidos detalles. Casi me enfermé al oír el asunto. Era el fin de semana y la pareja debía venir a verme el lunes. No quería verlos. Oré que Cristo viniera; cualquier cosa con tal de no tener que enfrentarme con esto.

Pensé en mis propios cuatro hijos. Qué cosa más horrible para que un padre la descubra, e iba a ocurrir en mi oficina. Sé lo que la amargura puede hacerles a las personas, y me preguntaba si este hombre ejercería la gracia de Dios para aceptar y lidiar con esto. Cuando recibí a Jack y a su esposa, les guié a recorrer los tres pasos que acabo de mencionar. Permítame explicar brevemente cómo lo hago con cada persona a quien atiendo, y luego la respuesta de esta pareja.

Lo primero que hago es señalar lo que dicen las Escrituras respecto a la amargura, para que la persona a quien estoy aconsejando vea por sí misma que está en la Biblia. Jamás le pido a nadie que se comprometa a nada mientras no lo vea en las Escrituras. Lo único que puede libertar a las personas es la verdad, y su entrega a ella. Le pregunto: «¿Está dispuesto a comprometerse con esto? ¿Está dispuesto a alinear su vida con esta verdad?»

Si la persona está dispuesta, le pido que ore pidiéndole a Dios que le revele a las personas que no ha perdonado de todo corazón. Las personas deben lidiar con el dolor y la aflicción antes que puedan quedar realmente libres. ¿Están las personas por lo general amargadas sin razón alguna? No; algo ha ocurrido. De modo que cuando alguien dice: «Perdono a fulano de tal», le pregunto: «¿Por qué lo está perdonando?» La persona debe hacerle frente a eso.

Luego anoto los nombres en un cuaderno y oramos de nuevo con la lista al frente: familia, amigos, antiguos amigos, personas en la iglesia, en el trabajo o en la escuela, quienquiera que ha lastimado u ofendido a esta persona. Leo los nombres y quien estoy aconsejando le dice a Dios que perdona a esa persona y lo que ésta le hizo.

Usted puede dar estos pasos en su propia vida. Vaya a solas con Dios y pídale que le revele a las personas contra las cuales está guardando malos sentimientos. No necesita que nadie más esté allí. Haga una lista de nombres, de las cosas que ocurrieron, y cualquier consecuencia continua. Ore recorriendo la lista y perdone a las personas que constan allí; incluso a Dios y a usted mismo si fuera necesario.

Pues bien, Dios hizo una obra asombrosa de gracia en los corazones de este hombre y su esposa. Ella le confesó su pecado y arregló las cosas con todos los involucrados, pidiendo el perdón de Dios y el perdón de su esposo por lo que le había hecho a él y a su familia.

Jack al parecer tenía la más grande cantidad de perdón para conceder. Cuando ella admitió su pecado, Jack pudo sentir agudamente el aguijón y la ira por la traición. Su esposa no sólo había quebrantado los votos matrimoniales con su adulterio, sino que había tenido hijos de otro hombre; hijos que Jack tendría que querer como si fueran suyos. Pero Jack, que quería a su esposa y amaba a Dios, halló relativamente fácil perdonar a su esposa y al otro hombre. La parte más dura sería enfrentar las consecuencias de ese pecado todos los días sentados alrededor de la mesa. Me alegra informar que Jack quiere a esos muchachos, aun cuando sabe que algunos días debe ser difícil.

HAY QUE ESCOGER PERDONAR

El perdón es una elección, no un sentimiento. Cuando consideré perdonar a mi padre, luché para tomar tal decisión, porque no me sentía con ganas de perdonarlo. Le perdoné por un acto de la voluntad. Por eso la obediencia precede a la comprensión.

Hace años, cuando era pastor en Tacoma, en el estado de Washington, prediqué un sermón de resurrección sobre el perdón y la cruz. Hablé sobre cómo aborrecía a mi padre y como Dios me enseñó a perdonarlo. Camino a casa, mi esposa se volvió hacia mí.

—Disfruté de tu mensaje esta mañana —me dijo—. Sé que has perdonado a tu papá, pero no creo que le hayas pedido alguna vez su perdón. ¿Por qué no lo llamas hoy y le pides perdón?

—No; no pienso que es así como quiero hacerlo. Quiero verlo cara a cara cuando le pida perdón. No puedo hacerlo por teléfono.

Veinte minutos más tarde recibí una llamada de papá, quien jamás llamaba. Le dije cuán mal me sentí por mi rebeldía y le pedí que me perdonara. «Bah, muchachos siempre serán muchachos» —dijo. En ese instante supe cuánto lo había lastimado. Le pedí de nuevo su perdón. Él dijo que me perdonaba.

Lo que más quería en la vida era la aprobación de mi papá, pero él nunca dijo ni una sola cosa positiva de mí. Pero después que di el primer paso, él me envió una carta diciendo que se sentía orgulloso de mí.

En agosto de ese año papá dijo que quería venir a visitarnos, algo que normalmente nunca lo haría. Al verlo caminar por los pasillos del aeropuerto hacia mí, me di cuenta de que quería a mi padre. Era asombroso. El amor hacia él simplemente fluyó en mi interior. No pensé que sería posible sentir amor por mi padre, porque lo había detestado por tanto tiempo.

Papá murió esa Navidad. En el funeral le dije a sus cuatro hermanas que yo le había pedido perdón antes que muriera. Cada una de mis tías me dijo lo mismo: «Tu papá regresó de aquella visita a ustedes diciendo que había tenido el mejor tiempo de su vida.»

Yo era cristiano, y pastor, y mi padre se fue a la eternidad habiendo tenido solamente una buena semana con su hijo porque yo guardaba amargura. Gracias a Dios que arreglé eso antes que él fuera a la tumba. Hoy puedo decir que Dios no hizo una obra grandiosa en mi corazón sino hasta que arreglé el odio que sentía hacia mi padre.

Cuando se trata de perdonar a alguien que nos ha ofendido, debemos actuar en obediencia, incluso cuando los sentimientos no estén presentes. Efesios 4:32 dice claramente que Dios no está pidiéndome que sienta algo, sino que haga algo. Cuando Dios le dijo a Moisés que extendiera su vara sobre el Mar Rojo, él pudo haber dudado, incluso haber estado resentido contra Dios por haberlo puesto en semejante apuro: el avance el ejército egipcio acorralándolo contra el mar, y su pueblo, desarmado, cansado del viaje, y algunos de ellos quejándose. Moisés podía haberse quejado y negado. En lugar de eso, hizo lo que Dios le ordenó, porque era Él quien lo pedía y porque Moisés conocía quién es Dios. La fe exige una autorización, una base para creer. Una autorización es un documento legal sobre el cual se basa una acción. La palabra de Dios, su promesa de actuar, era la autorización para la fe de Moisés. Por sus acciones sabemos que tenía fe. De esa manera es con el perdón. Podemos responder con perdón incluso cuando nuestros sentimientos dicen que no, porque la Palabra de Dios nos ordena y promete sus bendiciones para los que perdonan.

5

SIEMPRE ESTÁ BIEN ARREGLAR LAS COSAS

De acuerdo con Primera de Timoteo 1:19 hay dos cosas que usted debe tener para evitar naufragar en la vida cristiana: fe y una buena conciencia. Si miramos brevemente al escenario podemos entender por qué una buena conciencia es tan importante en nuestra vida. Pablo le dijo a Timoteo que mantuviera alta su guardia espiritualmente. ¿Por qué? Porque Timoteo estaba sirviendo al Señor en un vivero de religión pagana y actividad demoniaca, la gran ciudad de Éfeso. Incluso en la iglesia de Éfeso estaban infiltrándose las enseñanzas falsas.

Para que Timoteo pudiera librar una buena guerra espiritual, necesitaba primero mantener la «fe» que en este contexto probablemente se refiere a la verdad del evangelio, como algo opuesto a las falsas enseñanzas como aquellas a las que Pablo se refiere anteriormente en el capítulo.

LA IMPORTANCIA DE UNA BUENA CONCIENCIA

Timoteo también necesitaba una buena conciencia para pelear una buena guerra espiritual. La batalla espiritual al final del siglo veinte sigue siendo la misma: junto con la fe necesitamos una buena conciencia para enfrentar la tentación. La palabra *conciencia* recibe mucha atención en el Nuevo Testamento, pero quiero dirigirme a un aspecto que me parece crucial para la victoria sobre el enemigo: la necesidad de mantener limpia nuestra conciencia. Pablo mismo dijo que se esforzaba arduamente para mantener su conciencia limpia de cualquier ofensa contra Dios y contra otros (Hch. 24:16).

¿Cuán importante es una buena conciencia? Pablo la menciona en Primera de Timoteo 1:5 como esencial para el ministerio eficaz. Eso, más la disciplina impuesta sobre Himeneo y Alejandro por haber arrojado por la borda su conciencia junto con su fe (v. 20), sugiere que es extremadamente importante.

Pablo está diciendo que uno de los varios errores que estos hombres estaban propagando era que no es importante que los creyentes mantengan limpia su conciencia. Por esto los entregó a los demonios en un paso de disciplina eclesiástica para traerlos al arrepentimiento.

Recuerde que estos hombres eran creyentes. Usted no tienen que entregar a los incrédulos a Satanás. Ya le pertenecen. No puedo ver a ningún creyente diciendo que la fe no es importante. Pero sí puedo ver a creyentes diciendo que limpiar la conciencia no es importante, porque es algo muy difícil de hacer.

El otro lado de la moneda

¿Por qué es esto? En primer lugar, aun cuando podemos estar dispuestos a perdonar a una persona que nos ha hecho daño y viene a pedirnos perdón, queriendo arreglar las cosas, pero muchas veces eso nunca ocurre. La otra persona nos inflinge una herida y jamás hace algo al respecto. En segundo lugar, podemos lastimar a alguien y jamás arreglar el asunto nosotros mismos. Mantener una conciencia limpia exige que demos atención a cada una de estas situaciones. Este es el otro lado de la moneda de la amargura y la falta de perdón, de la que se trató en el capítulo previo.

Sí, aun cuando la ofensa es en contra nuestra, y el ofensor no confiesa el daño o pide perdón, todavía podemos perdonar a la persona, y tal vez pedirle perdón igualmente si hemos hecho daño en respuesta. Al perdonar a mi papá y pedirle que me perdonara, incluso aun cuando papá no me había pedido que le perdonara (véase página 69), recibí una conciencia limpia, así como él también, y así lo demostró al llamar el tiempo que pasamos juntos «el mejor tiempo de mi vida».

Cómo liberar a otros

Esta es otra de las cosas maravillosas que ocurren cuando limpiamos nuestra conciencia. Cuando buscamos perdón por el daño que hemos causado a otros, *los libertamos* de la amargura que guardan contra nosotros. Al darles a otros la oportunidad de desembarazarse de su amargura, podemos incluso estar ayudándoles a eliminar la excusa en sus vidas para que el enemigo les atormente.

Por eso les pido a las personas a quienes aconsejo que hagan una lista de las personas que tienen algo en su contra. Mientras no hayan hecho esto, en realidad no tienen una conciencia limpia. No estoy hablando de interminable introspección o sacar a la luz en público toda su ropa sucia. Esa no es la idea. Hay cosas en todas nuestra vida que necesitan ser guardadas entre los involucrados. Lo que ocurrió no es asunto de nadie más.

La pauta que uso es que el alcance del perdón no tiene que ser más grande que el alcance de la ofensa. Si hablamos de cosas personales con personas que no tienen parte en el problema o la solución, viviremos para lamentarlo.

Cómo arreglar viejas ofensas

De modo que pongo mucho cuidado aquí, porque las personas que vienen a mi oficina a menudo van llevando un extremadamente pesado equipaje de su pasado. Es como una bomba de tiempo escondida en una maleta en un aeroplano. Si explota, va a herir una cantidad terrible de inocentes. Aquí solo estamos tratando con personas con las cuales no hemos arreglado las cosas.

Incluso en estos casos, sin embargo, hay ocasiones en que es lo mejor dejar algunas cosas sin decirse. En otras palabras, no tenemos ningún derecho de derramar todas nuestras confesiones si van a desatar dolor innecesario y caos en la vida de otra persona. Le digo a la gente a quienes aconsejo: «Si hay personas en su pasado a quienes necesita perdonar, Dios es lo bastante grande como para traerlas de vuelta a su vida.»

Por ejemplo, Bradley quería limpiar su conciencia ante el Señor respecto a dos incidentes de relaciones sexuales ilícitas en su pasado. Quería encontrar a las dos mujeres y pedirles perdón, de modo que oró para que Dios le diera la oportunidad de arreglar las cosas.

Para entonces Bradley no sabía nada de las vidas de las mujeres. Él mismo estaba casado y había arreglado su vida con el Señor. Su esposa sabía que tenía un pasado inmoral, pero no sabía los detalles. El pasado realmente fastidiaba a Bradley, y fervientemente estaba tratando de arreglar las cosas.

No mucho tiempo después de su oración Bradley y su esposa estaban sentados en un restaurante, cuando una de estas mujeres de su pasado entró junto con su compañero. Ambos se sentaron en la mesa junto a él y a su esposa. La esposa de Bradley decidió ir a buscar una ensalada, se levantó y se fue al mostrador. Claro, el compañero de la mujer hizo exactamente lo mismo, dejándola a ella y a Bradley frente a frente cada uno en su mesa.

Ella se levantó, se dirigió a la mesa de él, y le dijo: «Mi amigo no sabe nada acerca de nosotros. Por favor, no digas nada ni digas que me conoces.» Regresó y tomó asiento.

Bradley se dio cuenta de que esta era la manera en que Dios había permitido que el perdón tuviera lugar. Él estaba dispuesto a confesar su pasado equivocado si fuera necesario, pero en este caso no hubiera sido apropiado. Aceptó la provisión de Dios, quedando libre de la responsabilidad de hablar de su pasado con alguna otra persona. Persistir e insistir en confesar este pecado sin tomar en cuenta lo que la amiga o su esposa pensaran hubiera hecho mucho daño. Dios sabía que él estaba dispuesto a arreglar las cosas, y así Bradley pudo tener limpia su conciencia.

Cuando era pastor una vez me enredé en una discusión con un colega respecto a cierto asunto. Era claro que yo estaba equivocado. Mucho después, cuando estaba lidiando con mi amargura y limpiando mi conciencia, el Espíritu Santo me trajo este incidente a mi mente. No tenía idea de dónde estaría aquel hermano, pero sabía que nunca había arreglado las cosas. De modo que sencillamente oré: «Señor, si es importante que vea a este pastor a quien le dije tanta cosas feas, tráelo de vuelta a mi vida de una manera especial.»

Usted podrá imaginarse lo que Dios hizo. Yo estaba asistiendo a una conferencia de pastores, sentado en la cafetería. Un amigo se acercó con un hombre de cabello cano y me lo presentó. Era el pastor por quien había orado. No lo reconocí. Casi me quedé boquiabierto. Casi; puesto que esto ocurrió en los días en que no había riesgo de perder mi dentadura postiza. Quedé tan perplejo que apenas logré rezongar algo y me alejé. Posteriormente ese día me fui a caminar por los predios del lugar, diciéndome a mí mismo cuán increíble era que Dios haya traído a este hombre de vuelta a mi vida, precisamente como había orado. Estaba tan emocionado por la posibilidad de regresar y arreglar las cosas con él.

Esa noche no lo vi en la cena, de modo que pregunté por él. «Ah —dijo alguien—, su iglesia llamó y él tuvo que regresar hoy.» Obviamente, había esperado demasiado para hablarle.

Ahora bien, no se trataba de ninguna situación de vida o muerte, y dudo que el futuro de aquel hombre haya dependido de eso. Pero lo que hice estuvo mal, y aprendí una lección muy valiosa de todo eso. Era como si Dios me dijera: «Jim, cuando te propones en tu corazón arreglar las cosas con alguien, mejor prepárate porque lo voy a traer de vuelta a tu vida si es importante, y tú necesitas estar preparado para actuar.» Cuando Dios le da tal oportunidad, si el tiempo es propicio y puede hablar con la persona en privado, háblele y pida su perdón.

Hay que olvidar el pasado

Si no conservamos limpia nuestra conciencia, el enemigo nos aventaja. Esto parece claro en el juicio impuesto sobre Himeneo y Alejandro en Primera de Timoteo 1:19-20. Una conciencia limpia delante de Dios es absolutamente esencial para el cristiano. Es más, Pablo escribió que «el propósito de este mandamiento», es decir, el propósito del ministerio o de nuestra enseñanza, es el amor que fluye «de corazón limpio, y de buena conciencia, y de fe no fingida» (1 Ti. 1:5).

¿Quiere que el amor de Dios fluya de usted hacia otros? Entonces una conciencia limpia es una de las tres cosas esenciales que Pablo menciona. Veo una progresión interesante aquí. Un corazón limpio mira al presente, una conciencia limpia hacia el pasado, y una fe genuina hacia el futuro. Si su corazón es puro, y se ha arreglado el pasado, usted puede mirar con confianza hacia el futuro.

¿Qué pensaría si se subiera a un automóvil conmigo y yo empezara a conducir por una calle atestada mientras miró por el espejo retrovisor? Después de acabar de tragar saliva para aclararse el nudo de la garganta, probablemente diría: «Jim, ¡estás mirando en la dirección equivocada!»

Tiene razón; no puedo avanzar mirando hacia atrás, ni tampoco puede usted. Pero eso es lo que Satanás quiere precisamente que hagamos. Pablo escribió que debíamos olvidarnos del pasado (Fil. 3:13). No se trata de pretender que nunca ocurrió. Sencillamente olvídelo. El enemigo quiere que usted continúe escarbando en el pasado. Pero cuando usted escarba en algo muerto, ¿adivine? Apesta. Dios dice que el pasado está sepultado y que nunca lo volverá a hacer aparecer. Está cubierto por la sangre de Cristo.

Cuando Pablo dice que olvidaba «lo que queda atrás», no quiere decir que trataba de actuar como si el pasado jamás hubiera ocurrido. La palabra quiere decir «desechar el significado» del asunto. Lo desecha y avanza. Cuando olvida el pasado, queda libre para extender ambas manos para recibir lo que Dios tiene para usted ahora. Con una conciencia limpia puede mirar a las personas en los ojos, luego salir y hacerle gran daño a Satanás y a su reino.

EL PROBLEMA DE LA CULPABILIDAD

Cada vez que hablo de tener una conciencia limpia y de no permitir al enemigo que nos atormente con el pasado, por lo general surje esta pregunta: «¿Qué hacer cuando uno tiene terribles recuerdos que no puede controlar?»

Excelente pregunta. Todos nosotros sufrimos las consecuencias de nuestro pecado, incluso después de haber sido limpiados de ese pecado. Una de las consecuencias del pecado es la cicatriz que deja mediante los recuerdos dolorosos. Otro nombre para esto es culpabilidad. A Satanás le encanta recordarnos las cosas que hemos hecho para mantenernos así esclavos de la culpa. «¿Recuerdas esa cosa horrible que hiciste? ¿Cómo puede Dios usar a alguien como tú?»

¿Tratar de olvidarlo?

De modo que tenemos estos recuerdos de cosas que no podemos negar haberlas hecho. Pero ¿qué les decimos por lo general a las personas que están bregando con la culpabilidad de pecados pasados? Olvídelo, no piense en eso.

Con frecuencia les pregunto a quienes aconsejo.

—¿Sirve de algo tratar de olvidarlo?

—No, es peor. Mientras más trato de no pensar en eso, más pienso en lo mismo.

Tienen razón. ¿Ha tratado alguna vez de no pensar en algo? No resulta, ¿verdad? Ya vimos que dejar atrás el pasado no quiere decir tratar de olvidarlo o pretender que nunca ocurrió.

Agradezca a Dios por la memoria

Animo a las personas a que lidien con la culpabilidad de esta manera.

—¿Quién estaba a cargo de su vida cuando tomó esa decisión errada? —le pregunto.

—Yo.

—Entonces, en lugar de tratar de olvidar o suprimir el recuerdo de ese pecado, haga esto. Ya que el enemigo le trae eso a la mente con el propósito de acusarlo, hágale frente y diga: «Dios, gracias por permitirme recordar lo que ocurrió cuando yo manejaba mi vida. Ahora mismo quiero volver a dedicar mi vida al Señor Jesucristo. Quiero que Él se siente en el trono de mi vida, porque sé que cuando Cristo controla mi vida, no haré esa clase de cosas.»

Si la culpabilidad es un problema para usted, le insto que siga esa fórmula sencilla. No es una fórmula mágica, ni tampoco es automática; pero puede ser muy libertadora. El enemigo viene con estos pensamientos intrusos para meter una cuña entre usted y Dios, para evitar que vuelva a dedicar su vida a Él.

La única manera que conozco para detener estos pensamientos es agradecerle a Dios por la memoria y volver a dedicarse a Dios. Muchas personas me han dicho que después de un tiempo de hacer esto, los pensamientos acusadores cesaron.

Sea como Pablo

Dicho sea de paso, yo no soy la primera persona que usa esta idea. Creo que esto es exactamente lo que Pablo hizo cuando Satanás le recordaba de su lúgubre pasado.

Y Pablo sí que tenía su pasado. Piense en los recuerdos con los que tenía que lidiar. Pasaba sus días antes de su conversión persiguiendo cristianos y llevándolos a la muerte (Hch. 22:4). Puedo imaginármelo yendo a algún lugar a predicar y que algún creyente le dijera: «Ah, sí; yo sé quién eres. Tú eres el responsable por la muerte de mi abuela.»

Pablo nunca olvidó lo que le hizo a la Iglesia, pero observe cómo manejaba esos recuerdos. Tenemos por lo menos tres ejemplos en sus escritos; en Primera de Corintios 15:9; Efesios 3:8 y Primera de Timoteo 1:12-15. Busque cada uno de esos pasajes y verá que mientras Pablo reconocía francamente sus acciones pasadas, convertía esos dolorosos recuerdos en ocasiones de alabanza y acciones de gracias a Dios por la abundante gracia que Él derramó sobre Pablo. Haremos bien en imitar el ejemplo del Apóstol.

El asunto de la rebelión

Ahora queremos pasar a otro aspecto clave donde podemos cederle una tremenda cantidad de terreno a Satanás, y darle una enorme ventaja sobre nosotros, si no andamos en obediencia al Señor. La secuela inmediata de la desobediencia del rey Saúl se describe en Primero de Samuel 15:22-23. El profeta Samuel reprendió a Saúl por su serio acto de desobediencia y entonces le dijo: «Como pecado de adivinación es la rebelión.»

TERRENO MÁS ALTO
Cómo tener limpia la conciencia

Tener una conciencia libre de culpabilidad quiere decir arreglar todas las ofensas contra otros y, cuando sea posible, buscar perdón y hacer restitución. Dios participa en este proceso, como se muestra continuación.

1. Si alguien a quien conoce estuviera haciendo una lista de personas que le han hecho daño y jamás le han pedido perdón, ¿estaría usted en esa lista? Ore, pidiendo a Dios que le revele a cualquier persona que pudiera sentir que usted le ha ofendido.
2. Haga una lista de todas las personas que el Señor traiga a su mente, a quienes ha ofendido y nunca ha pedido perdón.
3. Si es posible, recorra su lista con un cristiano maduro e identifique la ofensa fundamental contra cada persona en esa lista. Si necesita pedir el perdón de Dios por estas ofensas, hágalo ahora mismo. Siempre es el tiempo propicio para arreglar cuentas con Dios.
4. Saque de la lista las personas en cuyas vidas su reaparición ahora causaría serias dificultades; por ejemplo, una antigua amiguita que ahora está casada.
5. Póngase en contacto con aquellos individuos, por teléfono si es posible, y sea breve. Dígale a la persona en particular que al estar mirando en retrospectiva su vida, se ha dado cuenta de que le ofendió por_____, mencionando la ofensa. Luego pida perdón.
6. Haga restitución donde sea necesario.
7. Si alguna persona le ha dado un beneficio y usted nunca mostró aprecio, exprésele su gratitud. Si tiene problemas con ser agradecido, empiece a enviar notas de agradecimiento a las personas que le han brindado algún beneficio, contándoles cómo Dios las ha usado para edificarlo a usted, fortalecerlo o alentarlo.
8. Pida a Dios que recupere todo el terreno cedido a Satanás, porque usted se ha propuesto en su corazón ponerse en contacto con estas personas y arreglar las cosas.

La rebelión y la hechicería

Esa fue una declaración notable. Dios, hablando por medio de su profeta Samuel, nos está diciendo que si una persona se da a la rebelión, Él lo considera similar al pecado de la hechicería o «adivinación» como dice la versión Reina-Valera 1960. Pero ¿en qué forma la rebelión se parece a la brujería? Y ¿qué implicaciones tiene esta verdad para nosotros hoy día mientras procuramos andar en la victoria que Cristo consiguió para nosotros sobre Satanás y sus caminos?

En primer lugar, es claro que no se puede practicar la hechicería sin abrirse uno mismo totalmente al control de Satanás y sus demonios. Es más, la hechicería pone a la persona en contacto directo con el mundo de los demonios sin ninguna clase de protección sobre sí. Los que han estado en esa horrible práctica le dirán que cuando usted se aventura a entrar en el reino de Satanás, usted queda a su merced. No hay nada que lo proteja de sus ataques.

La pérdida de la protección de Dios

De modo que ¿cómo es que un horrible pecado como la hechicería se compara con el pecado de la rebelión? De esta manera: cuando nos rebelamos contra la autoridad constituida por Dios salimos de bajo su protección y nos exponemos abiertamente a los ataques del enemigo. Una vez le pregunté a mis amigos indígenas sioux: «Si un fuerte estaba siendo atacado por los sioux, ¿de qué lado de las murallas quisieran estar ustedes?» Todo dijeron que por dentro, por supuesto. Pero la rebelión me pone por fuera, donde soy completamente vulnerable. En otras palabras, estamos tratando aquí con el asunto de la autoridad de Dios. Otra palabra para autoridad es *protección*. Dios ha establecido estructuras de autoridad, que nos proveen con protección espiritual cuando nos sometemos apropiadamente a ellas.

Una de estas estructuras ordenadas por Dios es la iglesia. Es por eso, como vimos anteriormente, que la disciplina eclesiástica es el proceso de sacar de la protección de la iglesia a la persona y entregarla a los demonios para que sea atormentada y traída al arrepentimiento. La familia y el gobierno son otras dos estructuras que también son diseñadas por Dios para darnos protección espiritual. Debemos someternos a su autoridad en nuestra vida.

Tal vez no le guste lo que está ocurriendo en nuestro gobierno. A mí tampoco me entusiasma. Pero si ha estado alguna vez en un país cuando se estaba derrocando al gobierno, descubrirá con rapidez que el gobierno es mejor que la anarquía.

Estuve en Nigeria cuando ocurrió un intento de golpe de estado. Un día todo marchaba bien. Al día siguiente las calles estaban llenas de soldados y tanques. Hubo una completa supresión de toda información, de modo que nadie sabía lo que estaba pasando. Fue una experiencia horrible. Estaba realmente muy asustado. Estábamos por completo a merced de aquellas tropas. Déjeme decirle: el gobierno es mejor que la anarquía, porque un gobierno organizado y respetado provee protección. Conceptos bíblicos tales como autoridad, sumisión y obediencia no son populares hoy. Esto es más una acusación contra nuestra era que una crítica legítima de las Escrituras. Pero no debiéramos cuestionar la importancia de la autoridad y la obediencia. Considere a la familia. Una estructura de autoridad es claramente el plan de Dios: la manera en que Él diseñó a la familia para que funcionara. No podemos soslayar, negar o ignorar esta clara enseñanza sobre la autoridad sin pagar el precio.

No se equivoque. Una familia en la cual los hijos viven en sumisión obediente a los padres; donde la esposa ayuda al esposo, compartiendo con él su percepción y sabiduría y luego respaldándolo en sus decisiones; y donde el esposo a su vez vive en obediente sumisión a Dios no es un arreglo obsoleto. Es el plan de Dios, y Él espera que nos alineemos bajo su estructura de autoridad.

Hacia abajo de cabeza

Las consecuencias de descartar y desobedecer la autoridad son tan seguras y devastadoras que no podemos darnos ese lujo en nuestras familias o en la familia de Dios. Él no tolerará la rebelión. ¿Qué ocurre cuando usted o yo nos rebelamos? Cuando yo me rebelo me coloco fuera de la protección de Dios. Ahora, ¿qué se interpone entre mí y las fuerzas del diablo? ¡Nada! Los espíritus demoniacos tienen directo acceso a mí. De esta manera la rebelión es similar a la hechicería, porque en la brujería la persona intenta hacer contacto directo con los espíritus.

Si ha estado en alguna de esas montañas rusas realmente espeluznantes, sabe que usted no tiene que preguntar cuándo es buen tiempo para gritar. Todo va bien por unos momentos, y luego de súbito el carro se lanza hacia abajo y usted junto con él.

Así es con la rebelión. ¿Ha visto alguna vez a algún rebelde acercarse a Dios? No, se aleja de Dios. Un muchacho se rebela contra sus padres, y por un tiempo parece que nada ocurre. Luego llega a cierto punto, y desde allí todo marcha hacia abajo. Ese rebelde se precipita a un viaje aterrador, y he visto algunas tragedias reales llegar a las vidas de los rebeldes.

Necedad, desobediencia y rebelión

La rebelión es seria y necesita tratarse seriamente. Pero he visto a padres que confunden la rebelión con la insensatez. Me traen a sus hijos y me dicen: «Sr. Logan, mi hijo es rebelde.» Cuando hablo con el hijo o la hija, no obstante, descubro que en realidad no son rebeldes de ninguna manera. Por eso pienso que es muy beneficioso para los padres que sepan distinguir entre la necedad, la desobediencia y la rebelión. No son lo mismo.

Suponga que un muchacho vecino viene a su casa, toma la pelota de su hijo, y dice: «Veamos, atrápala.» Así que empiezan a jugar con la pelota dentro de la casa y rompen una lámpara. Eso es *necedad*. Usted tiene que aplicar alguna disciplina por romper la lámpara, pero la raíz del problema no fue rebelión.

Suponga que el mismo muchacho viene al día siguiente.

—Juguemos a la pelota —le dice a su hijo.

—Ah, no. Mi papá dice que no podemos jugar con la pelota en la sala —responde su hijo.

—Vamos, solo una vez —dice el otro muchacho. Así que su hijo lanza la pelota y rompe una lámpara.

Eso es *desobediencia*. Usted le dijo que no lo hiciera, y lo hizo.

Ahora suponga que el mismo muchacho vecino aparece el tercer día y tiene lugar la misma conversación. Su hijo se niega a jugar con la pelota en la sala porque su papá no quiere. Solo que esta vez el otro muchacho responde: «Tu papá no tiene derecho de decirte lo que debes hacer.»

Eso es *rebelión*. Es desafiar el derecho que tiene la autoridad para estar allí. ¿Quién le dio a los padres su autoridad? Dios se la dio, de modo que cuando los hijos desafían la autoridad del padre en realidad están desafiando a Dios.

Las figuras de autoridad de Dios

Romanos 13:1-4 trata con la autoridad que Dios ha establecido:

> Sométase toda persona a las autoridades superiores; porque no hay autoridad sino de parte de Dios, y las que hay, por Dios han sido establecidas. De modo que quien se opone a la autoridad, a lo establecido por Dios resiste; y los que resisten, acarrean condenación para sí mismos. Porque los magistrados no están para infundir temor al que hace el bien, sino al malo. ¿Quieres, pues, no temer la autoridad? Haz lo bueno, y tendrás alabanza de ella; porque es servidor de Dios para tu bien. Pero si haces lo malo, teme; porque no en vano lleva la espada, pues es servidor de Dios, vengador para castigar al que hace lo malo.

Pablo dice que las figuras de autoridad son servidores de Dios. Por supuesto, está hablando acerca del oficio y no necesariamente de la persona. ¿Qué tal si una persona que está en una estructura de autoridad es peligrosa? Hay que quitarla y colocarla bajo otra autoridad.

No podemos dejar a un niño, por ejemplo, que sea continuamente violado sexualmente por alguien con autoridad. En ese caso tratamos de colocar al niño bajo una estructura diferente de autoridad, pero no lo ponemos fuera de toda autoridad. ¿Por qué? Porque la autoridad es protección, y necesitamos tanta protección espiritual como sea posible.

Primera de Timoteo 2:1-4 nos dice que oremos por todos los que están en autoridad. Lo único que influirá en el liderazgo de nuestra nación es la oración. En lugar de denigrar a nuestros líderes, ¡debemos elevarlos en oración!

Efesios 6:1-3 es una verdad vital para niños y adolescentes. Por años había saltado por sobre la primera parte del versículo 3, que dice que los hijos deben obedecer y ser respetuosos para «que [les] vaya bien». ¿Sabe lo que esto significa? Si los niños y adolescentes no obedecen a sus padres, es responsabilidad de Dios que las cosas no les vayan bien. ¡Dios honra su Palabra!

Si es padre, puede ayudar a sus hijos a crecer al enseñarles obediencia y respeto. Recuerde que hay dos lados en el asunto. La *obediencia* es una acción, el *honrar* es una actitud. El honrar quiere decir respetar, y a los niños hay que disciplinarlos cuando faltan el respeto. Al muchacho que rezonga, sale bufando y tira la puerta al salir cuando se le pide que limpie su habitación, hay que hacerlo regresar para una afinación de actitud. ¿Por qué? Porque donde hay deshonor, pronto habrá desobediencia. Siempre tratamos de disciplinar a nuestros hijos en la etapa de actitud y carácter antes que llegue a la etapa de la acción.

¿Qué tal si una autoridad le pide a los niños que hagan algo en clara violación a las enseñanzas de la Palabra de Dios? Necesitan presentar su apelación con una actitud respetuosa. Nuestros cuatro hijos a menudo tuvieron que erguirse solos en las escuelas públicas por los principios bíblicos. Nuestra hija mayor, Cheryl, era la más cohibida de todos nuestros hijos. En la escuela secundaria ella estaba en un coro que tenía prestigio en todo el estado. El problema era que el coro estaba planeando cantar la canción «Acuarius», un éxito de la década de los sesenta que dice que recibimos nuestra dirección de las estrellas.

Cheryl vino a verme.

—Papá, no puedo cantar esta canción —me dijo—. ¿Qué debo hacer?

—¿Por qué no te pones firme en tus principios y apelas a la autoridad? —le dije—. Dile a la directora del coro cuánto aprecias todo lo que has aprendido en el coro, pero que eres de la opinión de que no puedes cantar esa canción porque eres cristiana.

Estaba realmente asustada, pero lo hizo. La directora del coro se enfureció y le dijo que se saliera de la clase. La muchacha vino a casa destrozada. En la próxima sesión de práctica estaba muy nerviosa. La directora se puso de pie y dijo: «Alguien tiene problemas con una de las canciones que hemos estado cantando, y no tenemos tiempo para aprender una nueva. ¿Cuántos de ustedes preferirían que no cantemos "Acuarius"?» Todas las manos se levantaron, la líder descartó el canto, ¡y mi hija vino a casa como en una nube!

EL TRISTE RESULTADO DE LA REBELIÓN

Desdichadamente, no todos los testimonios que tengo en mi archivo y en este asunto de la rebelión y autoridad acaban con esa felicidad. Hace algunos años Stuart, un muchacho de dieciséis años, vino a mi oficina. Estaba metido profundamente en la homosexualidad y practicaba satanismo. Él describió sus actitudes y acciones hacia su padre y hacia Dios de la manera siguiente:

> Cuando tenía 13 años empecé a oír música cristiana y al mismo tiempo rock y música secular de *heavy metal*. Estas avenidas le permitieron a Satanás que me cegara espiritualmente de modo que muy pronto me hice rebelde. Llegué al punto en que aborrecía a mi padre y a todo lo que él representaba. Es más, lo odiaba tanto que quería matarlo. También maté a Dios en mi mente. Le echaba la culpa por todos los ataques de demonios que me venían, y por el trastorno que estaba causándole a mi familia. Tuve muchas batallas con mi papá, tratando de usurpar su autoridad sobre nuestra casa. Aquellos años fueron llenos de mucho conflicto y aflicción para todos nosotros.
> Poco antes de cumplir los 16 años, viendo que mi padre no quería ceder ninguna autoridad . . . abandoné mi hogar para convertirme en mi propio jefe.

Stuart era profundamente rebelde, pero era obvio que no quería hacer nada al respecto. Dejó mi oficina en rebelión y se hundió más en la homosexualidad y otras perversiones; y en menos de dos años había contraído sida.

Y finalmente él le entregó su vida a Cristo. Ahora ha regresado a su hogar y está viviendo bajo la autoridad de su padre y juntos estudian la Palabra. Pero este joven todavía sufre las consecuencias de su rebelión. El sida continúa amenazando su salud.

Stuart me llamó no hace mucho y tuve una conversación muy emocionante con él y su padre. El tiempo de su llamada fue algo de Dios, porque la siguiente semana tuve que aconsejar a otro adolescente de dieciséis años que estaba tomando la misma decisión de vivir en la homosexualidad. Le pregunté a Stuart si aceptaría contarle su historia a este joven y aceptó.

Hice la llamada desde mi oficina, le pasé al muchacho el teléfono, y los dejé para que pudieran hablar en privado. Yo estaba muy emocionado porque sabía que el testimonio de Stuart haría que este joven recapacitara. Mientras sus piadosos padres estaban sentados en el recibidor, llorando, el muchacho escuchó el testimonio de alguien que jamás pensó que contraería el virus del sida, y que ahora lo tenía dentro de sí. Como Stuart le dijo, contrajo el virus porque quería ser su propio jefe.

Hablaron por más de una hora y sin embargo, cuando regresé aquel joven dijo: «Esto no tiene relevancia para mí.» Colgó el teléfono, y todavía sigue en su rebelión y perversión.

La rebelión es algo con lo que todo adolescente tiene que lidiar. Todo joven necesita responder a la pregunta: ¿Quién va a ser la autoridad final en mi vida? Para muchos de los adultos que aconsejo, la rebelión es algo que estuvo en su pasado y que ya han resuelto. En esos casos tal vez necesiten pedirle a Dios que recupere el terreno cedido durante la rebelión. Dondequiera que nos hallemos en el espectro, todos necesitamos colocarnos bajo las autoridades que Dios ha puesto sobre nosotros. Incluso aun cuando estas autoridades no sean perfectas, y ninguna lo es, nos proveen de protección espiritual contra los ataques directos de los demonios.

TERRENO MÁS ALTO:
Rebelión

1. Pídale a Dios que lo perdone por no someterse a las autoridades que Él ha colocado en su vida.
2. Propóngase en su corazón colocarse bajo las autoridades apropiadas en su vida; sea Dios, la iglesia, el gobierno, sus padres, su esposo, una institución educativa o su patrono.
3. Pida perdón a las autoridades contra las cuales se ha rebelado y dígales que con la ayuda de Dios, se someterá a ellas. Consiga su respaldo en oración cuando esto sea apropiado.

6

¿POR QUÉ ES TAN TERRIBLE EL ORGULLO?

En mis sesiones de consejería que duran una semana para las personas que están bajo la influencia del enemigo, por lo general hay un punto de encrucijada principal. La luz de neón se enciende y empieza a centellear la brillante palabra: orgullo.

Se dan cuenta de que el orgullo se ha convertido en la fuente del problema, la base desde la cual Satanás puede lanzar sus ataques. Aun cuando las sesiones de consejería todavía no han tratado directamente con la influencia del enemigo en la vida de la persona, el problema del orgullo llega a ser obvio. La cuestión del orgullo es así de importante.

El pecado original

Alguna veces nos olvidamos: el orgullo fue el pecado original en el universo de Dios. Antes que Adán y Eva fueran siquiera creados y colocados en el huerto del Edén, el ángel Lucifer, quien estaba en la misma presencia de Dios, permitió que su corazón se hinchara de orgullo en su exaltada posición. Su orgullo lo llevó a la necia rebelión al tratar de usurpar el trono de Dios. ¿Es acaso sorpresa que el que se convirtió en Satanás usaría el orgullo como una de sus armas más eficaces? Al empezar a mirar cómo el orgullo nos abre a la influencia de Satanás, debemos mirar al origen del orgullo: ¡entre los mismos ángeles del cielo!

El orgullo se originó en el cielo, y podemos ver esto en Ezequiel 28:11-19. Los eruditos bíblicos debaten si este pasaje, e Isaías 14 igualmente, se refiere a Satanás o a gobernantes humanos. Pero note que Ezequiel cambia su referencia de «príncipe» (28:2) a «rey» (28:12), usando tanto diferentes palabras hebreas, como emitiendo diferentes acusaciones en los dos versículos. El príncipe de los versículos 2 al 10 es juzgado porque, aunque un simple hombre, trató de ser como Dios. Pero el lenguaje exaltado de los versículos 11 al 19 no puede asignarse a un simple humano. Los versículos 11 al 15 describen la belleza de Satanás antes de su caída. Como príncipe de los ángeles, estaba cubierto de un manto de piedras preciosas, y despedía luz.

La revelación de la transgresión de Satanás se halla en el versículo 17: «Se enalteció tu corazón a causa de tu hermosura.» El profeta Isaías aclara aún más el cuadro cuando declara: «¡Cómo caíste del cielo, oh Lucero, hijo de la mañana!» (Is. 14:12). Isaías luego menciona las cinco afirmaciones personales de Satanás, mostrando la rebelión de este orgulloso ángel contra Dios.

UN PECADO DEL CORAZÓN

Cuando quiera que leo eso a los que aconsejo, siempre les pregunto: «¿A quién estaba Satanás diciéndole estas cosas?» La respuesta inevitable es que estaba hablando con Dios.

Pero entonces les hago leerlo de nuevo. Satanás no hizo sus arrogantes afirmaciones ante Dios, y ni siquiera necesariamente en voz alta, sino *en su corazón* (v. 13). Dios juzgó a Satanás por los pensamientos de su corazón, porque como una persona piensa en su corazón, «tal es él» (Pr. 23:7).

La Biblia dice esto repetidamente, dicho sea de paso. Si usted quiere hacer un fascinante estudio bíblico, consiga una concordancia de la Biblia y busque toda referencia a lo que decimos en nuestro corazón. Se sorprenderá por lo que encontrará.

Estoy convencido de que un cambio real y duradero en las vidas de las personas nunca tendrá lugar mientras no cambien su manera de pensar. Recuerde que las fortalezas que el enemigo construye en nuestra vida las edifica sobre mentiras. Estas mentiras son repetidas tan a menudo que llegamos a creerlas y a actuar según ellas. Por eso una parte de la guerra espiritual es derribar estas fortalezas.

La última afirmación personal de Satanás registrada en Isaías 14 es la más importante de todas para nuestros propósitos: «seré semejante al Altísimo» (Is. 14:14). ¿Por qué de todos los nombres de Dios que Satanás podía haber usado, escogió este? «El Altísimo» es una traducción de *El Elyon*, que literalmente significa «el soberano que reina», o «el que reina soberanamente en el cielo y en la tierra».

Lo que Satanás estaba diciendo aquí es que quería ser como Dios en control, pero no en carácter. Quería regir. Quería controlar su propia vida. La rebelión de Satanás fue un movimiento centrado en la criatura, exactamente como la Nueva Era es hoy.

EL PEOR PECADO

¿Observa por qué para Dios el orgullo es tan repugnante? ¿Ve por qué es el peor pecado que alguien puede cometer? Es como blandir el puño de rebelión en el rostro del Gobernante del universo.

Cuando usted intenta gobernar su propia vida, cuando dice: «Dios, tú gobierna el cielo; yo me gobierno a mí», usted es como Satanás.

Es vital que veamos el pecado del orgullo por lo que es y lo que hace. Un ligero recorrido por Proverbios revela la actitud y respuesta de Dios al orgullo. Si empezamos con Proverbios 6:16-17 hallaremos este devastador pronunciamiento: de los siete pecados que más aborrece Dios, el orgullo está a la cabeza.

«El temor de Jehová es aborrecer el mal», de acuerdo con Proverbios 8:13.. Y en Proverbios 6:17 el primer mal que se menciona es el orgullo; los ojos altaneros reflejan tanto arrogancia como orgullo. Es más, este versículo puede traducirse diciendo que Dios aborrece el orgullo y la arrogancia tanto como un estilo perverso de vida.

¿Por qué? ¿Qué es tan terrible del orgullo? Es ponernos usted y yo como las autoridades finales en nuestra vida, decidiendo por nosotros mismos lo que está bien y lo que está mal para nosotros. Es tomar el lugar de Dios en nuestra vida, y Él detesta eso.

Pero Proverbios tiene mucho más para decir. «Cuando viene la soberbia, viene también la deshonra» (11:2). Note que el texto no dice exactamente cómo ocurre esto, pero el eslabón entre las dos cosas es inescapable. Proverbios 13:10 dice: «Ciertamente la soberbia concebirá contienda.» ¿Alguna vez ha tenido contienda en su hogar o en su iglesia? Todos la tenemos. A su raíz está el orgullo.

Proverbios 15:25 es una advertencia para las familias: «Jehová asolará la casa de los soberbios.» Muchos adolescentes que están enfurecidos contra sus padres me hacen dos preguntas comunes: «¿Por qué siempre está con ira?» y: «¿Por qué nunca admite que se ha equivocado?» A los adolescentes les molesta la actitud de su padre, y muchos se rebelan porque: «Papá actúa como si siempre tuviera la razón y las cosas tienen que hacerse a su manera.» Tristemente, muchos padres piensan que si admiten que se han equivocado, se abochornarán ante sus hijos.

Lo que los padres no se dan cuenta es que si se niegan a admitir que se han equivocado, ya han perdido terreno ante sus hijos. El orgullo construye murallas entre las personas, pero esas murallas tienen que derribarse porque Dios dice que Él destruirá la casa del soberbio. Aquí no está hablando de un edificio físico, sino de la familia. ¡Esa es una promesa bíblica que usted nunca oirá en un culto de alabanza!

«Abominación es a Jehová todo altivo de corazón» (Pr. 16:5). Abominación es una de las palabras más fuertes y duras en el Antiguo Testamento. Una abominación es algo detestable y repulsivo. Uno de los proverbios más famosos es el 16:18: «Antes del quebrantamiento es la soberbia, y antes de la caída la altivez de espíritu.»

Y finalmente, Proverbios 29:23 dice que «La soberbia del hombre le abate.» Cada uno de estos versículos merece estudiarse, pero quería darle un sentido de cuán seriamente toma Dios el orgullo, y cuán categóricamente la Biblia lo denuncia.

CÓMO LIDIAR CON EL ORGULLO

¿Cómo ocurre todo esto? ¿Cómo puede el orgullo entrar en la vida de una persona y traer tanta destrucción? ¿Y cómo lidiamos con el orgullo? Felizmente la dinámica de cómo funciona está explicada en el libro de Santiago, que es el libro de Proverbios del Nuevo Testamento. Le garantizo que si usted puede captar la verdad acerca de lo que estamos a punto de considerar, puede transformar toda su vida.

Como ejemplo de humildad, que es lo opuesto al orgullo, considere al autor del libro de Santiago. Como medio hermano del Señor Jesucristo, Santiago podía haber esgrimido su relación en esta carta a los cristianos. Cuando usted y yo conocemos a alguien importante, alguna veces nos vemos tentados a hacerlo. Dicho sea de paso, ¿sabía usted que una vez almorcé en Washington con el presidente? Así fue. Almorcé un día en Washington y el presidente estaba en alguna parte de la ciudad también almorzando, estoy seguro.

Pero en las palabras de apertura del libro de Santiago, el apóstol escribió con humildad. No empezó diciendo: «Santiago, el medio hermano de Jesús. Será mejor que escuchen lo que voy a decir.» En lugar de eso, Santiago se identifica sencillamente como un siervo de Cristo. Se dio cuenta de que su propósito era servir, no ganarse elogios o atención. De modo que sabemos que cuando Santiago se alista para hablar acerca del orgullo y la humildad, vale la pena escucharlo, porque obviamente poseía humildad.

«Mayor gracia»

El antídoto para el orgullo es reconocer la gracia de Dios. Conociendo su don para nosotros, nos damos cuenta de que en nosotros mismos tenemos poco que ofrecer. En lugar de eso, respondemos con humildad a su gracia. De manera interesante, el apóstol escribió que Dios da «mayor gracia» (4:6). ¿No es grandioso? ¿Qué quiere usted, gracia o «mayor gracia»? El problema es: Si Dios va a darme una mayor, ¿qué es la gracia? Hallo que muchos cristianos en realidad no saben lo que es.

Muchos aceptamos la definición de gracia como el «favor inmerecido de Dios». Pero su amor y su misericordia también son inmerecidos. Pienso que necesitamos una definición de gracia que nos llevé más allá. No podemos hallar salvación sin gracia. Necesitamos gracia para la guerra espiritual. Necesitamos gracia para la victoria espiritual. Pero ¿qué es gracia?

Si usted es un seguidor de Cristo,[1] según Filipenses 1:6 Dios está obrando en su vida ahora mismo. Recuerde que como cristianos usted y yo somos personas en progreso. Él está obrando activamente en nosotros (Fil 2:13). Él está obrando en nosotros «así [1] el querer como [2] el hacer, por su buena voluntad.» Esto quiere decir que Dios me da tanto el deseo como el poder para agradarlo. Eso es lo que es la gracia.

De modo que cuando Dios promete darnos mayor gracia (Stg. 4:6), está ofreciendo más deseo y más poder del que necesitamos. Entonces: ¿hay necesidad de temer al enemigo y sus asaltos? De ninguna manera. Como veremos en un capítulo posterior, cuando estamos en la voluntad de Dios, Él construye una cerca de protección a nuestro alrededor. La única manera en que el enemigo puede alcanzarnos con sus tentaciones es con el permiso de Dios. Y Dios nos dará «mayor gracia» para responder victoriosamente a esas tentaciones.

La razón para la derrota

Si todo este poder está a nuestra disposición para que llevemos vidas cristianas victoriosas, tal vez usted se pregunte: «¿Por qué hay tantos perdedores en el equipo ganador? ¿Por qué la iglesia está llena de tantos cristianos derrotados? ¿Por qué tantos grupos juveniles están plagados de los mismos pecados que caracterizan a los jóvenes incrédulos?» Muchos hacen con razón esas preguntas, y tal vez incluso se preguntan, aun cuando tal vez no lo hagan en voz alta: *¿Nos ha fallado Dios?*

¿Cuál es el problema? El orgullo. Cuando dejamos que el orgullo entre en nuestra vida, Dios retiene el poder espiritual. Y, como leemos en Proverbios, después del orgullo viene la caída. El enemigo presenta una tentación destructiva que es demasiado fuerte como para que la controlemos, y sin el poder de Dios, caemos.

Tiene sentido, ¿verdad? Mire la segunda parte de Santiago 4:6: «Por esto dice: Dios resiste a los soberbios, y da gracia a los humildes.» Esto es lo opuesto de Romanos 8:31, que dice: «Si Dios es por nosotros, ¿quién contra nosotros?»

Ese es un gran versículo, pero piense acerca de lo que lo opuesto quiere decir. Si Dios está resistiéndole, ¿hay alguna diferencia respecto a quién está por usted? Cuando veo la palabra *resistir*, me imagino a un gran brazo saliendo del cielo, manteniéndome alejado de la comunión. Y el pecado hace eso.

Cuando Satanás sucumbió al orgullo, Dios lo arrojó del cielo. Cuando permito el orgullo en mi vida, Dios me aleja, por así decirlo. Él dice: «Retiraré mi poder de tu vida.» ¿Qué ocurrirá entonces? Caeré.

Por eso mientras permitamos el orgullo en nuestra vida, espiritualmente todo está trastornado para nosotros. Es sólo cuestión de tiempo para que caigamos. El orgullo precede a la caída. Pero Dios da gracia al humilde, al que dice: «Señor, sin tu poder no puedo hacerlo. Si no me das hoy tu fortaleza, no voy a lograrlo. Señor, te necesito.»

Hay que someterse a Dios

Una parte clave al lidiar con el orgullo se halla en este mandato divino: «Someteos, pues, a Dios; resistid al diablo, y huirá de vosotros» (Stg. 4:7). No es difícil entender este mandamiento con promesa. La clave está en la palabra *someteos*: esto quiere decir sujetarse bajo alguien.

Nos sometemos a Dios, y desde el lugar de sumisión a Él estamos listos para resistir. La sumisión es lo primero que tenemos que hacer para tener éxito en la guerra espiritual. Eso por lo general significa una batalla con el orgullo al instante, porque no es natural que los seres humanos cedan el control de sus vidas a nadie más. Sólo puede hacerse sobrenaturalmente.

Hay que resistir a Satanás

Nótese que no estamos listos para resistir el avance de Satanás mientras no nos sometamos a Dios. Las personas me dicen todo el tiempo: «Ah, traté de resistir a Satanás, pero no sirvió de nada.» Ese es precisamente el problema. No podemos hacer por nosotros mismos que «sirva». Tenemos que trabajar en términos de Dios. Si somos soberbios, ¿adivine qué? El diablo no va a irse a ninguna otra parte.

Debemos entender que no tenemos una idea mejor. Tenemos que colocar nuestra vida bajo lo que Dios dice. Entonces tendremos el beneficio de lo que Él promete.

Una buena pregunta para hacerse es: *¿Estoy dispuesto a someterme a Dios en todo aspecto de mi vida, y colocarme bajo su autoridad?* Si no, usted experimentará constante derrota en sus intentos de resistir a Satanás. Es vital que vea esto. Puede cambiar completamente el rumbo de la batalla. Les pido a las personas que aconsejo que hagan una lista de cualquier área que tengan problemas para someterla a Dios, y luego le entreguen esas áreas. En el capítulo 13 trataremos más completamente de este tema tan importante de resistir a Satanás. Una de las razones por la que es tan importante es que he descubierto a cristianos que, hasta donde pueden saberlo, ¡ni una sola vez han resistido a Satanás!

Hay que seguir el plan de Dios

No estoy sugiriendo que resistir a Satanás o someterse a Dios siempre sea fácil. Lo admito; algunas veces es difícil para mí decir no al yo y a mi voluntad, y sí a Dios. ¿Por qué es tan difícil? Debido a que mis caminos no son los de Dios (véase Is. 55:8).

Algunas veces me digo a mí mismo, y algunas veces a Dios: «Sé que tus caminos no son los míos. Quisiera que lo fueran.» Ve usted; sé que los caminos de Dios son diferentes a los míos, y obviamente mucho mejor y más sabios. Pero es todavía una lucha para mí colocarme bajo la autoridad de Dios. Algunas veces Dios quiere que haga cosas que pienso que no quisiera hacer.

Recuerdo muy bien una lucha en particular. Había aceptado el llamado de Dios para ministrarle a los misioneros, pero no quería ir a la India. Había oído todas las historias de horrores que existían allá. *No hay manera en que pueda aguantarlo* —pensaba—. *Hay mendigos arrastrándose en el polvo, no hay inodoros, ni agua potable*... Y así continuaba quejándome, dudando, resistiendo.

De modo que en lugar de eso me fui al África. Cuando llegué allá, ¿adivine lo que encontré? Mendigos arrastrándose en el polvo, no había inodoros, ni agua potable. ¡Mentecato de mí! Después de eso me di cuenta de que podría ir a la India después de todo.

Todos hemos tenido estas luchas, aquellos conflictos con el Señor para lograr colocar nuestra voluntad bajo la suya en sumisión. Me alegro de que en mi caso el Señor ganó la partida. Estoy agradecido de que Él ganó en aquellas ocasiones en que su voluntad no me parecía atractiva o ni siquiera me parecía lo correcto para hacer en el momento. Sabía que el problema no era lo que Dios me estaba pidiendo que hiciera. Lo que en realidad quería era que pusiera mi voluntad bajo su autoridad. Si no lo hacía, sabía que sería derrotado.

Hay algo que aprendí temprano en mi ministerio de consejería: esta clase de ministerio muy rápidamente lo hace humilde. Hay ocasiones en que simplemente recorro para arriba y para abajo los pasillos de nuestras oficinas, diciendo: «Dios, no sé qué hacer. Hay una persona en mi oficina que está siendo atormentada y no sé qué hacer. Ya lo he intentado todo.»

Eso lo deja a uno humilde; le aseguro. Pero agradezco a Dios por lo que esas experiencias me enseñan. Muchas veces mis colegas y yo nos reunimos en nuestras oficinas, y oramos: «Señor: no sabemos qué hacer. Queremos ayudar a esta persona, pero no sabemos qué hacer. Muéstranos qué hacer.»

¿Quién está a cargo?

De modo que regresamos a la gran batalla en particular que todos tenemos que librar: ¿quién va ser la autoridad final en mi vida? ¿Voy a aferrarme al trono de mi corazón en orgullo obstinado, o voy a permitirle al Señor Jesús ser el Señor de mi vida?

Sabe, es sorprendente cuán íntimamente ligados están el poder y la autoridad en las Escrituras. Usted está bajo la autoridad de Dios, viviendo en sumisión a Él, o está resistiéndole. Si está resistiendo a Dios en algún aspecto de su vida, usted no tendrá la fuerza que necesita para resistir al enemigo.

MI CAMINO O EL CAMINO DE DIOS

Si el orgullo es un problema tan letal para nosotros, tal vez debiéramos preguntarnos como podemos librarnos de él. Pienso que usted sabe la respuesta. No podemos. Nunca podremos simplemente librarnos del orgullo de una vez y para siempre; nunca lo lograremos mientras estemos en este cuerpo. El orgullo es permitir que el yo se siente en el trono de mi vida, en lugar de Cristo. Es edificar la vida alrededor de mi voluntad en lugar de en la voluntad de Dios. Pero podemos lidiar con nuestro orgullo, como Jesús nos lo dice en Lucas 9:23. La respuesta es que debemos negarnos a nosotros mismos. Cuando alguien me dice: «Estoy tratando de encontrarme a mí mismo», mi respuesta es: «Cuando lo halle, crucifíquelo.»

Jesús dijo que debemos tomar nuestra cruz cada día y seguirlo. Veo la cruz

TERRENO MÁS ALTO
Cómo lidiar con el orgullo

1. Identifique las áreas clave de su vida, tales como el trabajo, las finanzas, la reputación, los amigos, las diversiones y las opciones futuras (el matrimonio por ejemplo). Coloque todas estas áreas en el altar como un acto de su voluntad, y ore: «Dios, quiero colocar todas estas áreas de mi vida bajo tu control. Quiero decir como Pablo: "Para mí el vivir es Cristo".»
2. En Primera de Corintios 15:31 Pablo dice: «Cada día muero.» Cada día tome una decisión consciente de morir a usted mismo y entregarse a la voluntad y propósito de Dios para su vida.
3. Memorice Lucas 9:23; Gálatas 2:20-21 y Primera de Corintios 15:31.
4. Pida perdón a Dios por los aspectos de su vida que usted ha construido alrededor suyo, y entrégueselos a Dios. Pídale que Él recobre cualquier terreno que usted le ha cedido a Satanás.

aquí de una manera muy general como la voluntad de Dios y su propósito para mi vida. Es una decisión que necesitamos tomar cada día de nuestra vida. Como lo hizo el Apóstol Pablo, debemos actuar a la luz de la verdad que cuando somos crucificados con Cristo, es Él quien vive en nosotros y nos da poder, y vivimos «en la fe del Hijo de Dios, el cual [nos] amó y se entregó a sí mismo por [nosotros]» (Gá. 2:20).

Les pido a quienes aconsejo que escriban Lucas 9:23 en una tarjeta y la pongan en el espejo de su baño o en algún lugar donde la pueda ver todos los días, como recordatorio de la decisión que tiene que tomar. Lo animo a que haga lo mismo. Resulta en una vida saludable, balanceada, una vida en la cual Cristo está en control y nos sometemos a su liderazgo. Hay poco espacio para Satanás en una vida así.

Cuando tratamos de recobrar el control de las riendas de nuestra vida, a la larga viene el dolor. Nadie es inmune. Todo el tiempo recibo llamadas de personas que han perdido sus ministerios, y en algunos casos están en peligro de ir a la cárcel, debido a que en algún punto tomaron la decisión de hacer lo que querían hacer.

Jesús prosigue en Lucas 9:24: «Porque todo el que quiera salvar su vida, la perderá; y todo el que pierda su vida por causa de mí, éste la salvará.» Hay en realidad sólo dos caminos: su camino, y el camino de Dios. Usted tiene que decidir cuál va a seguir. Oro que aprenda a lidiar con el orgullo y a librarse de él.

7

CÓMO ROMPER LOS GRILLOS DE LA ESCLAVITUD SEXUAL

De las personas que vienen a verme buscando consejería, cerca del noventa por ciento son hombres. Y de estos, la gran mayoría están en alguna forma de esclavitud sexual.

Sí, Satanás está detrás de la esclavitud sexual en la sociedad. Eso no quiere decir que hombres y mujeres quedan exonerados por sus acciones; no se puede decir: «El diablo me hizo hacerlo.» Pero debemos reconocer que cuando le permitimos a Satanás tener una entrada en nuestra vida, ésta es un aspecto clave en que nos atacará, especialmente como hombres. El enemigo desea eliminar a los hombres como líderes en el hogar y en la iglesia. Sin embargo, he visto resultados emocionantes conforme Dios capacita a muchos hombres a venir a la libertad en Cristo. Mis archivos están llenos de maravillosos testimonios de estos hombres, pero debido a la naturaleza de sus problemas no puedo relatar muchos de ellos en público. Los que se mencionan en este capítulo, por consiguiente, son apenas un puñado, pero reflejan el poder de Dios activo en muchas vidas para vencer la esclavitud sexual. (Todos los nombres, por supuesto, han sido cambiados.)

Antes de mirar a sus vidas y a la liberación que encontraron, por favor note que la mayoría testifica haber sentido que su situación no tenía esperanza alguna. El enemigo puede edificar fortalezas tremendamente poderosas en nuestra vida cuando creemos y actuamos como si nada pudiera hacerse en cuanto a nuestro problema.

¿Recuerda lo que es una fortaleza? Es un recuadro mental impregnado con desesperanza que me hace aceptar como incambiable algo que sé que es contrario a la voluntad de Dios. Una vez que creo que no hay esperanza de que yo cambie, me quedan solamente dos alternativas. O bien me entrego al pecado, o me doy por vencido y trato de quitarme la vida.

UN PROBLEMA AMPLIAMENTE EXTENDIDO

Nunca hablo en ninguna parte, sean universidades cristianas o seculares, iglesias o retiros, donde no encuentre hombres que están esclavos del pecado sexual. Es fácil para los hombres caer en la trampa de los deseos de la carne. Pero este no es un capítulo solo para hombres. Nuestra sociedad permisiva ahora ha hecho aceptable que las mujeres busquen también cualquier perversión sexual. Hace poco recibí una llamada de un ministerio nacional para jóvenes universitarios. Quien llamaba dijo que muchas de las jóvenes que estaban viniendo a Cristo habían estado involucradas en perversiones sexuales mientras vivían en los dormitorios de la universidad.

Este ministerio estaba preguntándose si también estábamos hallando un incremento en el número de mujeres atrapadas en perversión sexual. (Así es.) En todos sus previos años de ministerio, nunca habían visto este problema en tal proporción.

Incluso una mujer que no está teniendo problemas, sin embargo, puede experimentar efectos devastadores debido al pecado sexual de su esposo. ¿Adivine con qué pensamientos intrusos la atacará el enemigo cuando ella descubra que su marido está metido en estos líos? «Algo debe andar mal conmigo. Debe ser que no le parezco atractiva para que él tenga que buscar esas "emociones". No haría esto si todo anduviera bien conmigo. Debo ser un fracaso como mujer y como esposa.»

Qué poderoso ataque contra una mujer, golpeándola en su punto de mayor identidad y susceptibilidad. El más conmovedor ejemplo de esto es la esposa de mi amigo Bill, el hombre cuya historia le relaté en el capítulo 1. Ella también escribió su testimonio, que reposa en mis archivos. Sus palabras demuestran cómo el pecado de un esposo puede devastar a la esposa también:

> Cuando mi esposo atravesaba sus luchas, yo tenía las mías propias. Daba por sentado que eran respuestas que mi mente estaba dando al trauma que se había cernido sobre nuestra vida. Jamás se me ocurrió que estaba siendo influenciada por el enemigo.
>
> Ante todo, luchaba con pensamientos iracundos, violentos, hacia nuestros [cinco] hijos. Me sentía extremadamente culpable por tener tales pensamientos. También estaba muy asustada de que podía poner en práctica tales tentaciones... Le conté de mis conflictos a la esposa de nuestro pastor, y acordamos en que la llamaría a cualquier hora que estimara necesario.
>
> Otra área de lucha eran los pensamientos de suicidio. A final de cuentas, me había convencido yo misma de que tendrían que encerrarme si mi esposo se daba por vencido respecto a mejorarse. No era que no supiera algo mejor. Había sido una cristiana en crecimiento por 20 años... Pero no fue sino hasta que aprendí respecto a la guerra espiritual y cómo resistir eficazmente al enemigo que las cosas empezaron a cambiar. Somos libres. Es casi como haber nacido de nuevo.

Como todo ataque satánico, el área de esclavitud sexual afecta a toda la familia. El cautiverio sexual de Bill menoscababa la confianza de su esposa e incluso la hacía pensar en el suicidio, igual a como Bill se sentía. Veremos en el capítulo 9 que también afectaba a los hijos. Bill no tenía ni idea de que tales cosas estaban pasando por el corazón de su esposa, y por supuesto ni siquiera pensaba que tendrían consecuencias sobre sus hijos. Pensaba que todo lo demás marchaba bien, y que su batalla con la tentación y confusión con su identidad sexual era una lucha en privado.

LA TRAMPA ARMADA

Permítame mostrarle varias maneras en que Satanás puede armar la trampa del cautiverio sexual. Él puede usar personas y experiencias en casi cualquier etapa de la vida para seducirnos.

Amigos y conocidos

Joe, un médico, había crecido en una familia cristiana con sus hermanos. Joe llevó una vida bastante protegida, y dice que hasta el sexto grado conocía muy poco de las cuestiones sexuales. Pero cuando tenía once años de edad, otro muchacho lo introdujo a la pornografía y a la práctica de la masturbación. Estas se convirtieron en prácticas lujuriosas, y Joe permaneció en esa esclavitud todo el resto de su niñez hasta llegar a ser adulto.

Joe pensó que casarse resolvería su problema, de modo que se casó con una encantadora mujer que era activa en el ministerio cristiano y que Dios realmente usaba. Pero descubrió que ese matrimonio no resolvió su problema con la lujuria. La esposa de Joe no tenía ni idea de la batalla que él libraba, mientras se hundía más y más en su pecado.

Para cuando conocí a Joe en una conferencia que dicté para médicos, él había perdido toda esperanza y se había resignado a estar cautivo. Pero vino a la libertad junto con algunos otros médicos en esa conferencia, usando los principios de la guerra espiritual que estoy explicando en este libro.

Cuando Joe regresó a su iglesia y les dijo a otros que Dios lo había librado, se sorprendió de la respuesta de ellos. Muchos admitieron que también estaban librando una batalla perdida contra la lujuria. Querían saber cómo había hallado la victoria.

Algún tiempo más tarde estaba hablando en otra conferencia de toda una semana para médicos. Joe estaba allí, de modo que le pregunté si quería dar su testimonio de cómo Dios lo había libertado. Le preguntó a su esposa si estaba de acuerdo, puesto que ella estaba presente en la reunión. No quería abochornarla. La esposa dio su asentimiento, y así Joe y otro médico contaron cómo Dios los había librado de su esclavitud.

Experiencias antes de la conversión

Entre los asistentes había un médico al que llamaré Mike. *Nada de esto se aplica a mí, porque yo jamás caería víctima de la esclavitud sexual,* pensó él. Mike razonaba que aun cuando había sido introducido a la pornografía a una edad temprana y había permitido que lo llevara a episodios de inmoralidad durante sus años en la universidad, le había entregado a Cristo su vida cuando tenía veintiún años de edad. Por consiguiente, se decía a sí mismo, puesto que todo lo demás ocurrió antes de haber sido salvo, y ya que ahora se había entregado a Cristo, jamás podría ocurrir de nuevo.

No ocurrió, por un tiempo. Pero pocos años después de la conferencia, recibí una llamada. El hombre en el otro extremo de la línea era Mike. «Jim, ayúdeme —lloraba desconsoladamente— Jamás soñé siquiera que yo haría lo que he hecho. Tengo serios problemas con asuntos sexuales, y temo que mi esposa me va a dejar. Por favor, atiéndame.»

Hicimos la cita para unos pocos meses más tarde. Mike vino y el poder de Cristo lo hizo libre. Este médico regresó a su hogar y le hizo a su esposa partícipe de estos principios, y ella también fue libertada. Sus hijos también estaban teniendo tremendos problemas, incluso pesadillas. Cuando su padre enderezó su vida, pudo ayudar a sus hijos.

Trauma de la infancia

Permítame contarle aquí un poco más de la historia de Bill. Vino a mi oficina poco tiempo después que había salido de un centro cristiano de consejería y el hospital donde le había dicho que tendría que vivir con su identidad como un adicto al sexo y asistir a grupos de respaldo por eso. Estaba tan destrozado que me dijo que la única razón por la que no se suicidaba era que tenía miedo de fallar y que lo volvieran a internar.

Los problemas de Bill venían de muy atrás, desde los primeros días de su infancia. Recuerda que lo hostigaban diciéndole afeminado en los primeros años de la escuela, y sintiendo que el mensaje que estaba recibiendo de los otros muchachos tenía razón: no era un muchacho normal.

Ese fue el principio, pero con el correr de los años Bill cedió más y más a estos sentimientos, hasta que llegó al punto en que parecía que toda esperanza había desaparecido. Estos no eran los pensamientos de Dios, sino pensamientos intrusos de parte de Satanás, como le mostré a Bill, porque Dios nos llama especiales y nos creó distintivamente como varón y hembra. Al creer la mentira del enemigo y actuar en consecuencia, Bill le había dado entrada a Satanás. Luego, mediante la repetida aceptación y puesta en práctica de los pensamientos intrusos de parte de Satanás, Bill le permitió a Satanás edificar una fortaleza enorme de mentiras en su vida, y se hundió más profundamente en el cautiverio sexual.

Cuando Bill vino a verme, recuperamos el terreno que le había cedido a Satanás por muchos años. Lo que realmente le abrió paso fue cuando recorrimos juntos Romanos 6, usando una técnica de estudio que personaliza estos versículos.

Bill tenía algo de amargura y unas pocas otras cosas, y la tratamos también. Pero fue primordialmente la enseñanza de Romanos 6 la que lo ayudó a venir a la libertad. Él dijo: «Me siento como si algo hubiera salido de mí.» Bill regresó a su hogar y disfrutó de varios meses de libertad, aun cuando me dijo que las tentaciones eran muy intensas en ocasiones. Le dije que probablemente tendría lo que yo llamo un «momento decisivo» de tentación, cuando el enemigo lo atacaría con todo lo que tiene. El momento decisivo de Bill vino en efecto, y lo describo en el capítulo 14.

Para cuando escribo esto, Bill ha disfrutado de más de dos años de libertad. Se siente con suficiente fuerza como para venir a acompañarme por una semana como compañero de oración mientras estoy aconsejando a otra persona.

CAMINO SIN FIN

Esta verdad hay que tenerla presente. El pecado y la lujuria jamás pueden satisfacerse. No podemos sencillamente llenarlos al punto de satisfacción. Un hombre dijo una vez en mi oficina: «Necesito ayuda. Incluso mis perversiones se han pervertido.» No capté en realidad lo que estaba tratando de decirme, de modo que le pregunté que es lo que quería decirme.

«Pues cuando empecé tracé una línea y dije que todo hasta esa línea estaba bien. Pero el enemigo me empujó más allá de la línea, de modo que tracé otra. Ahora me ha empujado por sobre tantas líneas que ya no puedo trazar ninguna. No puedo ir más dentro de lo que ya he avanzado en este pecado.»

El pecado sexual es así. Jamás puede satisfacerse, sino que siempre promete más si participamos más. Y de esta manera opera típicamente Satanás. Nunca contento con dejarnos vadeando en las aguas poco profundas del pecado, siempre está seduciéndonos a lo más hondo hasta que el agua nos cubre la cabeza. Para cuando nos percatamos que estamos en tal profundidad, ya no podemos salir nadando hacia la orilla.

Nuestro cautiverio amenaza con arrastrar a otros por igual. Nuestros hijos son sensibles al pecado, y los pensamientos de Satanás también pueden atacarlos a ellos, especialmente si Satanás percibe una oportunidad. En su adolescencia Carl halló las revistas pornográficas de su papá, y quedó ensartado.

—¿Dónde las encontraste? —le pregunté.

—Pues, bien —dijo—, una vez abrí la parte inferior de la cómoda de mi papá y la saqué, y allí en el piso, dentro de la cómoda, estaban las revistas.

Ahora bien, la mayoría de los adolescentes no se ponen a registrar así.

—¿Qué te hizo hacer semejante cosa? —le pregunté.

—No lo sé. Simplemente pensé que debía mirar allí debajo.

No se necesita un cirujano del cerebro para darse cuenta de quién pudo plantar ese pensamiento en la mente de un adolescente. Satanás se especializa en ese método.

Otro adolescente me dijo que un día estaba sentado en la cama de su papá mientras hablaban, y que por casualidad recorrió con su mano el espacio entre el colchón y el somier, y sintió una revista. *Veré más tarde de qué se trata*, se dijo. Regreso más tarde, y halló la pornografía de su padre, y quedó ensartado. Piénselo. Uno no puede lograr que la mayoría de los adolescentes tiendan su cama, ¡mucho menos que pongan sus manos debajo de un colchón!

He advertido al público en las conferencias respecto al cautiverio sexual, y he repetido la historia de estos dos muchachos. Un pastor se me acercó después de oír las historias y me dijo: «Tengo que contarle mi historia. Lo mismo me ocurrió a mí en mi adolescencia —comenzó—. Puse mis manos debajo del colchón de mi papá, y sentí una revista. Pensé que era pornografía, de modo que la saqué. Era *Holiness to the Lord* [Santidad al Señor].» ¡Su padre era un pastor! Dedicado a su fe, el hombre mantenía su revista cerca, y su hijo tropezó con ella. ¿No sería grandioso si eso es lo que todos los adolescentes hallaran debajo de un gavetero o debajo de un colchón?

El «Camino romano» a la libertad

La senda a la libertad del cautiverio sexual se halla en el Camino romano, particularmente en Romanos 6. Este es un capítulo maravilloso y lo usamos de manera regular en nuestra sesión de consejería; permítame destacar las verdades clave que deletrean libertad de la esclavitud sexual.

Malas noticias, buenas noticias

Si leemos solo la primera mitad de los versículos mientras recorremos Romanos 6 encontraremos el problema. Lea la primera mitad de cada versículo, y luego regrese y lea la segunda mitad. Usted podrá deducir las implicaciones y la elección positiva que podemos hacer.

Por ejemplo, la primera mitad de Romanos 6:12 dice: «No reine, pues, el pecado en vuestro cuerpo mortal.» ¿Qué cuadro le sugiere la palabra *reine*? La mayoría de los que aconsejo dirían: «Un rey en el trono.»

Ese es un cuadro acertado. Considere lo que ocurre, entonces, si el pecado sexual está sentado en el trono de la vida de alguien. El resto del versículo nos dice: «de modo que lo obedezcáis en sus concupiscencias.» Al rey hay que obedecerlo. Pablo no está hablando necesariamente sólo del pecado sexual aquí. Las concupiscencias son fuertes deseos que pueden venir en varias áreas. Cualquiera que sea el problema, sin embargo, si reina sobre nosotros, debemos obedecerlo.

Luego, mire a la primera parte del versículo 13: «Ni tampoco presentéis vuestros miembros al pecado como instrumentos de iniquidad.» Debo tomar la decisión de no presentar los miembros de mi cuerpo para hacer acciones de injusticia. ¿Por qué? Porque si lo hago, el pecado dominará mi vida, y Pablo nos dice: «El pecado no se enseñoreará de vosotros» (v. 14*a*).

Mire el versículo 16: «¿No sabéis que si os sometéis a alguien como esclavos para obedecerle, sois esclavos de aquel a quien obedecéis?» ¿Cuáles son las alternativas aquí? Podemos, o bien servir al pecado que conduce a la muerte, o servir a la justicia. Si sirvo al pecado, me convierto en esclavo de eso que una vez fue una opción. Los esclavos no tienen alternativa. El pecado nos separa de Dios, y el resultado es la muerte espiritual. De modo que cuando vivimos en esclavitud, nos estamos separando de la misma Persona que puede ayudarnos. Somos muertos para Dios.

Lazos del alma

Lo que ha ocurrido es que nuestro vínculo de comunión con Dios queda roto cuando pecamos. Neil Anderson destaca que en su lugar la gente forma toda clase de vínculos no naturales. Los llamamos «lazos del alma». Un hombre que tiene una relación con una prostituta se liga a esa persona, y el vínculo con Dios queda roto (véase 1 Co. 6:16).

Estos lazos del alma pueden ser increíblemente poderosos. Por eso una mujer regresará vez tras vez al hombre que la golpea. Hay cierto tipo de ligazón no natural para con esa persona que debe ser rota por el poder de Dios.

Después que la patinadora Tonya Harding ganó el campeonato de patinaje de los Estados Unidos en 1993, y su ex esposo fue hallado culpable de estar tras el ataque contra la patinadora rival Nancy Kerrigan, las personas no podían entender por qué Harding defendía a su ex esposo e incluso trató de reconciliarse con él. Ella se había quejado de las golpizas que le daba y lo había denunciado. Sin embargo, a pesar de sus acciones, ella se sentía compelida a respaldarlo e incluso a regresar con él. ¿Por qué? Una razón pudiera ser que su unión sexual había creado vínculos fuertes de identidad y experiencia, lazos que no podían ser rotos fácilmente.

¿Recuerda lo que dice Proverbios 5:22? «Y retenido será con las cuerdas de su pecado.» Cuando Jesús resucitó a Lázaro de los muertos y salió de la tumba, ya él estaba vivo. Pero todavía estaba envuelto en su sudario, y necesitaba ayuda para quitárselo. Hay personas que tienen en sí la vida de Dios, pero están atados con toda clase de pecados. De alguna manera, cuando son pecados sexuales, parecen estar en peor condición.

La seducción del erotismo

Romanos 6:19 dice que si persisto en presentar mi cuerpo para practicar los deseos pecaminosos, me llevará de iniquidad a una más profunda iniquidad. Lo que solía satisfacerme ya no me satisface, y necesito adentrarme más en el pecado y torcerme más.

Si nunca ha experimentado la esclavitud espiritual, es posible que no comprenda el erotismo, que en su médula es demoniaco. El erotismo es el placer sexual intenso más allá de descripción que el enemigo da para mantener a una persona en esclavitud. No puede ser explicado sencillamente.

TERRENO MÁS ALTO:
Cómo librarse de la esclavitud sexual

La esclavitud sexual ha atrapado a muchos hombres, pero las mujeres cada vez más están siendo seducidas por las tentaciones en una sociedad permisiva sexualmente. Es más, la esclavitud sexual es una de las artimañas principales de Satanás para minar al cristiano. Si usted está esclavizado en el cautiverio sexual, la siguiente es una manera de hallar libertad por medio de Cristo.

1. Pídale a Dios que le revele la primera vez que usted violó su ley moral y empezó a darle a Satanás terreno en su vida. En oración, permita que Dios recorra su vida y reconozca ante Él todas las áreas que le traiga a su mente.
2. Confiese cualquier cosa que necesite ser confesada, y pídale a Dios que le restaure su comunión con Él en esa área.
3. Pídale a Dios que recupere todo terreno dado al enemigo mediante el fracaso moral.
4. Dedique su cuerpo al propósito de dar gloria a Dios (1 Co. 6:19-20). Empiece con su vida de pensamientos y concluya con sus deseos sexuales. Ore: «Dios, te agradezco porque me hiciste con estos impulsos. Los someto a tu control.»
5. Mantenga la guardia porque el enemigo tratará de llevarlo de vuelta a la esclavitud sexual, y alístese para resistirlo (véase el capítulo 13). Piense en las consecuencias del pecado, y no en el placer.
6. Empiece a memorizar pasajes bíblicas que pueda usar para resistir la «carnada» que Satanás colgará frente a usted para recuperar el terreno que le rinde a Dios.

Cuando hablo con las personas respecto a estos problemas, me dicen que eso es exactamente lo que ocurre. «El placer es tan intenso, tan elevado, que no puedo explicarlo.»

Un hombre dijo que el solo pensamiento de vestirse con ropas de mujer era una experiencia de completo placer sexual. Otro dijo que sencillamente conducir sin rumbo buscando a alguien a quien exhibir sus partes genitales le daba sensaciones eróticas tan enormes que no podía describirlas. Era capaz de conducir su vehículo por horas en busca de alguien.

Hay que ver la verdad

La perversión de tales acciones debiera ser obvia. De modo que leo la primera mitad de Romanos 6:21 a las personas que aconsejo: «¿Pero qué fruto teníais de aquellas cosas de las cuales ahora os avergonzáis?» Luego le pregunto al individuo: «¿Se avergüenza usted?»

Recuerdo la triste respuesta de una persona: «Oh, señor Logan. Estoy tan avergonzado. Cuando pienso en todo el mal que he hecho al presentar mi cuerpo al pecado, todos los años que le permití al pecado sentarse en el trono de mi vida, me avergüenzo tanto. Me doy cuenta de que soy un esclavo.»

Cuando alguien llega a este punto de ver lo que está mal, allí nos detenemos. No importa lo que el mundo piense o quienes digan que todo está bien. Muchos jóvenes luchan con la masturbación y sin embargo, algunos consejeros cristianos les dicen que es permisible. Este tipo de consejo realmente trastorna a los jóvenes. No sólo experimentan, se meten de lleno, y luego se convierte en una obsesión que los esclaviza. Además, abre la puerta a perversiones más serias.

Tenemos un joven cristiano que está siendo derrotado varias veces al día por la masturbación. Eso no es normal. No estoy diciendo que esto no sea una lucha normal con la que los jóvenes y señoritas tengan que aprender a luchar. Pero cuando se sale de carril, algo anda mal.

Es como la ira. ¿Se encolerizan los adolescentes? Por supuesto que sí, pero si su adolescente abre agujeros en las paredes a patadas, usted sospecha que el enemigo está interviniendo.

Cuando tenemos en mi oficina muchachos que están luchando con la masturbación y siendo constantemente derrotados, les pregunto si están satisfechos con lo que están haciendo. Ninguno ha dicho que sí. Todos quieren ser libres de eso. Un adolescente me dijo: «Si está bien, ¿por qué me siento terriblemente mal al respecto?»

En ese punto el aconsejado y yo oramos. En particular le pedimos al Espíritu Santo que le muestre cuándo fue la primera vez que le dio terreno al enemigo por violar las normas morales de Dios.

Para las personas que están profundamente metidas en la esclavitud sexual, esto puede remontarse mucho, mucho más de lo que las personas siquiera jamás se imaginarían. Muchas de estas personas comenzaron a practicar pecado sexual a una edad increíblemente temprana, mucho antes de que siquiera comprendieran lo que estaban haciendo.

No tiene sentido a menos que usted comprenda estos problemas como lo que la Biblia llama «iniquidad», que son las debilidades pecaminosas que los padres pasan hasta la tercera y cuarta generación. Hablaremos acerca de esto más en detalle en el próximo capítulo. Es otro concepto muy importante que necesita ver.

La cuestión con la que estamos tratando aquí es el terreno cedido al enemigo. De modo que oramos y le pedimos a Dios que le muestre a la persona cada ocasión en que él o ella le dio al enemigo el terreno que ahora está usando en su contra. Recorremos la vida de la persona hasta que no queda nada fuera. Algunas veces un aconsejado (como el doctor Mike cuya historia relaté antes) objetará: «Esto ocurrió antes que llegara a ser creyente.» Les recuerdo que la cuestión es el terreno que han cedido, y que se necesita recuperar.

Hay que rendirse a Cristo

Cuando esto queda hecho, regresamos a Romanos 6 y leemos el lado positivo de los versículos. Luego le pido a la persona que presente cada miembro de su cuerpo como un siervo de Cristo (v. 13). Esto puede ser una lucha, porque esta es la primera ocasión en que la mayoría de estas personas han consagrado conscientemente sus partes sexuales, sus deseos sexuales, y el resto de su cuerpo al Señor.

Cuando llegamos al punto en que Bill debía presentarle a Dios sus partes sexuales, las cosas se pusieron muy quedas. Sabía su lucha, porque una persona con el problema de Bill cree que Dios lo puso en el cuerpo equivocado.

Clamé a Dios a favor de Bill porque sabía la batalla que rugía en su espíritu. Finalmente, casi atropellándose agradeció a Dios por sus órganos sexuales y le agradeció a Dios por ser hombre. En ese momento el poder del enemigo quedó roto en su vida, y Bill quedó libre. Había experimentado la verdad de Romanos 12:1-2 y la libertad de Primera de Corintios 6:19-20.

La tentación a regresar

No debiera sorprendernos que después de que una persona ha sido libertada de los poderes demoniacos de la esclavitud sexual, las tentaciones a volver al pecado todavía vendrán, y vendrán fuertemente. Sabemos que el enemigo no suelta a nadie sin luchar.

Memoria selectiva

Debido a que Satanás es tan mentiroso como astuto, la tentación siempre es al placer que este pecado trajo a la vida de la persona. Esto es lo más insidioso en los ataques de Satanás. La persona se ve tentada a recordar el placer. Pero ¿adivine lo que olvida si no tiene cuidado? La esclavitud en que

se encontraba cuando disfrutaba de ese placer.
De esta manera el pecado obra en todos nosotros. Cuando mi hijo mayor tenía trece años tuvimos una conversación.

—Richard, quiero que sepas algo —le dije—. El pecado es placentero.

—¡Oh, papá! —articuló él.

—Es verdad —continué—. Lee Hebreos 11:25. Dios dice que el pecado es agradable por un tiempo.

Quería que se diera cuenta de que yo todavía vivía en el mundo real. Comprendía que el pecado era placentero. Pero también quería que supiera el enorme precio que tiene el pecado.

En nuestro ministerio la más grande lucha con las personas que están en esclavitud sexual es que recuerdan el placer y no las cadenas que los ataban. Y hay una tremenda atracción para regresar y disfrutar del placer. Necesitan aprender a pensar en las consecuencias del pecado, no en el placer. Esto es cierto para todos nosotros. Necesitamos preguntarnos: *¿Realmente quiero darle a Satanás la victoria sobre mi vida?*

Es como los hijos de Israel en el desierto. Estaban hastiados del mismo menú: maná, maná, maná; y querían regresar a las cebollas, los puerros y los ajos de Egipto. De alguna manera se olvidaban de los años de esclavitud a los egipcios y recordaban solamente el placer de las comidas sabrosas. Parecía que decían: «¿De qué vale el tallarín sin ajo?» Les echamos la culpa, pero en realidad, los placeres de la carne son tentadores. Debemos recordar también que son temporales y muy engañosos.

Hay que fortificar nuestro corazón

¿Cómo lidiar con la realidad del placer fugaz del pecado y la necesidad de permanecer firmes en el Señor? Necesita ponerse a solas con Dios y decirle: «Señor, ¿cuáles son mis áreas de debilidad? ¿Dónde están las áreas en las que con mayor probabilidad puedo sucumbir a la tentación?»

Usted tal vez ya sepa que es débil. Si no, el Espíritu Santo será fiel para revelarle estas cosas. La táctica principal de Satanás es poner un «lazo» (2 Ti. 2:26), una trampa que usará para seducirnos a hacer su voluntad.

Hace varios años Mike, un cazador a quien le encantaba cazar con trampa varios tipos de animales, me invitó a que lo acompañara una mañana mientras iba a revisar sus trampas. Yo era pastor, y después de apenas un momento de vacilación, acepté ya que no todos los días se invita a un pastor a cazar en los grandiosos espacios abiertos. Casi caigo en la primera trampa, porque estaba tan bien escondida que todo lo que vi fue la carnada colgando. El cebo era apropiado para lo que este joven estaba tratando de atrapar. Si usted quiere cazar un oso, no cuelga un ratón.

No atrapamos ningún oso ese día, pero Dios me enseñó un punto importante. Las trampas de Satanás no sólo están bien escondidas, sino que están cebadas con la carnada precisa. Usted será sabio al identificar el cebo que Satanás con mayor probabilidad usará para atraparlo. Recuerde, él no desperdicia el tiempo con tentaciones que no tienen ningún atractivo para usted. Las Escrituras mencionan un listado de estas carnadas: la mujer sensual (Pr. 7:10-23), la lisonja (Pr. 29:5), el temor del hombre (Pr. 29:35), tiempos malos (Ec. 12:9), el orgullo (1 Ti. 3:6), el deseo de enriquecerse (1 Ti. 6:9) y la oposición a la enseñanza sana (2 Ti. 2:25), para nombrar apenas unos pocos. Cada una de estas cosas puede ser un punto de entrada para darle a Satanás un pie en nuestra vida. Cada una puede ser el punto de arranque para, a la larga, ceder terreno y caer en la esclavitud sexual. De nuevo, pida que Dios le muestre dónde es usted vulnerable. Una vez que ha hecho eso, le sugiero que consiga una concordancia de la Biblia, y halle verdades bíblicas que hablen respecto a sus áreas de debilidad. Después de todo, ¿no es la Palabra de Dios lo que se supone que debemos usar contra los ataques del enemigo? ¿No es mejor usar una espada que se ajuste a usted exactamente que una que no le encaja? Jesús derrotó a Satanás usando la Palabra de Dios. ¡Ella es suficientemente buena para mí!

8

LAS FAMILIAS BAJO ATAQUE

Pocas familias comprenden y aceptan una faceta de la guerra espiritual. Sin embargo, ésta afecta a las familias tanto en la cultura occidental como en otras culturas. Este efecto es en el área de las iniquidades familiares y los espíritus ancestrales. Al mirar las maneras en que Satanás ataca específicamente a las familias, debemos comenzar aquí.

Si usted tiene problemas para aceptar la idea de que esto es real, no está solo. Cuando estaba comenzando a aprender sobre la guerra espiritual —y recuerde que yo no andaba buscando nada de eso— lo más duro de aceptar fue la idea de que los demonios pueden transferirse de una persona a otra, o ser pasados de generación a generación.

Es una de aquellas áreas en que la mayoría de cristianos en el mundo occidental se retraerían al argumento de que estas cosas sólo ocurren en las culturas primitivas y animistas. Yo era de esa opinión en una época. Me llevó largo tiempo para poder decir con convicción que lo creía, porque no encajaba en el cristianismo conservador y fundamental.

Como ya dije antes, me apego a la Biblia. Si voy a creer y a enseñar algo, tengo que verlo claramente enseñado en la Biblia. En mi estudio hallé que Dios nos advierte en cuanto a estas cosas por lo menos cinco veces en su Palabra. Y no veo que estas enseñanzas se limiten a las culturas primitivas.

Dos casos de estudio

En este capítulo veremos esas cinco ocasiones en la Palabra de Dios, pero primero veamos un par de casos de estudio que atestiguan de esta realidad. En mi extenso trabajo entre los nativos estadounidenses y en Canadá con gente animista, mis ojos se han abierto a la clara presencia del mundo de los espíritus. No podemos ignorar las advertencias bíblicas acerca de tales cosas como bendiciones y maldiciones, y las iniquidades de los padres pasando a sus hijos. Jamás he visto esto más claramente que cuando hablaba en unas reuniones con la gente de la tribu sioux en Dakota del Sur.

Antiguos espíritus en Dakota del Sur

Durante mi semana en la iglesia que auspiciaba las reuniones, un joven, a quien llamaré David Mountain, me contó que su abuelo, John Mountain, acababa de morir. John Mountain había sido el brujo más poderoso en toda la nación sioux, poseyendo grandes poderes espirituales que había heredado de sus antepasados.

Cuando John Mountain murió, sus espíritus escogieron a su hijo, el padre del muchacho, para que recibiera estos poderes. El padre, Daniel Mountain, de este modo se convirtió en brujo, aun cuando Daniel me contó más tarde que había querido que su hijo David tomara el lugar del abuelo. Pero puesto que el hijo se negó, Daniel no tuvo alternativa sino recibir los espíritus él mismo.

De modo que tenemos tres generaciones: el abuelo, quien habían sido uno de los más poderosos brujos sioux; su hijo, el que recibió los espíritus y poderes de su padre y brujo actual; y el nieto, ahora un creyente, que había rechazado los poderes aun cuando fue seleccionado a propósito por su padre para el papel de brujo.

Cada noche, mientras teníamos nuestras reuniones, este brujo tenía reuniones especiales (llamadas «Yu-güipi» por los sioux), en las que los espíritus se manifestaban de maneras extrañas. Su propósito era alejar a la gente de nuestras reuniones.

David y otros cristianos en la iglesia oraban conmigo cada noche, pidiendo que Dios interrumpiera estas reuniones demoniacas. El padre de David finalmente llamó al misionero en cuya iglesia estaba yo hablando, y pidió reunirse con nosotros. Me asombró ver que Daniel Mountain, este poderoso brujo, parecía un hombre de negocios común y bien vestido.

Le explicamos el camino de salvación, y pasamos dos horas explicándole acerca del poder de Dios sobre los espíritus. Nos contó más acerca de la muerte de John Mountain. Cuando llevaban el ataúd de John por los dos kilómetros hasta el cementerio, cincuenta y cinco águilas habían volado en círculos sobre el féretro. Ahora los espíritus de su padre venían a Daniel en ocasiones diferentes. Sabía cada vez que estaba allí porque el cuarto se llenaba con la fragancia de la colonia que su padre había usado. Le explicamos que Cristo tenía más poder que estos espíritus y que podía darle libertad. Todavía estamos orando por su salvación.

Ya dije que David, el hijo de este brujo, había creído en Cristo. En las mismas reuniones también conocí a la hija del brujo, bajo circunstancias extrañas. Yo estaba hablando en la iglesia una noche, cuando empecé a percibir una extraña sensación respecto a una mujer joven que parecía estar cerca de los veinte años de edad, sentada a un lado en la primera banca. Las «vibraciones» que procedían de ellas eran muy perturbadoras.

Ahora bien, yo no soy muy sensible a estas cosas, de modo que algo tiene que ser realmente poderoso para llamarme la atención. No sabía quién era ella, pero recuerdo haber pensado que algo no andaba bien. Después del culto me enteré de su identidad por personas de la iglesia y hallé que esta hija del brujo había mostrado poderes nada comunes desde pequeña. A los tres años, cuando visitaba los hogares de sus parientes, levitaba objetos con su mente. Toda la tribu había temido a esta joven por años. Su propia abuela le temía tanto que se había negado a permitirle que entrara a su casa. La joven vino a nuestras reuniones. Dice que confía en el Señor para su salvación, pero es muy probable que no ha sido libertada de estos espíritus ancestrales.[1]

Un pariente en California

En el capítulo 3 mencioné la participación de mi propia familia en el mundo de los espíritus. Puede regresar y volver a leer el relato si lo desea.

El lugar en que nos detuvimos fue cuando mi madre me contó que las habilidades de predecir la fortuna de mi tía que vivía en California le habían sido enseñadas por su madre, mi abuela.

En otras palabras, el espíritu que capacitó a mi abuela a «leer las cartas» y decir la fortuna había pasado a su hija. Ahora bien, esta mujer y su hija, mi prima, practicaban regularmente la telepatía mental y en una ocasión incluso consideraron abrir un salón para predecir la fortuna.

Otra cosa interesante que mi madre me contó fue que mi abuela paterna enseñó a sus hijas a leer las cartas, pero solo una hija tenía el poder para que esto resultara.

No es necesario decirlo, pero todo esto me molestaba. Una razón es que por como cuatro años antes de morir esta abuela vivió detrás de nuestra casa en California. Yo iba a su casa todos los días después de la escuela porque mis padres trabajaban. En ese entonces la consideraba la única luz en mi vida, porque cualquier cosa que hiciera le parecía maravilloso, y en realidad me escuchaba cuando le contaba de mi día y las locuras que vienen con la adolescencia.

Quedé estupefacto cuando mi madre me contó de los poderes de mi abuela y cómo ella los había pasado a mi tía. Como dije en el capítulo 3, oré intensamente de que ninguna de esta influencia demoniaca le pasara a ninguno de nuestros seis nietos.

La importancia de la herencia

Cosas como estas no tienen nada que ver con hacernos pecar, sino con la herencia. Encuentro muy interesante que la iglesia antigua solía renunciar verbalmente a Satanás durante el bautismo de una persona. Incluso hoy en muchas iglesias litúrgicas, las oraciones bautismales para los niños incluyen una oración renunciando al pecado de sus antepasados.

Estos espíritus familiares pasan de generación en generación, y todavía sucede hoy. Un área donde hemos visto que este factor entra en juego de manera dramática es en la adopción.

El hecho de que un niño haya sido puesto para adopción sugiere que algo anda mal. No es normal que los padres no quieran a su hijo. Me doy cuenta de que puede haber muchos escenarios posibles para una adopción, y estoy seguro de que hay muchos padres que testificarían que su hijo o hija adoptivo tuvo una niñez muy normal y ahora es un adulto saludable y productivo.

Esto no tiene ninguna intención de negar eso. Nunca podemos limitar la gracia de Dios. De lo que estoy hablando es de las familias adoptivas donde las cosas no marchan bien de ninguna manera, y no parece haber ninguna explicación para el problema. Mi punto de vista es que con más frecuencia de lo que se piensa, un niño que es dado en adopción procede de un trasfondo familiar problemático. Pienso que es seguro dar por sentado esto. En situaciones así, la iniquidad familiar, la que la Biblia llama «la maldad de los padres», puede definitivamente tener una influencia sobre el niño.

Sabemos que esto ocurre a nivel físico. Hay niños de «crack», que les nacen a los adictos a la cocaína, que vienen al mundo ya adictos al crack y tienen que sufrir los efectos de la destoxificación. Lo mismo es cierto para algunos hijos de alcohólicos. No debiera sorprendernos cuando los niños que les nacen a personas enfermas espiritualmente muestran los efectos de su linaje.

Una de las razones que necesitamos considerar es que pocos padres adoptivos conocen la historia completa de su hijo. Cuando decimos que podemos afirmar que un niño no querido procede de una familia con problemas, no estoy pensando en las circunstancias inmediatas que llevaron a la adopción: una madre soltera, por ejemplo. Puede haber, y con frecuencia lo hay, mucho más en la historia.

He tratado con tantos de estos casos que cuando una familia me llama y me describe a un niño cuya conducta está fuera de la desobediencia normal o fuera de control, la primera pregunta que hago es si el niño es adoptado. Diría que la mitad de las veces la respuesta es afirmativa. Esto solo refuerza el hecho de que la familia de nacimiento tiene una gran influencia en el niño.

En una aldea de Brasil, por ejemplo, una niñita fue traída de un prostíbulo a un hospital local por una prostituta. María le había nacido a una prostituta y había vivido en el prostíbulo por sus dos o tres años. Pero se enfermó gravemente y fue traída al hospital. Resultó que tenía leucemia.

El personal de enfermeras se enamoró con María y prácticamente la «adoptaron», puesto que estaba demasiado enferma como para regresar al prostíbulo. Pero quedaron asombradas por su dureza emocional. Por mucho tiempo nadie pudo llegar a ella. Felizmente, una enfermera cristiana le mostró a María el amor de Cristo, y el Señor ablandó su corazón. Ella lo aceptó como su Salvador, y pero más tarde murió por la leucemia.

La intervención del enemigo

Déjeme preguntarle. ¿Es normal que una niña de dos o tres años esté tan endurecida emocionalmente que asombre a los adultos que la rodean? De ninguna manera. Pueden haber intervenido factores humanos: una madre ausente o falta de cariño. Sin embargo, no podemos explicar la condición de María en términos meramente humanos. La influencia demoniaca presente en esa casa de prostitución fácilmente pudo haber sido transferida a esta niña. Obviamente, ésta no fue una verdadera adopción, pero todavía ilustra el principio de la maldad familiar. Estoy diciendo que en casos donde hay un problema, necesitamos considerar la posibilidad de que Satanás pueda haber ganado terreno en la vida del niño mediante la maldad de los padres. Si es así, necesitamos estar firmes contra el enemigo y recuperar ese terreno, o las cosas empeorarán para la próxima generación.

Este parece ser un buen lugar para detenernos y recalcar de nuevo: ¡No tenemos que temer al enemigo! Él es un enemigo derrotado. «Mayor es el que está en vosotros, que el que está en el mundo» (1 Jn. 4:4). Esto es suficiente. Incluso los niños no tienen por qué temer al enemigo (véase el capítulo 11).

He aludido a esto en este punto, pero una de las percepciones con las que batallo en mi ministerio es la idea de que los que estamos librando la guerra espiritual estamos obsesionados con el enemigo. Esto sencillamente no es verdad. Mi pasión y meta es exaltar al Señor Jesucristo. Nunca queremos darle al enemigo ninguna atención o crédito indebidos, o inculcar temor de él en las mentes del pueblo de Dios.

De modo que aun cuando trato con personas que están luchando poderosamente en el área de la intervención del enemigo, no estoy obsesionado por el asunto. Cuando me voy a casa por la noche, no reviso detrás de la puerta ni miro debajo del sofá antes de sentarme. Si un libro se cae, no me levanto reprendiendo en su contra en el nombre de Cristo.

Lo que enseña la Palabra de Dios

Ya que la Biblia advierte repetidamente que los efectos del pecado pueden sentirse por generaciones en una familia, necesitamos comprender lo que Dios nos está diciendo. De modo que al considerar como su familia puede resistir los ataques de Satanás, usted debe estar alerta a problemas ancestrales potenciales. Consideremos la enseñanza de las Escrituras en este punto tan importante.

El Antiguo Testamento

La primera vez que aparece este concepto es en Éxodo 20:5, al darse los Diez Mandamientos. Después de prohibir a Israel que hiciera o se inclinara ante ninguna «imagen», Dios le dice a Moisés: «Yo soy Jehová tu Dios, fuerte, celoso, que visito la maldad de los padres sobre los hijos hasta la tercera y cuarta generación de los que me aborrecen.»

Si esta fuera la única ocasión que Dios dijo esto, no sería menos importante. Pero la misma advertencia ocurre por lo menos cuatro veces más en los libros de Moisés: Éxodo 34:7; Levítico 26:39-40; Números 14:18; y Deuteronomio 5:9. Además, los profetas se refieren en Isaías 14:21 y Jeremías 14:20 al concepto de las consecuencias de la maldad o del pecado sobre los hijos.

La referencia en Levítico 26 es muy interesante. Dios está advirtiendo al pueblo de Israel que si son infieles a Él, los castigará y los arrojará de la tierra. Pero si el pueblo confiesa su maldad y la maldad de sus padres (v. 40), Él recordará las promesas de su pacto a las generaciones previas y los restaurará (v. 42).

En otras palabras, las bendiciones de la justicia y la fidelidad a Dios pasan de generación a generación. ¿Por qué debe parecernos extraño que las consecuencias del pecado y la rebelión contra Él no les ocurran lo mismo en tiempos modernos?

El Nuevo Testamento

En el Nuevo Testamento hay dos palabras principales que se traducen «maldad» o «iniquidad», y se usan más o menos iguales. Una palabra enfoca el aspecto de la iniquidad que es injusticia o maldad, y una palabra diferente expresa la iniquidad como desorden. Esta última palabra puede incluso traducirse como «desorden».

Es interesante que estas dos palabras se usan de forma intercambiable en Mateo 7:23 y Lucas 13:27, que son pasajes paralelos. Son en realidad palabras compuestas, pero para formar el compuesto Mateo usa la primera, mientras que Lucas emplea la segunda. Ambas se traducen «hacedores de maldad» en la versión Reina-Valera, versión de 1960. En la Nueva Versión Internacional ambas palabras se traducen «malhechores».

Puesto que el pecado es una expresión de nuestra voluntad propia, me ayuda a pensar de la maldad como la expresión del libre albedrío pecaminoso en un aspecto en particular. El hecho de que Dios habla de la maldad del padre pasando a sus descendientes, no niega la influencia de la madre. Lo que subraya es la tremenda influencia y responsabilidad que Dios les ha dado a los padres.

Creo firmemente que Dios ha asignado al padre la autoridad primaria en el hogar. Tiene que ver con la protección de la que hablé previamente. Así como la iglesia ofrece protección espiritual a los creyentes, así el padre da protección espiritual al hogar. Si el padre está fuera de esta protección espiritual, la protección es quitada de la familia y ésta queda vulnerable.

LIBERTAD DE LA INIQUIDAD DE LA FAMILIA

Mi experiencia de consejería con las iniquidades familiares afirma una y otra vez: Un padre que está atado a la maldad puede pasar un espíritu de

TERRENO MÁS ALTO:
Iniquidades y maldiciones familiares

Las iniquidades de la familia o la voluntad propia en un aspecto particular de la vida, pueden ser pasadas de generación a generación. ¿Cómo detenemos el ciclo y hallamos libertad en Cristo? Los siguientes son cuatro pasos fundamentales de acción que se tratan en mayor detalle en el capítulo.

1. Reconozca la iniquidad específica. Para ayuda respecto a cómo orar, lea la oración de Daniel en Daniel 9:3-19.
2. Pídale a Dios que por la sangre del Señor Jesucristo limpie toda iniquidad.
3. Pida a Dios que recupere todo terreno dado a Satanás y que derribe toda fortaleza.
4. Aprópiese del Salmo 103:17 y de que, desde ahora en adelante, la justicia de su familia será su herencia para sus hijos y para las generaciones futuras. También memorice ese gran versículo.

Para romper una maldición, la siguiente es una oración que se sugiere y que tal vez halle útil:

Padre, en el nombre de Jesucristo vengo a ti deseando quedar libre de todas las maldiciones y sus resultados. Te agradezco por salvarme y limpiarme de mi pecado. Confieso que te pertenezco.
Te confieso y me arrepiento de todos mis pecados, conocidos y ocultos. Ahora confieso los pecados de mis antepasados. En el nombre de la sangre de Jesucristo rompo y renuncio al poder de toda maldición demoniaca que me ha sido pasada por los pecados y acciones de otros. Ahora renuncio, rompo, y me separo a mí y a mi familia de toda sujeción demoniaca a cualquier ser humano que ha estado en el pasado o está ahora controlándome a mí o a mi familia de una manera contraria a la Palabra y a la voluntad de Dios. En el nombre de Jesucristo rompo todo poder y garra de toda maldición que me ha sido pasada por medio de la desobediencia, mía o de mis antepasados. Reclamo libertad y liberación mediante la sangre de Cristo. Amén.

maldad y abrir a su esposa e hijos a la tentación y a los ataques del enemigo. Y los resultados serán peores con cada generación sucesiva hasta que se derriben las fortalezas del enemigo. Conozco un misionero en *Irian Jaya* que me contó cómo los niños en cierta aldea salen del vientre ya poseídos de demonios.[2]

Junto con los pasos a la libertad que ya he delineado, llevo a quienes aconsejo y que están lidiando con esta cuestión a recorrer cuatro pasos sencillos para romper el ciclo de la maldad familiar:

1.Reconozca la maldad específica. Tenemos un precedente bíblico muy claro para este acto de confesión. Nehemías confesó el pecado «de la casa de [su] padre» en Nehemías 1:6 y en 9:2 toda «la descendencia de Israel» confesó «las iniquidades de sus padres». Daniel hizo la misma confesión en Daniel 9:3-19. Es más, le insto a que lea toda esta maravillosa oración (Dn. 9:3-19).

2.Pídale a Dios que por la sangre del Señor Jesucristo limpie toda iniquidad. La sangre de Cristo es el agente limpiador de todo pecado (1 Jn. 1:9), y es la sangre lo que puede librarlo a usted de la iniquidad familiar.

3.Pida a Dios que recupere todo terreno dado a Satanás y que derribe toda fortaleza. Animo a quienes aconsejo a que hagan esta declaración: «En el nombre de Cristo declaro roto y destruido todo derecho legal y todo terreno legal del enemigo. Satanás no tiene ningún derecho legal para acosar a mi familia. Gracias, Jesús, por ponerme en libertad.»

4.Apropiese del Salmo 103:17 de que, desde ahora en adelante, la justicia de su familia será su herencia para sus hijos y para las generaciones futuras. También, memorice este gran versículo.

BENDICIONES Y MALDICIONES

El asunto de las maldiciones siendo parte de la guerra espiritual tal vez le haga luchar como una vez luché yo. Es difícil aceptar la idea de que una maldición pueda tener efecto alguno por las mismas razones que usted y yo tenemos dificultad para aceptar la idea de la transferencia de demonios y espíritus ancestrales. Es tan extraño a nuestra cultura. No encaja en nuestra teología conservadora. Me dije a mí mismo más de una vez respecto a las maldiciones ancestrales: Esto es algo que sólo ocurría en tiempos bíblicos, y hoy ocurre «allá a la distancia» en tierras «paganas».

Pero después de algunos de mis viajes y encuentros con personas decidí que necesitaba un estudio exhaustivo de lo que la Palabra de Dios dice respecto a las maldiciones. De modo que estudié todo pasaje en la Biblia que trata con maldiciones. Lo primero que vi fue que la Biblia por lo general liga las maldiciones con las bendiciones.

Sin embargo, ¿qué es lo que nosotros hacemos típicamente? Las separamos. Decimos: «Tomaré las bendiciones, pero no quiero oír acerca de las maldiciones.»

Qué dice la Palabra de Dios

Pero la Biblia no para que escojamos sencillamente las cosas que queremos creer. Los hijos de Israel disfrutaban de las bendiciones de Dios por la obediencia. Pero si desobedecían, quedaban bajo su maldición. Cuando Josué leyó la ley al pueblo, leyó toda palabra, incluso «las bendiciones y las maldiciones» (Jos. 8:34).

Otro hecho que aprendí muy pronto acerca de la maldiciones es cuán poderosas son. Leí de un esposo que le dijo a su suegro que si alguien tenía los ídolos de éste último en su posesión, dejaría que la persona muriera (Gn. 31:32). Jacob pronunció esta maldición sin saber que su esposa Raquel había robado los ídolos, y ella murió al dar a luz.

El rey Saúl puso una maldición sobre cualquiera que comiera algo cierto día (1 S. 14:24). ¿Quién comió algo sin saber nada de la maldición? El propio hijo de Saúl, Jonatán, quien más tarde murió en la batalla.

Pero el relato que más me asombró fue el del rey David después de su adulterio con Betsabé. Cuando el profeta Natán vino a David y le contó la historia de un hombre rico que robó la oveja querida del hombre pobre, David se encolerizó y decretó que el que había hecho tal cosa debía pagar «cuatro tantos» (2 S. 12:5-6). Esta fue realmente una maldición para la parte culpable.

Natán entonces reveló que David era el culpable, y vemos cómo su propia maldición de pago cuadruplicado cayó sobre su propia familia. David mismo no murió, pero con el correr del tiempo perdió cuatro hijos: el niño concebido en adulterio (2 S. 12:19), Amnón (13:29), Absalón (18:14) y Adonías (1 R. 2:24-25).

Déjeme decirle, cuando ve esto en las Escrituras no puede escaparse del hecho de que las maldiciones son legítimas. No es de asombrarse que Dios dice que no debemos maldecir a la gente, sino bendecirla. Si usted quiere un buen estudio bíblico, verifique los lugares donde una familia pone una bendición especial sobre un miembro.

Cuando nuestra hija Cheryl se casó, quisimos hacer algo más que simplemente entregarla. Queríamos hacer de la ocasión algo muy especial. Empezamos leyendo las Escrituras y pidiéndole a Dios que nuestra familia pudiera enviar a mi hija a su matrimonio con algo especial que atesorar.

Recordé la historia de Rebeca, cuando el criado de Abraham llegó a su casa en busca de esposa para Isaac (Gn. 24). La familia de Rebeca la envió a Isaac con una bendición (v. 60). Tan pronto como leí eso, sabía lo que podíamos hacer. De modo que lo último que hicimos antes de salir para la iglesia para la boda fue reunirnos en la entrada de la casa y elevar una oración de bendición familiar sobre Cheryl. Fue algo maravilloso. Cuando nuestro hijo se casó, nos reunimos en la iglesia y mi esposa y yo oramos por sabiduría para él al empezar su nueva familia.

Maldiciones de la familia

Las familias pueden poner maldiciones sobre sus hijos. En el caso de los padres o de otros parientes que practican el ocultismo o adoran a Satanás, la maldición puede ser una forma de rito que prescribe castigos severos para cualquiera que deja el grupo o revela sus secretos. Se nos cuenta de que los miembros del crimen organizado hacen un juramento de lealtad y secreto bajo pena de muerte por cualquier violación.

Pero muchas otras familias que nunca han estado involucradas en nada de esto todavía maldicen a sus hijos. Los padres pueden maldecir a sus hijos al retener la bendición o al lisiarlos emocionalmente mediante el maltrato y la crítica constante. Dígale a un niño con suficiente frecuencia que no vale para nada y que jamás llegará a nada, y esto será una profecía de cumplimiento propio. La vivirá, si acaso podemos decirlo así, de acuerdo con esas expectaciones.

¿Cuántos padres conoce que han bendecido a sus hijos? ¿Cuántos hijos darían cualquier cosa por la bendición de sus padres? Muchas noches mientras yo crecía lloré por apenas un ápice de bendición de parte de mi padre. No sabía nada de la Biblia. Todo lo que quería era una palabra de aprobación de mi papá.

Si una maldición es algo que abre a una persona a la influencia del enemigo, entonces creo que esta clase de cosas son maldiciones en el más veraz sentido de la palabra. La razón es que tienen el mismo efecto que una maldición. Si la persona cree la mentira contenida en la maldición: «no sirves para nada», por ejemplo, el enemigo ha ganado entrada en su vida, a partir de la cual puede edificar fortalezas construidas con más mentiras.

He mencionado cómo el profundo sentido de indignidad e inferioridad que heredé de mi crianza tuvo tremendas repercusiones en mi vida mucho después que llegué a ser cristiano. No solo que estaba aterrorizado al punto de parálisis por temor al rechazo y de lo que la gente pensaría de mí, sino que también recuerdo otros efectos. Pensaba, por ejemplo, que tenía que tener hijos perfectos o si no la gente me rechazaría y no le gustaríamos. Imagínese la presión que eso ponía sobre mis hijos. Ellos decían: «¿A quién le importa lo que piense la gente?» A su papá le importaba, porque tenía miedo.

Tenía que tener un nuevo automóvil para sentirme bien respecto a mí mismo. Pero mucho después que el olor a nuevo desaparecía del auto, los pagos no desaparecían. Esta fortaleza tocaba todo aspecto de mi vida. Pero cuando la verdad afloró, esa fortaleza se derrumbó como los muros de Jericó.

Cómo romper la maldición

Si hay evidencia de que la persona que estoy aconsejando sufre por los efectos de una maldición, trato de lidiar con eso como una cuestión separada. Puesto que muchas de las personas que vienen a verme tienen un larga historia de participación en el ocultismo o satanismo, es muy posible que puedan haber tomado algún tipo de juramento o incluso haberse entregado a Satanás y haberse puesto a sí mismos bajo una maldición. Como en toda nuestra sesión de consejería y oración, no hay nada de mágico en las palabras. El poder está en la persona y en el nombre de Cristo. La sección de «Terreno más alto» en la página 115 incluye una oración que se sugiere para romper esta fortaleza en particular del enemigo.

Aun cuando el pensamiento de maldiciones es impresionante y a veces asusta, Dios nos da gran ánimo en las Escrituras. Termino este capítulo con una gran verdad espiritual acerca de nuestro libertador, Jesucristo. Como el Apóstol Pablo anotó en Gálatas 3:10-14, Cristo rompió la más grande maldición de todas, «la maldición de la ley» bajo la que la raza humana entera estaba debido a nuestro pecado y fracaso en cuanto a vivir según la perfecta ley de Dios. Hoy podemos regocijarnos de que Jesús se hizo maldición por nosotros, para que nosotros podamos disfrutar de las bendiciones de la salvación.

9

LA PROTECCIÓN DE UN PADRE Y ESPOSO

La guerra espiritual involucra a hombres y mujeres en muchos niveles diferentes, pero el plan de batalla de Satanás incluye un énfasis especial sobre los adultos en sus papeles vitales de padres y cónyuges. Satanás sabe que si puede menoscabar a los líderes de las familias, minará los planes de Dios para demostrar su amor en la institución especial que Él creó: el matrimonio. Por consiguiente, si usted es un esposo, padre, esposa o madre, este capítulo (y el siguiente) son cruciales para comprender cómo está siendo atacado y cómo responder a las influencias satánicas.

CÓMO AYUDAR AL PADRE A CONOCER LO MEJOR

Los padres y esposos tienen una tremenda responsabilidad por sus familias; más grande que lo que sospechaba cuando me casé. Cuando dije: «Sí», ¡no me daba cuenta de todo lo que tenía que hacer! Hablaremos ampliamente respecto al hombre como esposo más adelante. Pero ahora necesitamos hablar acerca del increíblemente importante papel del padre en la guerra espiritual.

Como padre, en realidad no empecé a poner todo en perspectiva espiritual sino hasta que estaba pastoreando mi segunda iglesia en Tacoma, Washington. Como ya he dicho antes, mi esposa es una mujer muy consagrada. Ella estaba haciendo una trabajo estupendo con nuestros hijos; tal vez un trabajo demasiado bueno, porque yo pensaba que no tenía que hacer nada. *Marguerite está haciendo tan buen trabajo, ¿qué puedo añadir yo?* me decía a mí mismo.

La responsabilidad de un padre

Pero mientras más estudiaba las Escrituras, más me daba cuenta de cuánto dicen respecto a las responsabilidades de los padres. Una cosa que me molestaba era la referencia en los Diez Mandamientos a «la maldad de los padres» (Éx. 20:5). Hablamos algo de esto en el capítulo 8, pero quiero considerar esta verdad de nuevo a la luz de la función del padre.

La palabra *iniquidad* o *maldad* ocurre muchas veces en el Antiguo Testamento. (Le animo a que rastree usted mismo esta palabra.) Un amigo mío que solía enseñar hebreo en una universidad cristiana aceptó realizar un breve estudio sobre el significado de esta palabra en el idioma original. Regresó con una definición compleja, de modo que le pedí que la pusiera en términos sencillos. Hablamos por unos minutos.

—¿Estás diciendo que la iniquidad es la voluntad propia? —le pregunté.

—Jim, esa es una buena definición —contestó.

La iniquidad o maldad es la voluntad propia en un área en particular, que encaja tan bien con lo que hemos venido diciendo respecto a la vida espiritual. Es decir, cualquier área de su vida que no quiere que controle el Espíritu Santo, Satanás tratará de controlarla.

La influencia de un padre

Éxodo 20:5 y otros versículos como ese enseñan que cada vez que la iniquidad afecta a un padre puede afectar a su familia por generaciones. La misma área donde un papá está en esclavitud, será la que Satanás usa para hacer tropezar a sus hijos.

En mi familia la iniquidad fue el alcoholismo. No solo mi padre, sino tantos en la familia fueron bebedores consumados. Crecí con la cerveza y el licor en la casa y pensaba que toda familia era como la mía. Me parecía normal. Cuando niño se me permitía tomar un poco de cerveza de vez en cuando. No un vaso lleno; no lo suficiente como para emborracharme, pero lo bastante como para desarrollar el gusto por la cerveza.

Esta fue una de las razones principales por las que no bebo hoy. Siento que no es correcto para mí como cristiano, pero también tengo que tener cuidado porque sé que mi familia ha estado plagada con este problema por generaciones, y no quiero abrirme a la esclavitud en esta área.

Para muchas de las familias que aconsejo, la esclavitud es de naturaleza sexual. Tan a menudo tratamos de trabajar con algún adolescente, solo para descubrir que su padre es un esclavo. Papá está experimentando alguna derrota, pero su hijo está sufriendo terrible derrota sexual. Debe haber alguna correlación.

Por eso cuando un padre me llama respecto a algún hijo que está teniendo problemas, lo primero que hago es pedir el permiso del padre para hacer una pregunta: «¿Está usted experimentando victoria en su vida moral personal?»

A menudo la respuesta es no, lo cual ayuda a explicar por qué inclusive los niños pequeños pueden estar en problemas sexuales. Algunos de los padres que me llaman me han oído enseñar y saben lo que voy a preguntarles, de modo que se ajustan el cinturón y casi se aferran a la mesa cuando les pido su permiso para inquirir acerca de sus vidas personales.

Todo esto refuerza un hecho que creo que es verdad: Cualquier pecado que un padre practica con moderación, sus hijos lo practicarán en exceso.

La influencia de un padre es tan formidable que incluso si sus hijos son demasiado pequeños o de otra manera incapaces de imitar sus pecados reales, los hijos todavía caerán bajo gran ataque. Bill, nuestro amigo con la terrible adicción sexual, es de nuevo una típica ilustración. Hemos hablado acerca de los efectos de su esclavitud sobre su esposa, pero ¿qué acerca de sus cinco hijos? Como Bill admite:

> Cuando traté de quitarme la vida en un oscuro garaje, no tenía idea de que estaba permitiéndole al maligno que trajera los mismos pensamientos destructivos de muerte a mis hijos. Ahora sabemos que tres de ellos habían tenido terribles pensamientos de muerte de seguido de «derribar el muro» (véase Proverbios 25:28)... ¿De qué otra manera se puede explicar que nuestra hija de nueve años estaba visualizando maneras de mutilar, torturar y matar a personas, o que nuestra hija de ocho años estuviera considerando diferentes métodos para quitarse la vida? Por meses habíamos tenido que disciplinar a nuestro hijo de tres años por la insolente desobediencia.

Dije que había un final feliz a esta historia. Después que Bill y su esposa fueron libertados, se irguieron en contra de los espíritus malos que trataban de destruir a sus hijos. Dios respondió poderosamente sus oraciones por esta familia, y hoy Bill, su esposa y sus seis hijos (otro hijo ha llegado) todavía viven en victoria. Un día llamé a Bill, y su hija de diez años contestó. Le dije quien era y pedí hablar con su papá.

«¡Ah, Sr. Logan, Sr. Logan! —dijo ella—. Quiero agradecerle a nombre de toda nuestra familia por haber libertado a mi papá. ¿Vendrá algún día a casa para que podamos conocerlo?» Me eché a llorar. La libertad de Bill había libertado a su familia, y esa una de las mejores «gracias» que jamás me han dado.

La protección de un padre

La experiencia de Bill subraya de nuevo que Dios puso al padre en la casa para que sea el protector de ese hogar, para que sea escudo de su esposa y sus hijos contra las influencias destructivas. Lo que como padres permitimos que entre en nuestros hogares tendrá bien sea efectos positivos o negativos sobre nuestras familias. Dios quiere un padre que sea muy sensible a esto, de modo que la atmósfera de su hogar coopere en criar hijos que aman a Cristo y desean seguirlo.

En nuestro hogar, Marguerite y yo fuimos bastante estrictos con las reglas no para ser legalistas, sino con un sincero deseo de nutrir a nuestros cuatro hijos en las cosas de Cristo. No podían ir a muchos lugares ni hacer muchas de las cosas que otros muchachos hacían. Más tarde les pregunté: «¿Fuimos demasiado estrictos?» La respuesta de ellos fue que no, porque sabían que los amábamos y que queríamos lo mejor para ellos. No siempre concordaban con nosotros, pero sabían que actuábamos por amor. Eso fue muy estimulante para mí, y espero que lo sea para cualquier padre que está leyendo esto.

Incluso cuando los padres cometen equivocaciones, y la mayoría de nosotros cometemos muchas, todavía haremos un buen trabajo si lo cubrimos todo con amor. Los chicos perdonarán un montón de cosas y soslayarán mucho si saben que se les quiere. Los muchachos necesitan ser queridos por sus padres. Necesitan el toque apropiado de sus padres.

Si un padre es tan importante para la vida espiritual de su familia, ¿dónde piensa usted que el enemigo atacará para descarrilar a esa familia? Atacará al padre. Pienso que tenemos un indicio de esto en la descripción que Jesús hace del hombre fuerte bajo ataque: «Cuando el hombre fuerte armado guarda su palacio, en paz está lo que posee. Pero cuando viene otro más fuerte que él y le vence, le quita todas sus armas en que confiaba, y reparte el botín» (Lc. 11:21-22).

Jesús añade en Marcos 3:27: «Ninguno puede entrar en la casa de un hombre fuerte y saquear sus bienes, si antes no le ata, y entonces podrá saquear su casa.» Para poder saquear una casa, Satanás tiene que atacar y atar al padre, el «hombre fuerte», y entonces acosa a la familia. La palabras *bienes* aquí puede referirse incluso a la esposa.

Por eso, como he dicho antes, cuando una familia me llama respecto a un hijo o a una hija en problemas, quiero hablar con el padre primero. Necesito saber en qué estado se encuentra la vida espiritual de él antes que pueda atender al hijo o a la hija. Cuando el padre está en derrota o incluso en cautiverio, Satanás ha atado al hombre fuerte y está saqueando la casa. Si estamos librando una guerra espiritual, entonces el padre debe ser el guerrero protector de su familia.

La cuestión de que estamos hablando es de la autoridad, y otra palabra para autoridad es *protección* (véase la sección sobre la rebelión en el capítulo 5). Como la autoridad nombrada por Dios en el hogar, un padre que está andando en obediencia al Señor ofrece protección espiritual a su familia.

El padre trae beneficios

Los beneficios que un padre consagrado trae a su hogar son enormes. Pero el principio de protección espiritual no quiere decir que sus hijos serán perfectos o que jamás se desviarían de la senda.

Un hijo puede voluntariamente escoger salirse de la protección de su padre y entrar en rebelión, pero esa es una historia diferente. He visto muchos casos como este también, de modo que no quiero dar la idea de que todo muchacho en problema tiene un padre que está fallando espiritualmente en algún aspecto.

He tenido en mi oficina muchachos y muchachas con cruces invertidas tatuadas en su piel, de donde sacaron la sangre como parte de un rito satánico. Un joven que era un «cabeza rapada» una vez vino a verme. Afeitado al rape, iracundo e intolerante de ciertas personas, Greg era una figura imponente incluso como adolescente. Le pregunté por qué estaba viviendo de esa manera.

«Me gusta sentir el poder que tengo al andar por la calle con mis amigos —respondió con franqueza—. La gente nos mira, ¡y tienen miedo!»

Este era un joven cristiano, sin embargo estaba vapuleando a la gente. Cuando Greg estuvo en mi oficina, sin embargo, el pavoneo casi había desaparecido. Se inclinó hacia adelante, y dijo: «Pero ya estoy cansado de esto. Estoy hastiado de esta vida y quiero cambiar.»

Alabo al Señor por la oportunidad de trabajar con Greg, pero lo que quiero decir aquí es que la rebelión puede imponer una terrible tenaza sobre la vida de un joven, incluso la vida de un joven cristiano.

Cómo resiste un padre

En otras palabras, en la vida cristiana nada es «enlatado» ni automático. Sabemos eso por la enseñanza de las Escrituras y por la experiencia. La protección espiritual de un padre no exime a la familia de los ataques de Satanás. Todavía estamos en guerra con el enemigo de nuestras almas. Pero qué asombrosa influencia la de un padre consagrado cuando vienen esos ataques. En el poder del Señor, el padre puede resistir a Satanás.

El ejemplo de Job

Considere el ejemplo de Job; eso fue exactamente lo que Dios le pidió a Satanás que hiciera (Job 2:3) al señalarlo como un ejemplo de la manera en que un padre consagrado recibe de su Padre celestial protección contra Satanás cuando permanece en Él. La única manera en que el enemigo pudo lanzar ataques destructivos contra Job como padre fue por el permiso de Dios. Satanás le dijo a Dios: «No puedo tocarlo. Él es tuyo. Has puesto un cerco a su alrededor» (véase Job 1:10). Satanás tenía razón. Job era un hombre justo, y Dios se deleitaba en él.

Por supuesto, eso es apenas el principio de la historia. Dios le dio a Satanás permiso para que lanzara terribles ataques contra Job y sus hijos. Todo se destrozó en términos de orden y estabilidad en la vida de Job. A través de la esposa de Job Satanás lo tentó incluso para que maldijera a Dios y muriera. ¿Qué ocurría allí?

Lo primero que tenemos que comprender es que Dios no quitó su cerco de protección de alrededor de Job. Permitió que Satanás lanzara sus proyectiles flamígeros contra Job y su familia. Y esos proyectiles impactaron el hogar con fuerza destructiva. Pero los capítulos previos de Job ilustran un principio crucial de la guerra espiritual que todos necesitamos captar como creyentes: cuando los proyectiles de fuego de Satanás atraviesan el cerco de protección divina, cesan de ser los dardos destructivos de Satanás y en lugar de eso se convierten en el fuego refinador de Dios. Job se dio cuenta de esto. Por eso, en lugar de maldecir a Dios, ¡Job *lo adoró* (Job 1:20-22)! ¿No es sorprendente? Job no culpó a Dios por sus calamidades, y ni siquiera reconoció la intervención de Satanás. ¿Qué dijo Job? «Jehová dio, y Jehová quitó; sea el nombre de Jehová bendito» (Job 1:21). Job sabía que todo lo que le había ocurrido fue permitido por Dios según sus propósitos. Cuando estamos fuera de la voluntad de Dios, Satanás no necesita permiso para atacarnos. Pero cuando estamos andando en obediencia y victoria, sabemos que Dios tiene poder y es protección y refinamiento para nosotros durante los tiempos difíciles. Satanás no puede poner un dedo sobre nosotros a menos que Dios se lo permita.

El ejemplo de Pedro

Tenemos una ilustración perfecta de esto en Lucas 22; un capítulo que vibra con actividad demoniaca. Jesús le dijo a su discípulo Pedro que Satanás quería permiso para zarandearlo como a trigo (v. 31). Pero Jesús estaba orando por Pedro que saliera victorioso de la tentación y que fuera un torre de fortaleza para los otros discípulos (v. 32).

¿Por que le dijo Jesús esto? Pedro estaba a punto de fracasar miserablemente, negando tres veces al Señor. Pero Dios trazó una línea en la vida de Pedro, y le dijo a Satanás: «Puedes ir solo hasta aquí, pero no más allá.» Piense en la diferencia entre Pedro y otro discípulo: Judas Iscariote. El enemigo tenía agarrado a Judas tan firmemente que éste no solo negó al Señor sino que se destruyó a sí mismo.

Ahora me doy cuenta del propósito mayor de Dios que entra en juego en el caso de Judas. Su papel fue profetizado. Pero Pedro pecó dolorosamente, al traicionar al Mesías, y el remordimiento de Pedro fue profundo. ¿Por qué no se entregó a la desesperanza y se quitó la vida? Después de todo, sabemos que la destrucción propia es el plan final de Satanás para nosotros.

Aparte del remordimiento, no se nos dice qué pensaba Pedro después de su pecado. Pero sabemos que Jesús estaba orando por él para que el enemigo no sacara ventaja en su vida.

Las oraciones de Jesús

Así como lo hizo por Pedro, Jesús está orando por nosotros. Esto debiera ser un tremendo aliento para nosotros, los padres, y para todo hijo de Dios. Hoy Él está orando que permanezcamos fuertes. Mientras estemos andando en pureza y obediencia al Señor, Satanás todavía necesita su permiso para tocarnos. Por eso llamo a Lucas 22:31-32 una «declaración de Job» en el Nuevo Testamento.

Es verdad que Pedro falló y tuvo que ser restaurado. De la misma manera, Job todavía tenía algunas cosas que aprender acerca de Dios. De eso tratan los restantes capítulos del libro de Job. Pero Pedro llegó a ser el intrépido predicador en Pentecostés. «Y bendijo Jehová el postrer estado de Job más que el primero» (Job 42:12).

No se pierda la lección. Hay una vasta diferencia entre las tentaciones que Dios permite que atraviesen su cerco de protección, y las que vienen debido a que un padre se ha abierto a sí mismo y a su familia a la influencia del enemigo al entregarse al pecado.

Padre, usted tiene una gran responsabilidad; pero también tiene grandes recursos a su disposición. «Estad, pues, firmes en la libertad con que Cristo nos hizo libres» (Gá. 5:1).

¿QUÉ EN CUANTO A LOS ESPOSOS?

Ya hemos dicho bastante en cuanto al papel del hombre como esposo, tanto directamente como por implicación. En el próximo capítulo consideraremos las maneras en que Satanás puede venir contra las mujeres y los recursos que ellas tienen para resistirle y estar firmes. Pero antes que pasemos a eso, tengo otro testimonio extraordinario de un padre que aceptó su responsabilidad como esposo igualmente. Nosotros los padres debemos recordar que mientras las acciones consagradas protegen a nuestras familias, especialmente a nuestros hijos, también como esposos somos responsables por proteger a nuestras esposas. Alguien lo dijo sabiamente: «Lo mejor que un padre puede hacer por sus hijos es querer a su madre.»

La acción de Mike vino después de su fracaso y fue diseñada para reconstruir su matrimonio y restaurar la confianza de su esposa. Él había fracasado moralmente, y ahora se arrepentía de su pecado. Pero también reconoció que una batalla espiritual (que había estado perdiendo) era la raíz de toda su caída. Esto lo llevó a trazar un detallado plan de batalla bajo la dirección del Espíritu Santo para reparar la brecha en los muros de su hogar.

Hay que mantener la confianza

Su notable historia muestra la gracia perdonadora y restauradora de Dios en acción. Los esposos pueden y deben mantener la confianza de sus esposas. Esta es la historia de Mike, acompañada del plan real (véase «El plan de batalla de un esposo») que trazó, un plan que cualquier hombre puede usar para expresar su amor y prevenir una caída moral. (Mike me ha dado su permiso para incluir tanto su plan de batalla como su testimonio.)

Si el nombre Mike suena familiar, usted tiene razón. Encontramos al «Dr. Mike» en el capítulo 5, cuando él se resistía a la idea de que era vulnerable como cristiano. Años después, su confesión en medio de llanto de fracaso moral fue el preludio para que hallara su liberación de la influencia satánica ejercida por medio de la pornografía. La historia de esclavitud de Mike a la pornografía muestra cómo un esposo que le ha dado terreno a Satanás también deja vulnerables a su esposa y a sus hijos.

Fui introducido a la pornografía cuando tenía entre 9 y 12 años, cuando encontré la provisión de mi padre. Cuando él estaba fuera, yo miraba las fotos y leía las historias. Mis llamados amigos también tenían pornografía por lo general en sus casas. Esto condujo a otros episodios inmorales. Esto continuó hasta que tuve 21 años, cuando le entregué mi vida a Cristo. Desde entonces no hubo más pornografía, pero todo ese terreno había sido cedido a Satanás y se habían edificado fortalezas en esta tierra. Más tarde, no me percaté del patrón de fortalezas satánicas que habían sido edificadas en mi mente porque lidiaba con cada fracaso como un evento particular y tan bíblicamente como sabía en ese tiempo.

Durante este tiempo estaba creciendo espiritualmente, aun cuando con incidentes aislados de fracaso moral. A pesar del lado oscuro de mi vida, me involucré en una buena iglesia y conocí a mi futura esposa. Tratamos con las cosas en su vida, pero no reconocimos ni lidiamos con los problemas de raíz en mi vida. Después de nuestro matrimonio pensé que las cosas cambiarían, pero lo que siguió fueron diez años de conflicto. Satanás estaba buscando un momento oportuno.

Algunos años más tarde oí a Jim Logan hablar sobre la guerra espiritual. No lo comprendí todo, pero pensé que se relacionaba con nosotros: ¡pensé que mi esposa era el problema! Cuán engañado estaba. ¡Y arrogante! Oí a un hombre que había tenido un problema de fracaso moral contar un testimonio acerca de recuperar el territorio y derribar fortalezas, pero en mi orgullo suprimí el problema y pensé: «Yo ya conquisté eso.»

Algún tiempo más tarde nos hallamos con un nuevo empleo, un nuevo niño y un nuevo vecindario, pero sin ninguna iglesia regular para alimentarnos. Estaba metiéndome más profundamente que nunca en el pecado moral, y aun cuando estaba haciendo un montón de cosas correctas espiritualmente, no comprendía todo el terreno que le había dado a Satanás y la jurisdicción que él todavía tenía en mi vida. Debido a esto, y a mi falta de vigilancia a las artimañas de Satanás, caí en un serio fracaso moral. Después de varias semanas se lo confesé a mi esposa, pero era una confesión tibia, parcial, que tan solo la lastimó y encolerizó más. Me di cuenta de que mi principal pecado era contra Jesús. Seguí con una completa confesión y vi que era mi única esperanza de liberación de este cautiverio.

Llamé al Reverendo Logan para arreglar una cita para recibir consejería. Durante los tres y más meses antes que pudiera verme, mi esposa y yo tuvimos una relación muy difícil. En la oficina de Jim Logan Dios no solo me libró de mi fracaso moral, sino que me mostró el problema con mi orgullo y amargura. Le pedí a

Dios que me perdonara estos pecados, que recuperara el terreno, y que derribara las fortalezas de Satanás. Ahora tenía un montón de reconstrucción que hacer. Fueron tiempos difíciles debido a cuánto había yo dañado nuestro matrimonio. Pero pude permanecer puro ¡porque Satanás ya no tenía terreno en mi vida y sus fortalezas estaban siendo derribadas! Cuando liberé a mi esposa de la necesidad de «espiar» mi conducta, un tremendo peso le fue quitado de sus hombros.

La «reconstrucción» a que Mike se refirió llevó tiempo. Reconoció que su matrimonio carecía de la intimidad de tiempos anteriores, pero también sintió que Dios le estaba dando «un deseo mucho más intenso de complacer a mi esposa». Así que empezó algunos pasos importantes de reconstrucción, que se describen en «El plan de batalla de un esposo». Durante los próximos dieciocho meses su relación fue tirante y distante.

«Hubiera sido mucho más fácil darnos por vencidos, pero nuestro compromiso a nuestro pacto con Dios nos sostuvo durante esos días terribles —explicaba Mike—. Después de casi un año de seguir estos pasos de reconstrucción, el corazón de mi esposa empezó a cambiar y su confianza empezó a ser reedificada.

» El resultado fue que recibí un regalo inesperado: ¡el corazón de mi esposa volvió a mí! Conduje a mi esposa a recorrer los mismos pasos a la libertad por los que me llevó el Reverendo Logan. Dios la libró de la amargura y la rebelión. Estoy tan agradecido a Dios por mi liberación.»

Mike ha quedado encantado al hallar a su esposa recuperada y feliz en su matrimonio. «La luz ha regresado a los ojos de mi esposa y ella es alegre de nuevo. Por la gracia de Dios yo todavía ando en victoria. Mi esposa tiene un nuevo amor para mí, y aumentada su confianza en Dios. Y nuestra relación física nunca ha sido tan íntima. Vivimos para Él.»

No hay nada que pudiera añadir excepto para decir: ¡Alabado sea el Señor!

Hay que conceder libertad

Una segunda manera en que los padres podemos ser líderes espirituales es conceder a nuestras esposas libertad para dirigir la casa. Demasiados esposos no les dan a sus esposas la suficiente libertad para operar en su mundo. Generalmente hablando, una mujer disfruta los elementos especiales de tener un hogar. Allí ella edifica recuerdos y una parte de su identidad; es una parte importante de su mundo. A menudo ella verá las cosas en forma diferente en su mundo de lo que usted las ve. La perspectiva de usted no es mejor ni peor que la de ella; sino que es diferente. Usted debe respetar sus puntos de vista y concederle libertad para que establezca ampliamente el sentir del hogar.

Como esposo, sea precavido en cuanto a las diferentes expectativas que

TERRENO MÁS ALTO:
Un plan de batalla para el esposo

A continuación aparece el plan de acción que Mike trazó y se comprometió a seguir después de su fracaso moral. Es un plan estupendo, sea que un esposo le haya fallado a su esposa o no. En realidad, es una gran manera para que un esposo ponga su amor en acción y establezca barreras para la tentación que pudiera conducirlo profundamente al pecado sexual. Se lo recomendamos, no como una «reparación» temporal, sino como una disciplina práctica, diaria y que honra a Dios.

1. Haga un voto a su esposa de que usted hablará con ella respecto a cualquier pensamiento o acción equivocada antes de irse a la cama por la noche (Ef. 4:26).
2. Afirme a su esposa: «Ahora que Dios me ha librado de la esclavitud, me mantendré fuera de la esclavitud ocurra lo que ocurra. Incluso si algo te ocurriera, todavía seguiría libre porque ahora me considero muerto al pecado, pero vivo para Dios en Cristo Jesús (Ro. 6:11, 17).»
3. Propóngase leer la Biblia diariamente a su esposa, desde hoy en adelante (Ef. 5:26).
4. Haga una prioridad diaria pasar tiempo con su esposa temprano cada día.
5. Comprométase a un tiempo de quietud devocional diario y al crecimiento espiritual.
6. Dígale con frecuencia a su esposa: «En realidad estoy libre.» Déle ejemplo de los cambios en su vida.
7. Escríbale a su esposa notas regularmente, contándole cosas tales como: «Estoy bien, te quiero.» Asegúrese de que ella comprenda que «Estoy bien» quiere decir que:
   a. El escudo de la fe está levantado para rechazar cualquier pensamiento errado.
   b. Usted está obedeciendo los acicates del Espíritu Santo en pensamientos y acciones.
   c. Usted no está pensando pensamientos errados.
   d. Usted está guardado su voto de hablar con ella acerca de cualquier pensamiento o acción equivocada antes de irse a la cama.
   e. Usted está conscientemente alejando su vista de las revistas y anuncios comerciales equivocados, los vestidos inmodestos, y de las otras trampas de Satanás.
   f. Usted está diariamente renovando su relación con Jesús.
8. Mantenga formal su relación con otras mujeres, a fin de proteger su matrimonio.

usted tenga, y reconozca que usted tal vez no siempre tiene la perspectiva correcta. Usted necesita la opinión de su esposa. De nuevo, algunas veces su perspectiva no es correcta o errada comparada con la de su esposa; es simplemente asunto de preferencia. En esos casos, los hombres necesitamos a veces ceder, tanto por amor como por el reconocimiento de que nuestra manera no es la única manera.

Un esposo necesita ser sensible a las preocupaciones, deseos e ideas de su esposa en su mundo. Necesita darle a su esposa más espacio para que se mueva, y hacer del mundo de ella tan seguro, estable y funcional como sea posible. Nosotros y nuestras esposas tenemos trabajos importantes que hacer para crear hogares de influencia piadosa. Hagámoslo juntos como un equipo.

10

LA BELLEZA DURADERA DE UNA ESPOSA Y MADRE

Cuando miramos cuadros de guerra y batalla, por lo general vemos hombres con caras sucias y uniformes de campaña desgarrados. Cuando observamos escenas de guerra, por lo general oímos a un montón de varones gruñendo. Pero el cuadro es incompleto cuando hablamos de la guerra espiritual, porque las mujeres no están exentas. Las mujeres son igualmente soldados en la batalla.

Como esposas y madres, varias de las cuestiones de la guerra las confrontarán a ustedes en particular. Y con el Señor a su lado, ustedes también pueden tener la victoria. Las siguientes pautas se basan en material que he presentado en muchos seminarios y grupos de mujeres; y estoy agradecido a mi esposa y a las muchas mujeres que me dieron sus comentarios y me han ayudado a aguzar mi pensamiento sobre las luchas espirituales que las mujeres enfrentan.

El enfoque apropiado

Para comprender dónde son las mujeres especialmente vulnerables al ataque del enemigo necesitamos ver que las Escrituras indica que el énfasis de una mujer debe ser como esposa y madre. En Primera de Pedro 3:3 el apóstol insta a la mujer a no poner toda su atención en su belleza externa. Una razón obvia es que sin que importe cuán joven y atractiva pueda ser hoy la persona, ¡el tiempo y la gravedad están en contra de todos nosotros! Si ponemos todo nuestro énfasis en la belleza física, habrá decepción. Nuestra carne se descompone inexorablemente.

En lugar de eso Pedro llama a la mujer piadosa a desarrollar dos cualidades del espíritu que la harán más y más hermosa con el paso de los años, porque estas cosas jamás se corrompen. Las dos cualidades que harán a cualquier mujer extremadamente hermosa se encuentran en el versículo 4: «el incorruptible ornato de un espíritu afable y apacible, que es de grande estima delante de Dios.»

Al mirar a estos atributos internos de espíritu afable y apacible, y particularmente lo opuesto a ellos, podemos ver los dos aspectos donde una mujer es más vulnerable a la influencia de Satanás, porque tocan en lo que está más profundo dentro de ella.

LAS ÁREAS MÁS VULNERABLES DE LA MUJER

Ira

El espíritu afable que se menciona aquí en Primera de Pedro 3:3 y en otros lugares del Nuevo Testamento, es una gentileza o serenidad de espíritu. Por ejemplo, la versión Reina-Valera 1960 traduce el mismo vocablo en Gálatas 5:23 como *mansedumbre*. Lo opuesto a la mansedumbre es la ira. Las mujeres se encolerizan al igual que los hombres. Es parte de lo que nos hace humanos. Pero las mujeres tienden a encolerizarse de una manera diferente a lo que ocurre con los hombres, y la clase de ira a que las mujeres son proclives puede hacerlas vulnerables a los ataques del enemigo.

El autor y consejero familiar Gary Smalley observa que los hombres tienden a expresar la ira físicamente, mientras que las mujeres se inclinan más a expresar la ira verbalmente.[1] La ira de un hombre a menudo es disparada por un evento específico que la hacer reventar.

La ira de una mujer, sin embargo, muy a menudo nace de la frustración que se acumula con el tiempo. Puede ser la indiferencia de su esposo por una preocupación que ella expresa o por alguna cosa que le pide, o tal vez ella siente una frustración general porque las cosas en el hogar y en el trabajo no están marchando bien, porque otros no están haciendo su parte del trabajo. Permítame mostrarle dos tipos de ira que se mencionan en las Escrituras. Primero, *zumos* puede caracterizarse como «una conmoción turbulenta, indignación que arde», ira que estalla y se consume rápidamente como un fósforo que se enciende. Esta es una palabra común para la ira que se usa en Efesios 4:31, Gálatas 5:20 y otros lugares.[2]

Esto describe el tipo de ira como el «Volcán Santa Elena», y que la tienen la mayoría de los hombres. Esta es la clase de ira que explota, y todo el mundo queda devastado por la descarga. El hombre explota y todo queda cubierto con un metro de cenizas, pero la presión se ha reducido. Como los hombres se inclinan a decir: «Ya; lo saqué del pecho. Me siento mucho mejor.» Aquellos que rodean al hombre tal vez no se sientan mejor, pero a lo menos él sí. El volcán se enfría, y el hombre regresa a lo normal (aun cuando típicamente el volcán solo duerme; puede erupcionar otra vez cualquier otro día).

La otra palabra que el Nuevo Testamento se usa para ira y que quiero que usted note es *orgé*. Esta es «una actitud más establecida y largamente duradera a menudo apuntando al objetivo de buscar venganza». La forma verbal de esta palabra, con el prefijo griego añadido, significa ser provocado a la irritación, exasperación o amargura.[3] El verbo se puede usar en un sentido positivo, como en Efesios 4:26. La forma sustantivada de *orgé* aparece en

Efesios 4:31, donde se la traduce *ira*, en Colosenses 3:6 y en Santiago 1:20, entre muchos otros lugares.

Esta palabra también se usa para describir el carbón ardiendo. Usted sabe cómo arde el carbón. Es difícil encenderlo, pero una vez que en realidad se enciende, permanece muy caliente mucho tiempo después que la carne se ha asado. Esta es una brasa que arde lentamente, la clase de ira que hierve al rescoldo a la que las mujeres son especialmente susceptibles y contra la que deben guardarse.

He visto este tipo de ira establecida en la vida de muchas mujeres, a menudo en las esposas de los hombres que aconsejo. Esto no debiera sorprender, porque estos hombres por lo general tienen problemas reales que en muchos casos empujan a sus esposas en adición al daño que hace en sus propias vidas.

Judy estaba muy iracunda contra su esposo. Era una acumulación de muchas cosas a través de los años, mayormente frustración por lo que su esposo no hacía para tomar su lugar como líder en el hogar y ser el protector y alentador que ella quería que él fuera. Para cuando hablé con ella, la ira de Judy se había convertido en amargura; y se enfureció conmigo cuando le sugerí que su actitud amargada había llegado a ser parte del problema antes que algo a lo que tenía derecho.

Consejeros como Gary Smalley y muchos otros que trabajan con muchas personas reconocen que las mujeres generalmente son más «a tono» y sensibles que los hombres.[4] Esta es una cualidad maravillosa que a cualquier hombre en su mente sana le encantaría en una mujer, pero también la deja a ella vulnerable a la ira lenta, que arde, y a los ataques del enemigo.

A Satanás nada le encantaría más que explotar la frustración de una mujer contra su esposo y empujarla hacia la devastadora emoción de la amargura. Entonces ella empieza a atacar y a destrozar a su esposo en lugar de mostrarle respeto, y él reaccionará a esa ira. Ahora el enemigo tiene a ambos cónyuges encadenados, y los hijos quedan completamente abiertos al hostigamiento. La ira es una emoción tan poderosa que la única manera segura de manejarla es seguir la admonición de Pablo en Efesios 4:26: Tratar con ella rápidamente, no dejar que pase el día para que no se aumente y endurezca convirtiéndose en amargura.

Temor

La segunda cualidad que Pedro elogia en las mujeres piadosas es un espíritu «apacible.» Esto no quiere decir preferir no hablar. La idea es un corazón que confía en Dios y descansa en Él. De modo que lo opuesto de un espíritu apacible es un espíritu temeroso, no un espíritu hablador. No tiene nada que ver con cuánto habla usted, sino con una actitud calmada, confiada, que desvanece el temor. Toda mujer puede tener tal espíritu.

Como mujer, ¿le está permitido temer? Sí. De acuerdo con las Escrituras usted puede tener un temor, un santo temor: el temor o reverencia hacia Dios. En realidad, Pedro menciona esto en el versículo 2, donde llama a las esposas a exhibir una conducta casta hacia sus esposos y «respetuosa». La clase de temor a que me refiero se indica en el versículo 6. De nuevo, me gusta la manera en que la NVI traduce la última frase de este versículo: «y no tienen miedo alguno.» Esto pudiera traducirse: «No se entreguen al temor histérico.» Cuando una mujer hace eso tiende a tomar las cosas en sus propias manos, cosas que no se supone que debiera tomar.

Las mujeres luchan contra un espíritu de temor. Por eso se encolerizan algunas veces, y por eso necesitan confiar quietamente en Dios. Una mujer ve mucho más de lo que ve un hombre. Ella camina en la casa, ve una grieta en la pared, y sabe que hay que hacer algo. Su esposo, sin embargo, espera hasta que el techo se cae y el agua empieza a caer adentro. Entonces él dice sabiamente: «Sabes, cariño, debemos hacer algo en cuanto a esto.» Su esposa está pensando: «Finalmente. ¡He estado orando que hagas algo acerca de esto por veinte años!»

Claramente, las preocupaciones de una mujer a menudo se justifican. Muchas mujeres tienen un sentido único del peligro e incluso de la bondad o la amenaza que representa una persona. Lo que llamamos intuición femenina es en realidad la capacidad superior de una mujer de discernir situaciones. De modo que está bien preocuparse.

Los problemas vienen cuando esas preocupaciones degeneran en temor y ansiedad. Cuando el temor toma el control, estamos negando la capacidad de Dios para controlar la situación y su deseo de mirar por nuestro bienestar. Si una mujer está confiando en su esposo para que cuide de todo, de seguro tendrá ocasiones de temor. ¿Es acaso que los esposos no son confiables? No necesariamente. Es que las mujeres deben poner su confianza en Dios, no en sus esposos (véase 1 P. 3:5). Las mujeres deben respetar a sus esposos, pero nunca se les dice que deben confiar en sus esposos; no en la manera en que deben confiar en Dios. Esta es una distinción de vital importancia.

Entre los temores que muchas madres tienen es cómo están criando a sus hijos. Se preguntan cómo debieran disciplinarlos, educarlos, pasar tiempo con ellos en diversiones. Joyce, acercándose a los treinta años, temía disciplinar a su hijo de cinco años. Parece que ella había leído algunos artículos sobre el maltrato infantil y estaba aterrorizada de que si corregía a Jonathan aplicándole castigo físico, lo maltrataría. Este temor paralizaba a Joyce. Cuando hablé con ella no vi ninguno de los síntomas o señales que indican que sería una madre capaz de maltratar a su hijo. Su cariño era genuino y su dominio propio era obvio. Mientras tanto, su hijo estaba saliéndose con la suya todo el tiempo.

Creo que el enemigo había encadenado a Joyce en un temor irracional y estaba usando pensamientos intrusos para evitar que ella ejerciera su papel apropiado. Le hablé de algunos de los principios que hemos estado estudiando en este libro, y ella pareció obtener una gran mayor con respecto a la situación.

Otra importante área en que una mujer puede enfurecerse o llenarse de temor es cuando su esposo no comparte las mismas preocupaciones o deseos de ella por sus hijos. Un par de ejemplos ayudarán a ilustrar lo que quiero decir.

Pensemos por un momento en una familia bien típica: papá, mamá y un adolescente. El adolescente, Wayne, está empezando a ser lo que nuestros abuelos llamaban «insolente» o «respondón». Esto tiene que atenderse, o puede fácilmente conducir a la rebelión contra la autoridad y finalmente al desastre.

En este hogar típico, la madre es el blanco principal de la insolencia de su adolescente, ya sea porque la madre está cerca mucho más tiempo y porque Wayne sabe lo que le ocurriría se le hablara a su padre en ese tono.

Mamá está muy preocupada por su hijo, porque las mujeres tienen una maravillosa capacidad para ver hacia adelante y ver cómo una conducta en particular afectará a sus hijos a largo alcance. Ella sabe que si Wayne no aprender a obedecer la autoridad que puede ver, es decir, sus padres, no estará listo para obedecer una autoridad que no puede ver: Dios.

De modo que esta madre le dice a su esposo: «Tienes que hablar con tu hijo.» Pero los procesos de papá funcionan en forma diferente. Primero, no quiere una confrontación que le obligue a hablar acerca de cosas como las emociones y la conducta. Segundo, debido a que los hombres tienden a ver cosas como estas en un sentido de mucho menor envergadura y menos cuidadosamente definido que una mujer, papá se figura que mientras Wayne no se meta en líos con la ley, ni haya sido expulsado de la escuela, o que haya tenido alguna otra crisis que haría que papá se moleste, todo está bien. De modo que básicamente ignora el ruego de su esposa de que discipline a Wayne.

He presentado esto con un ápice de ligereza, pero no hay nada de divertido en el temor o la ira que una mujer puede sentir cuando, muy adentro, se da cuenta de que su esposo no participa de sus preocupaciones. Una mujer atrapada en el medio de esto necesita apelar a su esposo como autoridad en el hogar. Si él no responde, entonces la esposa tiene que hacer lo más difícil; entregárselo al Señor y confiar en que Dios pondrá la presión apropiada en el tiempo apropiado, en lugar de atacar verbalmente a su esposo.

Aun cuando habla de reyes, Proverbios 21:1 contiene un gran recordatorio acerca de los esposos: «Como los repartimientos de las aguas, así está el corazón del rey en la mano de Jehová; a todo lo que quiere lo inclina.» Hay dos cosas que cambian el curso de un río: el tiempo y la presión. El hombre tiende a alejar de sí a cualquier persona que lo presiona, incluso a su esposa. Como esposa, si usted afloja, entregando a su esposo al Señor, Él puede cambiar el corazón de su esposo porque éste estará respondiendo a la presión apropiada, presión de Dios y no de su esposa. En otros casos, puede haber una legítima diferencia de expectaciones de parte de su esposo y de usted, sea concerniente al futuro de los hijos, el trabajo, cómo se deben manejar las finanzas, y cien cosas más. Estas son ocasiones en que un esposo y una esposa puede ayudarse mutuamente a ver un lado diferente del asunto, y aguzar la perspectiva de cada uno. Por supuesto, la esposa también puede llegar al lugar cuando su esposo insiste en cierto curso de acción. Cuando esto ocurre, la esposa necesita poner su confianza en el Señor, descansar en Él, y entregar a su esposo y al asunto a Dios.

Cómo tratar las áreas de vulnerabilidad

Cuando las cosas no suceden como debieran y los planes no se desenvuelven como debieran, es fácil que como mujer se enfurezca y se ponga temerosa. ¿Qué recursos espirituales tiene usted a su alcance para protegerse en estas áreas de vulnerabilidad?

La confianza apropiada

Un recurso que toda mujer tiene se menciona en Primera de Pedro 3:5. El apóstol lo llama una característica de una mujer santa: *confianza*. Las mujeres santas de la antigüedad «esperaban en Dios». Como he dicho antes, Dios jamás le pide a una esposa que confíe en su esposo. Los esposos no son dignos de confianza. Si usted pone su confianza en una persona, en cualquier persona, ¿qué ocurrirá a la larga? Usted sufrirá una desilusión.

La mayoría de mujeres tienen un fuerte instinto maternal, del que muchos hombres insinceros tratan de echar mano para lisonjear a las mujeres. Si dos personas como éstas se casan: una mujer con un fuerte instinto maternal y un hombre al que le gusta sentirse bajo una madre, la mujer se comportará como madre para el esposo. El número de parejas así es legiones. Estas relaciones están condenadas al fracaso, porque una mujer no está diseñada para dirigir a su esposo. Tal vez a él le guste esto inicialmente, pero antes que pase mucho tiempo el esposo le molestará su actitud maternal. Tal vez incluso le diga: «Eres igualita a mi madre.» Pero ella responderá: «Sí, pero a ti te gustaba antes de casarnos.»

Muchas mujeres tratan de proteger a sus esposos de las consecuencias de la vida, pero si lo hacen estarán simplemente prolongando su inmadurez. Me gustaría señalar de nuevo el testimonio de Mary en el capítulo 1 de este libro. De una manera notable, Mary entregó a su esposo en las manos de Dios, y dejó que Dios lidiara con él. Eso es lo que una esposa debe hacer.

Confianza quiere decir que usted cree que Dios tiene el poder y el deseo de arreglar las cosas de la manera correcta, y que el llamado que Él le hace a sumisión es sabio. Recuerde que usted no está confiando en las acciones o sabiduría innata de su esposo, sino en la capacidad de Dios de hacer las cosas para su gloria y para el bien a través de su situación familiar.

La sumisión apropiada

Una mujer que se esfuerza demasiado arduamente por proteger a su esposo e hijos puede fácilmente dejarse ganar por el temor. Pero sabemos que Dios no nos ha dado un espíritu de temor (2 Ti. 1:7). Tal vez no reciba muchos «amenes» por esto, pero pienso que un segundo antídoto para la ira y el temor, y una segunda característica de una mujer piadosa es *la sumisión apropiada a su esposo* (1 P. 3:5-6). El esposo y padre es responsable por guiar. Ayúdele, si es necesario, pero déjelo que él guíe. «Por nada estéis afanosos [o ansiosos]» (Fil. 4:6) es una buena palabra para las esposas aquí.

Creo que la ansiedad es al espíritu lo que el dolor es al cuerpo. Si usted trata de levantar un vehículo que tiene una llanta baja, ¿qué siente en su espalda? Dolor. El dolor es bueno, porque me dice que estoy tratando de levantar una carga que es demasiado pesada para mí.

«No se dejen llenar de preocupaciones por alguna situación —dice Pablo—. No se llenen de ansiedad.» Cuando se sienta llena de ansiedad, responda apropiadamente. La ansiedad es un llamado a la oración. Tal vez no podamos evitar sentir ansiedad, pero es incorrecto seguir con ella. La ansiedad jamás resolvió nada. ¿Qué ha hecho por usted alguna vez la preocupación excepto enfermarle?

El atavío apropiado

No quiero soslayar la primera cosa de que hablamos: el «ornato de un espíritu afable y apacible» (1 P. 3:4). Esta es una tremenda protección contra la ira y la ansiedad que pueden apoderarse de una mujer, y por consiguiente, una tremenda protección contra el hostigamiento del enemigo. Es también, dicho sea de paso, la tercera característica de una mujer piadosa que Pedro señala en este pasaje (v. 5*a*).

El ornato de un espíritu que manifiesta gentileza y seguridad en Dios atrae a los hombres. Demuéstrele a su esposo y a sus hijos un espíritu así, y usted se convertirá en una modelo de cómo cada miembro de la familia puede lidiar con la ansiedad. Y por supuesto, usted hallará esa paz que necesita para diluir la ira o la ansiedad en su vida.

El «fuego de prueba»

Cuando se trata de la guerra espiritual, como mujer usted puede esperar tentaciones en otra área: crisis de todo tipo. Pedro las llama «fuego de prueba», y de seguro que le saldrán al paso. Es más, el apóstol nos dice que debemos esperarlas (1 P. 4:12).

Eso no quiere decir que es placentero. Lo que puede ser tan doloroso para una mujer acerca del fuego de prueba es que algunas veces éste puede venir de una fuente que no espera: su esposo.

Cuando esto ocurre, una mujer debe tener cuidado. Ella puede atravesar el fuego de prueba radiando con el resplandor de Dios, o amargarse. Mary es un gran ejemplo de una mujer que se negó a dejarse consumir por la amargura contra su esposo, o contra Dios, y a exponerse de esta manera a los ataques demoniacos.

Como creyentes no caemos bajo ataque en el espíritu, porque Cristo reside allí, sino en el alma: nuestro entendimiento, nuestras emociones y nuestra voluntad. Satanás puede poner en nuestra mente pensamientos y hacer que sintamos cosas que no son verdad.

Los psicólogos y otros investigadores que estudian la conducta varonil y femenil, concluyen que los hombres responden a las situaciones típicamente con la mente: pensando, analizando y tratando de pasar al punto de acción; en contraste, las mujeres responden emocionalmente, preocupadas por las relaciones entre las personas.

En mi propia tarea de aconsejar he hallado que las diferencias existen también en la guerra espiritual. El resultado es que las mujeres son muy susceptibles a ser atacadas en sus emociones. Por consiguiente, cuando usted, como mujer, atraviesa el sufrimiento que Dios permite para refinarla, recuerde que necesita guardar su alma (1 P. 4:19), porque allí es donde Satanás atacará. (Los hombres también debe estar precavidos contra los ataques de Satanás, pero esto tomará una forma diferente al de las emociones.)

Pablo nos da en Segunda de Corintios 11:3 un ejemplo de la vulnerabilidad emocional de una mujer, donde nos recuerda que la serpiente «engañó» a Eva. Es decir, Eva quedó fuertemente convencida en sus emociones de la verdad de algo que en realidad era una mentira. Esta es una posibilidad muy real para una mujer y otra área en la que necesita estar en guardia.

LA INFLUENCIA DE UNA MADRE

No podemos dejar este tema sin enfocar más directamente en el papel crucial que una madre juega en la vida de su familia. Permítame hacerle partícipe aquí de unos pocos pensamientos clave.

Tiempo con los hijos

Una razón obvia por la que una madre es tan influyente es que por lo general ella está en casa y por consiguiente con los hijos mucho más tiempo que el esposo. De modo que los hijos con más probabilidad captarán la actitud de su madre hacia ellos, hacia su padre, hacia la vida en general y hacia Dios.

Con frecuencia le recuerdo a las madres que ellas pueden exhibir cada elemento del fruto del Espíritu (Gá. 5:22-23) a sus hijos conforme ellas (las mamás) le permiten a Cristo manifestar su vida por medio de ellas. Ahora sabemos que las madres pueden incluso afectar a los hijos antes que nazcan. Conozco muchas madres encinta que les leen la Palabra de Dios a

TERRENO MÁS ALTO:
Un plan de batalla para la esposa

Como el plan de batalla para hombres en el capítulo 9, los siguientes pasos son sugerencias excelentes para cualquier mujer que quiere fortalecer su andar con Cristo. Son los pasos que Mary (véase el capítulo 1) dio para hallar paz y verdadera libertad en el Señor cuando su esposo se mostraba frío y la rechazaba, antes que él viniera a la libertad en Cristo.

1. Procure satisfacer en Cristo sus necesidades de amor, cuidado y compañerismo. Él la satisfará a usted en su necesidad.
2. Dígale al Señor que aun cuando usted quiere que su esposo cambie, que halle libertad en Cristo, o cualquier cosa que sea su deseo, no hay problema con usted si eso no ocurre, porque Cristo es suficiente. Si usted no puede decir esto, pida al Señor que le haga desearlo.
3. Ore que Dios efectúe la liberación de su esposo a su tiempo y a su manera (Sal. 46:10).
4. Ore que Dios le haga la esposa que usted necesita ser, y así Él amará a su esposo a través de usted.
5. Presente su cuerpo a Dios como un sacrificio vivo, para que usarlo como Él quiere (Ro. 12:1-2).
6. Pídale a Dios que haga real en su vida la verdad de Segunda de Corintios 5:15: «Por todos murió, para que los que viven, ya no vivan para sí, sino para aquel que murió y resucitó por ellos.» Escoja verse como muerta en Cristo, y se sentirá más viva que nunca.
7. Ocasionalmente en su vida de oración, haga a un lado sus peticiones y súplicas y concéntrese en la grandeza de Dios, su poder y su amor. Léale al Señor un himno en voz alta.
8. Procure no solamente una respuesta externa de amor hacia su esposo, sino un corazón de amor que la ayude a evitar la amargura que puede desarrollarse y abrirla al ataque demoniaco.

sus bebés nonatos y les cantan.

Los primeros cinco años

No hay manera de escaparse de la importancia de la influencia de una madre sobre sus hijos en los primeros cinco años de vida. Los niños pequeños necesitan la clase de atención individual que no pueden recibir en un ambiente de grupo. Alguien ha dicho que si a los niños hubiera que criarlos en manadas, ¡entonces las madres tendrían camadas!

Creo que la responsabilidad más importante de una mamá durante estos años formativos es enseñar a sus hijos el significado de la palabra *no*. Ahora bien, usted tal vez esté pensando: *¿Está bromeando? ¿Qué es eso?* Déjeme explicarlo.

Si un niño ha de aprender a obedecer a Dios, debe aprender a someter su voluntad a la de otro. ¿Adivine quién es el primer «otro» significativo que un niño encuentra? Su mamá, por lo general. Ella es la que, más que cualquier otra persona empieza y esperamos que completa, la tarea tan importante de enseñar a sus hijos a responder apropiadamente a la autoridad. Esto es tan importante que una vez que la madre ha logrado esto, la tarea de criar a los hijos de allí en adelante será cuesta abajo.

TRES CUALIDADES VITALES

Como madre usted puede ayudar a sus hijos a desarrollar hábitos y actitudes que los ayudarán más tarde en la vida a resistir la influencia satánica. Tres cualidades principales del carácter que una mamá puede enfocar sobre sus hijos son la obediencia a la autoridad, la responsabilidad y la gratitud. Algunas veces les pregunto a las madres: «Si supiera que usted desaparecería de la vida de su hija cuando ella cumpla los doce años, ¿qué cualidades desearía más que ella tuviera para estar preparada para una edad adulta con éxito?» Muchas sugieren una o más de estas tres cualidades, y tienen razón.

Al demostrar obediencia, responsabilidad, y gratitud ante sus hijos, una madre puede ayudar a inculcar esas cualidades en ellos. ¿Cómo maneja usted las irritaciones o desilusiones con sus vecinos, otros padres, los miembros de la iglesia? Recuerde que sus hijos están tomando de su conducta señales para la conducta de ellos y para la comprensión de que está bien o está mal en lo que lo rodea. Una manera clave en que usted puede modelar obediencia y gratitud es por la manera en que respeta y responde a su esposo.

La influencia que una madre ejerce en su hogar es increíble. Proverbios 14:1 es un buen versículo para las mamás: «La mujer sabia edifica su casa; mas la necia con sus manos la derriba.» El enemigo usó las calamidades de Job para atrapar a su esposa, la cual instó a Job a que maldijera a Dios (Job 2:9). Job tuvo que recordarle que ella estaba hablando como una persona necia (v. 10). En otras palabras, le estaba diciendo: «¿No te das cuenta de que estás derribando tu propia casa si yo acogiera tu consejo y maldijera a Dios?»

Como he dicho antes, mi esposa, Marguerite, ha sido una madre excelente. Su corona de gloria vino cuando nuestras tres hijas dijeron que querían ser como ella. Hoy ella tiene el gozo y privilegio de ser intercesora por nuestros seis nietos, y nuestras hijas todavía pueden llamarla pidiendo consejo respecto a cómo manejar varias cosas. Esta es la belleza de una relación de toda la vida entre una madre y sus hijos, donde el amor, el compromiso y la confianza han edificado un buen legado. Como esposo y padre de toda esta tribu, ¡me siento bendecido tan sólo con ser parte de ella!

Como equipo usted y su esposo tienen un gran efecto sobre sus hijos. El trabajar juntos puede ayudarlos a proteger a su familia de las influencia malignas, mientras crean un hogar donde abundan las influencias piadosas.

11

LOS NIÑOS TAMBIÉN PUEDEN RESISTIR

Los niños pueden ser inocentes, pero no son inmunes a la batalla espiritual. Satanás es un enemigo cruel que no perdona ni a los niños. Es más, algunos de las experiencias más drásticas en esta guerra que he tenido, y algunas de las mejores lecciones que he aprendido, han sido con niños. No pienso que alguien argüiría que los niños son inmunes a las tentaciones y los ataques de Satanás. Él ataca a los niños, principalmente cuando sus padres están cediendo terreno al maligno.

FE COMO UN NIÑO

Pero incluso los niños bajo ataque del enemigo no tienen que tener miedo. En realidad, he hallado que los niños son generalmente mucho más creyentes y confiados para ponerse firmes contra Satanás que muchos adultos. Es su fe como de niños en Jesús y en la Biblia. Recuerde que Jesús elogió ante los adultos que lo rodeaban la fe de un niño como siendo la que ganaba entrada en los cielos (Mt. 18:2-4; Mr. 10:13-16).

Los niños también traen a la vida, y especialmente a las cosas espirituales, una perspectiva única y una apertura que algunas veces produce momentos de hilaridad, recordándonos que la vida cristiana en realidad no es tan complicada.

HUMOR COMO UN NIÑO

Antes que nos adentremos en el tema de los niños y la guerra espiritual, veamos cuán sencillos y sin embargo profundos pueden ser los niños respecto a las cosas espirituales.

Una mamá que conozco escuchaba una mañana mientras estaba sentada en la mesa de la cocina entre sus dos hijos, los cuales estaban decidiendo quién iba a orar.

—Benjamín, ¿nos harías el favor de orar? —preguntó Zachary, de cuatro años.

—No —respondió Benjamín, de dos años. (Benjamín no sabe muchas palabras.)

—Veamos, Benjamín, si tienes la Palabra de Dios en tu mano, la Palabra de Dios dice que debes orar, y que si alguna vez estás en peligro, deben arrodillarte y pedirle a Dios protección porque Él es tu escudo.

—Mamá —preguntó Zachary, volviéndose a su madre —, ¿es en realidad el Señor Jesús mi escudo?

—Cuando una persona confía en el Señor Jesús para que sea su escudo —contestó la mamá—, entonces Él es su protector y escudo.

—Pues bien, Benjamín no conoce al Señor, y le dice que sí a los dardos de fuego.

—Entonces tú necesitas orar por Benjamín.

—Amado Jesús, por favor ayuda a Benjamín para que llegue a conocerte como Señor y deje de decirle que sí a los dardos de fuego.

Con un guerrero de oración así como hermano mayor, ¡pienso que Benjamín va a estar en buena condición!

El poderoso defensor de los niños

Los niños y la guerra espiritual es otro tema en que pudiera pasar varios capítulos. Para nuestros propósitos aquí, veamos dos importantes pasajes de las Escrituras que se relacionan con los niños. Ambos pasajes le son familiares, pero cuando los mira a la luz de los principios de la guerra espiritual, cobran vida.

Ambos pasajes están en Mateo: 18:1-10 y 19:13-15. En ambos Jesús tiene niños a su lado y los elogia, sosteniendo la fe de ellos como ejemplo para los adultos que observan. Nuestra tendencia como adultos es sentimentalizar estas historias, tratándolas como emotivos relatos del amor de Jesús para los niños.

Pero Mateo 18:6-7 en particular contiene algo del lenguaje más fuerte que Jesús jamás usó. Muchos eruditos bíblicos creen que en el versículo 10 se refería a los ángeles guardianes de los niños. Y en 19:15 Jesús puso sus manos sobre los niños para bendecirlos.

Si Jesús es así de firme en su protección y bendición de los niños, ¿piensa usted que vendrá en defensa de ellos cuando el enemigo los ataca? ¿Qué haría usted si viera a alguien atacando a su hijo en su propio patio? Jesús ve a aquellos niños que le siguen como miembros importantes de su reino y los protegerá. Los niños tienen un poderoso Defensor que les ayuda en la guerra espiritual.

Maneras en que los niños pueden ser vulnerables

Si los niños no son inmunes al conflicto espiritual y son a menudo los blancos de Satanás y sus fuerzas, entonces necesitamos tratar con algunas cuestiones importantes concernientes a los niños y a la guerra espiritual.

Lo primero que necesitamos comprender es cómo pueden los niños caer bajo la influencia del enemigo. Quiero recalcar aquí la palabra *influen-*

cia, porque es importante recordar que Satanás y los espíritus malos son espíritus de influencia. Como se sugirió más arriba, nuestros niños no son presas impotentes del enemigo. Tenga esto presente mientras avanzamos en esta sección.

Ocultismo

Una manera muy obvia en que los niños y los jóvenes pueden abrirse a la influencia demoniaca es por medio de las actividades de ocultismo tales como las tablas espiritistas, juegos de imaginación y fantasía, y muchos de los juegos de video que se hallan en establecimientos públicos y disponibles para el uso en el hogar. Ya hablé de esto con algún detalle en el capítulo 3.

Los padres no pueden seguir a sus hijos por dieciocho años, inspeccionando cada movimiento que hacen. Dios jamás nos pidió que hiciéramos tal cosa. Pero siempre me asombra el hecho de cuán pocos padres saben, por ejemplo, qué es lo que sus hijos están viendo en la televisión, muchos menos regulando lo que pueden ver. Este es un gran lugar para empezar.

Usted como padre o madre puede asumir la autoridad en su hogar y asegurarse de que no está permitiendo sin saberlo que sus hijos se expongan al mal mediante los juegos de video que juegan. Tal vez ellos ni siquiera compren los juegos, y sin embargo tienen acceso a los inapropiados. Algunos muchachos piden prestados juegos de sus amigos y simplemente esperan a visitar el centro comercial o el cine para jugar en las máquinas públicas.

Entretenimiento

Mis experiencias de consejería muestran que esta área completa de medios de comunicación y diversión es una de las herramientas primordiales de Satanás; y por supuesto, no soy la primera persona que nota esto. Usted puede evitarles a sus hijos y a usted mismo un montón de problemas interviniendo mucho, informándose mucho y estando muy enterado de lo que está ocurriendo en esta área. Entérese de los últimos programas de la televisión y de las películas en cintas de videos. Y si sus hijos juegan juegos de video o escuchan la radio (o visitan a amigos que lo hacen), entérese de qué tratan esos juegos o música.

Esto también llega a ser un reto para nosotros, como padres, porque tenemos que asegurarnos de que nosotros mismos no estamos trayendo malas influencias a nuestros hogares vía televisión por cable, material de lectura, o lo que sea. Recuerde que lo que usted puede sencillamente «probar un bocado» ocasionalmente, ¡su hijo puede devorar! ¿Por qué correr el riesgo?

Temores infantiles

Otra manera en que los niños pueden caer bajo la influencia del enemigo es cuando éste explota sus temores naturales, infantiles, a cosas como un cuarto oscuro o el temor a la separación. Muchos adultos se ríen al recordar la sensación que tenían cuando niños de que había algo debajo de la cama, lo que les hacía tener miedo de dejar colgado un brazo o una pierna fuera de la cama.

Parece ser risible ahora, pero es un temor que los niños tienen con frecuencia, y no es anormal. Los padres pueden ayudar a sus hijos aquí al orar con ellos por la noche, recordándoles la presencia fuerte y consoladora de Dios, y orando por ellos mientras duermen.

Hay otro lugar donde los padres cristianos pueden hacer mucho más de lo que piensan que pueden hacer para proteger a sus hijos. Los programas de televisión pueden dejar a los niños con terribles imágenes mentales de mal y peligro. De modo que retornamos a la necesidad de monitorear las influencias en nuestros hogares y proveer alternativas saludables y estimulantes a la programación típica de los medios de comunicación que la industria de la diversión les ofrece a nuestros niños.

Otro ejemplo es la fiesta de las brujas. La controversia en cuanto a celebrar o no la fiesta de las brujas estará siempre con nosotros. Pero cuando usted la observa desde la perspectiva de la guerra espiritual, la pregunta se torna en: «¿Por qué yo, como padre procurando guardar a mi familia de las influencias maléficas, los expondría innecesariamente a imágenes y leyendas maléficas? Ciertamente que no queremos que nuestros hijos celebren con disfraces que glorifican el mal o denotan personajes violentos.

No pretendo tener todas las respuestas. Simplemente me parece que los padres sabios aprovecharán toda oportunidad para exponer a sus hijos a las cosas de Cristo y escudarlos de los caminos y obras del enemigo. Satanás ya está buscando una entrada a sus vidas. ¿Por qué ayudarlo?

¿Qué dicen las Escrituras?

Al estudiar las Escrituras veo varios pasajes que indican las maneras en que los niños son vulnerables y qué podemos hacer para protegerlos. Déjeme mostrarle lo que quiero decir.

Los niños son vulnerables, primero porque son muy sensibles y confiados espiritualmente. Los pasajes que miramos anteriormente de Mateo 18 y 19 indican esto, y también nos muestran la importancia de guiar a nuestros hijos a Jesús antes que poner piedras de tropiezo en su sendero.

Los niños también son vulnerables porque son emocionalmente inmaduros, y por consiguiente están sujetos a sentirse frustrados o desalentados por padres inconsecuentes o rigurosos (Ef. 6:4; Col. 3:21). El remedio es criarlos en el Señor, conocer su «inclinación» en particular (su tendencia o predisposición, la idea que está tras el tan a menudo citado Proverbios 22:6), y tratarlos en concordancia a eso.

Finalmente, los niños son vulnerables porque heredan los efectos de las generaciones que los precedieron, tanto para bien como para mal. Este es el otro lado del cuadro que se da en Éxodo 20:5-6. Si los padres pueden pasar tanto las bendiciones y las iniquidades a sus hijos, se concluye que los niños reciben un enorme montón de cosas sobre las que no tienen control.

Dos jóvenes especiales

José

El poder de Cristo para enfrentar y vencer al enemigo en la guerra espiritual no queda demostrado más vívidamente que en las vidas de los hijos cuya fe está creciendo y está viva. Con esto en mente, permítale presentarle a José. Encontré a José por primera vez en una serie de reuniones que estaba celebrando en una misión en particular; yo estaba todavía en la obra misionera, sirviendo como vicepresidente y consejero para los misioneros. Los hijos de los misioneros, incluso José, se unieron a sus padres para una reunión en aquella noche en particular. Mencioné una experiencia que acababa de tener en casa. Debido a que la historia es parte integral de lo que ocurrió subsecuentemente con José, permítame relatársela de forma breve.

Mientras conducía de camino a otra conferencia sintonicé un cadena de radio en St. Louis. Para sorpresa mía el hombre estaba diciendo cómo canalizar los espíritus. Al principio no me di cuenta de lo que estaba sucediendo. Pero pronto se hizo claro de que este canalizador había llamado a su espíritu, supuestamente alguien que había vivido en Inglaterra cien años atrás. El animador estaba en realidad entrevistando a este espíritu, y una vez que usted ha oído hablar a un demonio, es fácil reconocerlo.

De modo que escuché, y al final del programa este espíritu dijo: «¿Estás solo? ¿Te encuentras sin amigos? Hay muchos de nosotros, los espíritus, esperando, y si nos invitas ahora mismo a venir a ti, jamás te dejaremos. Nunca te abandonaremos. Seremos tu amigo. Te hablaremos.»

¡Fue una de las invitaciones más seductoras que jamás había oído! Yo oraba repetidamente: «Señor, no permitas que nadie oiga esto. No permitas que una persona que se siente sola lo oiga.» Sonaba tan razonable, tan amigable.

Relaté esta conversación radial a este auditorio de misioneros y sus hijos. Al mencionar esta experiencia, el pequeño José, que tenía alrededor de siete años y medio, oyó una voz que le decía: «Si me invitas a entrar, entraré.»

Obviamente, yo no sabía en ese momento lo que estaba ocurriendo. Noté que José se volvía a su padre y le decía algo, y entonces su papá lo llevó afuera. Nosotros siempre llevábamos a nuestros hijos afuera y «los arreglábamos» si estaban fastidiando, de modo que me figuré que José estaba recibiendo su «arreglo» allá afuera. Él y su papá nunca regresaron a la reunión.

Lo que José había hecho era contarle a su padre la batalla que se estaba librando en su interior. Su padre comprendió, porque él había sido misionero en Alaska, trabajando con los indígenas. Usted no puede trabajar con gente animista y no creer que en realidad hay una batalla desarrollándose.

Al siguiente día el papá de José (que era presidente de la agencia misionera) me contó lo que estaba sucediendo y me dijo: «¿Hablaría usted con José acerca de esto? Él oyó al espíritu decirle: "Si sencillamente me abres, José, yo entraré." Por supuesto, él no quiere hacer eso.»
Yo pensaba: *¿Qué le voy a decir al pequeño?* No sabía qué decir, pero acepté hablar con él.

De modo que después de mi conferencia a la mañana siguiente, José y yo nos fuimos caminando a la casa rodante donde su familia se estaba alojando durante las reuniones. Al subir las escaleras, se volvió hacia mí.

—¿Sabe, Sr. Logan? Tengo graves problemas. ¿Es usted listo para esto? —dijo. Casi tuve que sonreír.

—Estoy aprendiendo —le dije. De modo que entramos y nos sentamos. Yo todavía oraba por dentro: «Señor, no sé qué decir. No sé cómo abordar esto.» José hablaba muy en serio. Tenía una Biblia, un cuaderno y un lápiz, listo para tomar notas. A los siete años y medio quería respuestas.

Sentados allí, me vino un versículo de las Escrituras.

—Sabes, José, Primera de Juan 5:18*b* dice que cuando estamos en Cristo, el maligno no puede tocarnos —le dije.

—Sabe una cosa, eso sí que es bueno —dijo José.

—Así es, en realidad lo es, debieras escribirlo.

De modo que él escribió el versículo. Eso me dio la apertura esperada, y desde allí el Señor me dio algo que pudiera ayudarlo a usted si alguna vez tiene que tratar con niños en el área de la guerra espiritual.

Lo que usted no quiere hacer es que los niños le tengan miedo al enemigo. No tienen por qué tenerle miedo a Satanás por la misma razón que usted y yo no tenemos por qué tenerle miedo. Él ya está derrotado.

—José, ¿alguna vez has estado en el lugar de las serpientes en el zoológico?

—Sí.

Fingí sorpresa.

—¿Quieres decir que en realidad entraste al lugar de las serpientes?

—Seguro.

—¿En realidad? —le pregunté. Quería que José pensara sobre eso.

—Sí, ¿por qué?

—Pero ¡allí hay culebras venenosas!

—Sí, Sr. Logan, pero hay un vidrio —y entonces dijo— Jesús es el vidrio, ¿verdad?

—Así es José. Jesús es el vidrio. Él está entre ti y la serpiente. Digamos que nos quedamos en el zoológico hasta que oscurece. Mientras nos dirigimos a la salida, oímos al león rugir. ¿Te daría miedo?

—¡Ajá! —respondió.

—¿Qué tal si te recuerdo que el león está detrás de las rejas de su jaula?

—Entonces no tendría miedo.

Este sobresaliente niño entonces me contó cómo el enemigo lo había

estado hostigando.
—¿Qué hiciste cuando te vinieron estas tentaciones y pensamientos? —le pregunté.
—Hice lo que mi papá me dijo. Dije: «En el nombre y autoridad del Señor Jesucristo, sal de aquí.»
—¿Qué ocurrió entonces?
—El espíritu se fue.

Conozco alrededor de un millar de cristianos adultos que quisiera que entendieran la guerra espiritual tal claramente como José la entiende. No tenía miedo incluso cuando el enemigo trataba de amedrentarlo e intimidarlo.

—José, Dios debe tener algo maravilloso para que tú hagas —le dije.
—¿Por qué? —preguntó.
—Porque Satanás te está atacando.
—¿Qué supone que Dios quiere de mí, Sr. Logan?
—Pues, bien. No estoy seguro, pero Él te lo mostrará. ¿Por qué no dedicas tu vida al Señor y a su voluntad ahora mismo?

En una sencilla oración José lo hizo, dedicándose al Señor por toda la vida. Más tarde este muchachito corrió a su padre, con todos los demás misioneros rodeándole, y le dijo: «Papá, ¿sabes algo? Dios tiene algo maravilloso para que yo haga.»

Como tres años más tarde José me dijo: «Sr. Logan, pienso que sé lo que Dios quiere que yo haga. Tengo una voz bastante buena. Pienso que Él quiere que sea un cantante.»

Hoy José es uno de mis mejores compañeros de oración. Ha estado orando por mí por más de nueve años. Su padre me envía noticias de cuando en cuando. José está marchando muy bien, y no hay duda de que Dios en realidad tiene algo especial para ese hijo de Dios tan especial.

Los ataques espirituales contra los niños son un asunto para los niños de los que se hallan en el servicio cristiano a tiempo completo, tanto como para los niños de cristianos dedicados en otras vocaciones de ministerio. Siempre debemos tratar con respeto las preguntas que nuestros pequeños tienen y los temores que surgen, pero nunca con mayor seriedad que cuando estas preguntas tienen que ver con el poder de Dios y el poder de Satanás.

Josué

Josué es otro joven que puede enseñarnos mucho en cuanto a cómo confrontar la influencia satánica. Josué es un autista, totalmente incapaz de comunicarse verbalmente. Todo lo que puede hacer es ruidos y casi no tiene control sobre su cuerpo. Nació en el hogar de un consagrado pastor y su esposa, a quienes llamaremos Smith. Los Smith tiene otros seis hijos, todos sanos y saludables. Josué, sin embargo, empezó a causar severos problemas desde pequeño.

Estallaba en violentos arranques de ira, durante los cuales destruía cosas y trataba de lastimar a sus hermanitas. La vida de la familia llegó a ser tan intolerable y Josué tan peligroso, que cuando tenía como diez años sus padres de mala gana lo recluyeron en un centro de atención médica.

Sólo una familia que ha experimentado lo que la familia de Josué atravesó puede apreciar la agonía relacionada con su decisión. Los padres querían mucho a Josué. Era un don de Dios. Pero parecía como que no tenían otra alternativa, porque no tenían razón para creer que la conducta de Josué podría algún día mejorar.

Josué permaneció internado en el centro médico por los siguientes cinco años. Sus padres lo visitaban frecuentemente, pero no era suficiente para tranquilizar el corazón de ellos. El pastor Smith sentía una convicción que crecía y que le contó a su esposa, de que debían traer a Josué de regreso a casa y confiar en Dios para la gracia diaria que exigiría hacerle frente a los arranques de ira de Josué.

Cuando regresó a su casa, los estallidos de cólera volvieron a sucederse. Sus hermanas tenía que vigilarlo constantemente y tratar de apartarse de su camino. Los padres de Josué oraban por él, le leían las Escrituras y trataban de disciplinarlo. Con el tiempo la conducta de Josué se tornó manejable. Pero las pruebas de inteligencia mostraban que era profundamente retardado, con un cociente de inteligencia de alrededor de 36.

Cuando los Smith les contaron a sus amigos la decisión de traer a Josué de nuevo a casa, algunos fueron lo bastante intrépidos como para decirles que estaban locos. El pastor Smith dice que la única razón que podía encontrar para dar este paso era la obediencia a Dios. En enero de 1992, la familia empezó a ver la dirección de la sabiduría de Dios.

Para entonces los padres de Josué se enteraron de un procedimiento técnico llamado «la comunicación facilitada». Involucra sostener la mano de Josué firme de modo que pudiera oprimir las letras en un teclado de computadora. El papá de Josué confiesa que estaba escéptico. Habían tratado tantas cosas para poder comunicarse con Josué. Además, se les había dicho que su hijo era «profundamente retardado».

Pero esta vez fue diferente. Un día, Josué asombró a su madre al escribir este mensaje en la computadora: «He hallado a Dios. Jesús murió en la cruz por mí. Acepté a Cristo como mi Salvador hace seis años.» La Sra. Smith llamó a su esposo, quien se vino corriendo a casa desde su oficina en la iglesia.

Casi sin querer creer lo que oyó, el pastor Smith tomó la mano de Josué y le preguntó qué habían cenado la noche anterior. Para su asombro, Josué tecleó: «pizza.»

Este incidente abrió un torrente de información de parte de Josué. Les dijo a sus padres cuán solo estaba por no poder comunicarse. Les refirió largos pasajes de las Escrituras que había memorizado, y les dijo de los libros que había leído. Les contó cómo había aprendido a leer al escuchar a su madre enseñar a los niños menores sonidos fonéticos durante las sesiones de escuela en el hogar. Josué también afirmó que no estaba amargado por su condición, y ratificó su amor por Dios y por las personas.

Este asombroso descubrimiento parecía ser el fin de la historia de los Smith. Josué, que para entonces tenía diecisiete años, se negó a rendir más pruebas de inteligencia, porque decía ¡que no medían con exactitud a las personas autistas! A pesar de esto, los médicos y educadores con los cuales había trabajado Josué ahora creían que era un genio.

Pero los padres de Josué no sabían acerca de Lucas, un «amigo» de Josué; ese es el resto de la historia.

Poco después que la familia hizo el descubrimiento de que Josué podía comunicarse, el pastor Smith recibió una grabación de uno de mis mensajes sobre el tema de la actividad demoniaca en los creyentes. Lo puso para su familia durante uno de los momentos devocionales, pero después de unos quince minutos lo apagó y le pidió a su esposa que lo tirara a la basura.

Después de todo, tengo dos títulos avanzados en teología, pensó el pastor Smith. *Soy un consejero certificado. Mi teología no me da campo para la posibilidad de actividad significativa del enemigo en las vidas de los hijos de Dios. Además, solamente los «excéntricos» religiosos chapotean en lo demoniaco.*

De modo que tiraron la cinta, y el pastor Smith consideró el caso cerrado. Pero un día Josué tecleó este mensaje: «No puedo encontrar a Lucas. Él es mi amigo especial. Lo conocí cuando vivíamos en [una ciudad donde su padre fue pastor una vez]. Me decía que golpeara a mis hermanas. Me decía que quebrara cosas.»

Josué procedió a explicar que Lucas lo siguió al centro médico y luego al regresar a casa. «Pero después que recibí a Cristo, sentí que Lucas ya no era bueno para mí», escribió. Josué le decía a Lucas que se fuera, y éste lo hacía por un tiempo. Pero siempre regresaba.

Lucas le decía a Josué que nadie más lo quería, que necesitaba asustar y hacer daño a sus hermanas y destrozar la casa, y que él (Lucas) siempre sería su amigo. Josué no quería en realidad a Lucas cerca de él, pero llegaba a sentirse tan solo que cedía y le pedía que regresara.

No es necesario decirlo, pero el pastor Smith quedó estupefacto. Finalmente llegó a creer lo que más tarde demostró ser verdad. «Lucas» era un espíritu malo, enviado por el «espíritu guía» de Josué para inducirlo al mal y destruirlo a él y a su familia. Todos estos años, esta increíble batalla espiritual había estado rugiendo en la vida de Josué, y nadie más lo sabía. Un día recibí una llamada del pastor Smith, y antes que pasara mucho tiempo visité a esta asombrosa familia.

Josué y yo hablamos largo y tendido, y llegamos a ser buenos amigos. Me contó que Lucas llegó por primera vez a él cuando tenía cuatro años. Él podía entender lo que Josué decía en su mente. Conversaban siempre. Al principio a Josué le gustaba Lucas, porque éste decía que se sentía bien con Josué y quería ser su amigo.

Pero después que Josué se convirtió en cristiano, dice que halló que Lucas le mentía cuando decía que ni Dios ni sus padres lo querían. Le hablé al padre de Josué algunos de los principios de la guerra espiritual de los cuales le he hablado en este libro, y como autoridad espiritual de su hogar, el pastor Smith le ordenó a Lucas en el nombre y autoridad de Cristo que saliera de Josué.

Josué mismo escribe: «El momento en que perdí a Lucas fue cuando papá le dijo que se fuera. Papá es mi autoridad. Él tenía que obedecer a papá. Me alegro. Me siento limpio. Me siento bien. Siento que Dios es todo lo que necesito. Estoy limpio para siempre.»

No tengo espacio para contarle todos los detalles de esta increíble historia. Tantas cosas emocionantes han ocurrido. La historia de Josué salió en el periódico de una ciudad grande cerca de donde vive.

Hoy Josué ha tenido la oportunidad de hablar a grupos de educadores y estudiantes de doctorado. Debido a sus severas limitaciones físicas Josué no pudo asistir a la escuela pública, sin embargo demostró ser un estudiante muy capaz a medida que su madre le enseñaba en su casa. Hace poco la junta escolar local ha hablado sobre la posibilidad de contratarlo como consultor en educación especial.

Josué también está creciendo en su vida espiritual, y es uno de mis más fieles compañeros de oración. Pero no quiero que piense que Josué tiene alguna clase especial de exención de Dios cuando se trata de la guerra espiritual. Él tiene que hacer las mismas cosas que usted y yo para andar en victoria.

Un ejemplo de esto son los conflictos que Josué tuvo después que su padre lidió con Lucas. Josué descubrió que tenía el poder para leer los pensamientos de otras personas, poder que recibió de Lucas. Josué disfrutaba diciéndoles a los que visitaban su casa cosas como los nombres de los parientes y otros detalles que no tenía manera de saber. No es necesario decirlo, este poder era muy desconcertante para otros y una preocupación profunda para los padres de Josué.

Pero Josué dice que disfrutaba de este poder y no quería perderlo. Esto debiera sonar familiar. ¿Recuerda a Scott, el joven a quien conocimos en el capítulo 3? Se dio cuenta de que si renunciaba a su participación en el ocultismo, perdería sus poderes y sería una persona como cualquier otra.

Josué tenía esta misma lucha, complicada por sus sentimientos de vivir en su «prisión» solitaria de su cuerpo. A continuación cito una parte de la asombrosa carta que Josué me escribió respecto a su lucha:

> Es maravilloso ser libre. Creo que ESTOY LIBRE. Es como tener una nueva vida. Hallo que TODAVÍA lucho. Todavía hay ataques. Me desilusiono cuando peco. Sé que estoy perdonado. Sé que todavía lucho sin que el pecado me venza. Es duro a veces. Amo a Dios.

Hallo que me gusta el poder. Es difícil renunciar a ese poder [de leer los pensamientos]. Lo haré porque es lo correcto. Es duro. Hallo que... el poder es adictivo. Requiere el poder de Dios vencer la adicción al poder.

¿No es eso profundo? Mi punto es que incluso aun cuando de muchas maneras Josué es una persona excepcional, fue libertado y está viviendo en libertad hoy por medio del poder vencedor de Cristo. En esto, no es diferente de sus hijos o de los míos.

Dicho sea de paso, como persona autista que no puede hablar y que tiene otras serias limitaciones, Josué asemeja su «prisión» a la del apóstol Pablo. Dice que como Pablo, puede escribirles a otras personas desde su prisión y ayudarlos a vivir de la manera que Dios quiere que vivan. ¡Alabado sea Dios por su poder vencedor!

Cómo ayudar a sus hijos en la guerra

Hay varias cosas importantes que puede hacer como padre, para determinar dónde están sus hijos ahora mismo y qué clase de ayuda tal vez necesiten para lidiar con el enemigo. He resumido algunos pasos de acción en «Cómo ayudar a nuestros hijos», en la página 153. A continuación señalo algunos otros puntos específicos sobre cómo ayudar a sus hijos a resistir los potenciales ataques satánicos.

Observar y preguntar

Cualquier consejero le dirá que si usted observa un cambio repentino o radical en las actitudes y acciones de su hijo, algo anda mal. Esto es verdad también en el ámbito espiritual. Los niños que están practicando cualquier forma de actividad ocultista, por ejemplo, a menudo exhiben conducta extraña o violenta. Un joven que está bajo el ataque del enemigo puede mostrar un cambio en la conducta o actitud. Josué es un buen ejemplo de esto. Aun cuando no podía decirle a nadie qué es lo que le estaba perturbando, sus violentos estallidos era un resultado directo de la actividad demoniaca.

Con los niños pequeños, si usted sospecha de cualquier intervención del enemigo, puede preguntarle al niño si ve cosas que nadie más ve o si oye cosas que nadie más oye. Si la respuesta es sí, hay cosas que puede hacer para resolver el problema. (Véase los detalles en «Cómo ayudar a nuestros hijos».)

Antes que avancemos más, tengo que contarle lo que ocurrió con una familia cuando los padres les hicieron a sus hijos esta pregunta. El papá se sentó con los hijos y les preguntó si veían cosas que nadie más veía. Ellos dijeron que no.

Pero cuando les preguntó si oían cosas que nadie más oía, dijeron que sí, que oían voces todo el tiempo. Temeroso de lo que pudiera encontrar, les preguntó de dónde parecían proceder las voces que oían. «Vienen del

TERRENO MÁS ALTO:
Cómo ayudar a nuestros hijos

1. Pregunte a sus hijos si ven cosas que nadie más ve u oyen cosas que nadie más oye. Si es así, pídales que explique lo que ven u oyen. Si ven algo saliendo de un armario o de cierta esquina de la habitación, dé los pasos delineados en el número 4 a continuación.
2. Si sospecha de alguna intervención del enemigo en las vidas de sus hijos, asuma su autoridad como padre y ordene al enemigo que salga de sus hijos y que se vaya hacia donde Jesús lo envía. Si sus hijos son pequeños, usted puede orar por ellos mientras duermen. De esta manera no es traumático para ellos, y no saben lo que está ocurriendo.
3. Ore pidiendo a Dios un cerco de protección alrededor de sus hijos. El siguiente bosquejo es adaptado del Instituto de Principios Fundamentales para la Vida. Tal vez usted lo halle útil. Primero, pídale a Dios que ate y reprenda el poder del enemigo en la vida de cada miembro de su familia. Como aprendemos en Marcos 3:27, Satanás no puede saquear una casa a menos que ate al «hombre fuerte». Segundo, ore en el nombre de Jesucristo y por medio de su sangre (note Jn. 14:13).[1] Tercero, aprópiese de las Escrituras que se relacionan a la clase de protección que necesita. Por ejemplo, para protección del pecado, aprópiese de Romanos 6:14; para protección del desaliento, aprópiese de Hebreos 13:5.
4. Para los niños que están teniendo terrores nocturnos, dé dos pasos importantes. Primero, limpie su hogar en oración. En oración recorra toda su cada, pidiéndole a Dios que revele cualquier cosa que pudiera ser usada por el enemigo para atacar a su familia. Destruya los artículos sospechosos.[2]

   Segundo, explique a sus hijos que Dios los ve y que ellos nunca están fuera de su mirada o cuidado (Gn. 16:13). Lean juntos en los Salmos 3:5 y 4:8 (los niños mayores también apreciarán el Salmo 127:2 y Proverbios 3:24, 26). Ore con sus hijos que Dios envíe sus ángeles para guardarlos mientras duermen y que no permita que el enemigo les dé pesadillas.
5. Dedique al Señor su hogar y la tierra en que se levanta, para que pueda ser un faro en su comunidad. Pídale a Dios que le ayude a crear una atmósfera piadosa en su hogar.

traspatio», fue la respuesta.

«Muéstrenme», dijo el papá. Los muchachos lo llevaron al traspatio. Al llegar al punto, los muchachos le dijeron: «Ahí está. Allí está la voz.» El padre aguzó el oído; y por supuesto, allí estaba una voz extraña flotando suavemente por el aire. ¡Se trataba de un altoparlante en un almacén distribuidor de vehículos a varias calles de distancia!

Cómo manejar el arma de la oración

No todos los casos de sospecha de actividad del enemigo se resuelven tan fácilmente. Por eso estoy agradecido por la autoridad espiritual que Dios nos da como padres en las vidas de nuestros hijos. Probablemente la más grande arma que tenemos contra Satanás es la que está a la disposición de todo padre cristiano: el arma de la oración. Específicamente, podemos orar que Dios ponga un cerco de protección alrededor de nuestros hijos.

Hablamos acerca de este concepto en un capítulo previo, donde vimos a Job intercediendo ante Dios a favor de sus hijos, y Dios colocó un cerco alrededor de la familia de Job. Este cerco era tan eficaz contra Satanás, que el mismo Satanás se quejó ante Dios: «¿No le has cercado alrededor a él y a su casa y a todo lo que tiene?» (Job 1:10). Orar por el cerco de protección de Dios alrededor de nuestros hijos y nietos es una parte decisiva de su guerra espiritual a favor de ellos. (De nuevo, véase en «Cómo ayudar a nuestros hijos» ideas específicas respecto a tal oración.)

Al considerar tal oración, sin embargo, note por favor que no hay ninguna fórmula específica o palabras que seguir para resistir al diablo. La oración no es una varita mágica que sacudimos sobre el enemigo. Lo importante es la actitud de nuestro corazón cuando oramos, no solo las palabras que decimos. Dios quiere que vengamos a Él en fe, creyendo que Él puede hacer mucho más de lo que pedimos o pensamos (Ef. 3:20).

PARTE 3

CÓMO PERMANECER LIBRES

12

¿QUIÉN ES EL GANADOR Y QUIÉN ES EL PERDEDOR AQUÍ?

Crecí en Los Ángeles, de modo que el Desfile de las Rosas el día de Año Nuevo en la ciudad vecina de Pasadena era un acontecimiento sonado para nosotros. Un día fui al desfile con un amigo. Estuvimos parados en las calles junto con otros miles de espectadores para poder ver bien las carrozas. Después que pasó una carroza particularmente hermosa, recibiendo muchas expresiones de asombro, volvimos nuestras cabezas para ver la siguiente. Esperamos, pero nada asomó. Miles de personas estiraban el cuello mirando hacia la calle, pero desde nuestro punto de observación parecía como si todo se hubiera acabado.

Lo que no sabíamos era que a tres calles de distancia de donde estábamos, un vehículo se había dañado. Las personas que veían el desfile por televisión sabían lo que sucedía, por supuesto, porque había un hombre con cámaras de televisión sobrevolando en un helicóptero por encima del desfile.

Esa cámara tenía una perspectiva mucho mejor del desfile que la que teníamos nosotros de pie en la calle. Le permitía a los televidentes ver una escena mucho más amplia, de modo que sabían exactamente lo que sucedía. Si mi amigo y yo, y la gente a nuestro alrededor, hubiera actuado a partir solamente de nuestra perspectiva, hubiéramos dado por sentado que el desfile había concluido y nos hubiéramos ido a casa. La lección es bastante obvia cuando se trata de mi perspectiva en comparación con la de Dios. Él ve todo el desfile, de modo que sabe lo que está ocurriendo en cada punto del recorrido. Por eso necesito su sabiduría. No puedo actuar basado solo en mi perspectiva.

La sabiduría es la capacidad de ver la vida como Dios la ve. ¿No se alegra usted de que Él nos da sabiduría como sus hijos de modo que no tenemos que tratar de adivinar las cosas basadas solo en nuestra limitada perspectiva?

Sabemos que Dios quiere que operemos según su sabiduría porque Pablo ora que Dios les diera a los cristianos un «espíritu de sabiduría» (Ef. 1:17) ¿Por qué necesitamos la sabiduría de Dios? Hay muchas razones, pero hay dos en particular.

En primer lugar, necesitamos la sabiduría de Dios para comprender quiénes somos en Cristo: lo que significa ser sus herederos, reinar con Él, experimentar su ilimitado poder, y estar sentados con Él en «los lugares celestiales». Mientras no capte la posición, privilegios y poder que son suyos en Cristo, usted será un candidato a la derrota en la guerra espiritual.

En segundo lugar, necesitamos la sabiduría de Dios para ver a nuestro enemigo como realmente es. Espero que el mensaje se haya captado: que cuando se trata del pueblo de Dios, Satanás es un enemigo derrotado. Es un león rugiente, pero todo lo que tiene es su rugido; no tiene el mordisco final. Tiene acceso a nuestra vida, pero es solamente un espíritu de influencia hoy. Como creemos, Cristo derrotó por completo y desarmó a Satanás en la cruz. Por eso es tan trágico cuando el enemigo convence a un creyente que en su caso la derrota y la servidumbre son inevitables e irreversibles. En esas ocasiones el rugido de Satanás parece ir acompañado de un gran mordisco cuando el creyente capitula a su influencia sobre la tierra.

Quién es usted en Cristo

En este capítulo, que abre la sección final del libro, quiero ayudarlo a comprender estas dos importantes verdades: quién es usted en Cristo, y por qué el enemigo es un oponente ya derrotado. Puesto que debemos tener la sabiduría de Dios para ver esto, y puesto que Pablo ora por sabiduría a nuestro favor, empecemos con la oración de Pablo en Efesios 1:15-23.

Usted es un hijo de Dios

Hay mucho más en estas maravillosas palabras que lo que podemos cubrir en este limitado espacio. Pero varios versículos merecen que se los destaque, puesto que son especialmente útiles e importantes en la cuestión de la guerra espiritual. En este pasaje aprendemos que tenemos privilegios al ser hijos de Dios, al tener el poder de Dios en nuestra vida, estar del lado ganador y poder andar en victoria.

Note primero que la sabiduría por la que Pablo ora en el versículo 17 es la clase de sabiduría que produce un conocimiento de Dios. Como hijo de Dios, su llamamiento principal es llegar a conocer a su Padre, no al enemigo. Jamás se nos dice que conozcamos a Satanás de la manera en que se nos dice que debemos conocer a Dios.

Como ya dije antes, no tengo mayor curiosidad por las cosas del mal. Satanás no es el foco de mi tiempo ni de mi atención. Quiero tener conciencia de mi enemigo y comprender sus ataques para poder estar firme contra él, pero no quiero saber de los caminos y obras de Satanás nada más de lo que necesito saber para derrotarlo y ayudar a otros creyentes a hacer lo mismo. Debemos mantener nuestros ojos en Jesús (He. 12:1-2).

Usted tiene el poder de Dios

El más grande versículo en todo el Nuevo Testamento acerca del poder de Dios tal vez sea Efesios 1:19. Pablo ora que comprendamos cuál es «la supereminente grandeza de su poder para con nosotros los que creemos, según la operación del poder de su fuerza». ¿Por qué usa Pablo todos estos superlativos para describir el poder de Dios? Pienso que Dios está diciéndonos por medio del Apóstol: «No pongan límite a mi poder. No me encajonen. Observen lo que puedo hacer.» Entonces, ¿cuán grande es el poder que tenemos disponible? ¡Es lo bastante grande como para volver a la vida a un muerto! Eso es lo que dice el versículo 20. El poder de Dios se exhibió supremamente cuando levantó a Cristo de los muertos.

No olvide que el mismo poder que Dios usó para levantar a su Hijo es el poder que le da a usted y me da a mí para llevar una vida cristiana victoriosa. No puedo ni siquiera imaginarme cuánto poder requirió levantar a Jesús de los muertos, ¿lo puede usted? Este es el poder en el que debemos estar día tras día.

Qué lejos es esto de la impresión que a menudo recibimos de que la guerra espiritual y el resistir al enemigo es asunto de apretar los dientes y aferrarme de un pelo por la vida. Esto es tratar de estar contra Satanás y llevar la vida cristiana en la carne. Jamás ha resultado, y jamás resultará.

Usted está del lado ganador

Esto es todavía mejor. Pablo nos recuerda que después que Dios levantó a Jesús de entre los muertos, colocó a su Hijo «sentándole a su diestra en los lugares celestiales» (Ef. 1:20*b*). Una persona no puede sentarse sino cuando su obra está concluida. Jesús se sentó, de modo que es un cuadro de trabajo completado.

Jesús no está batallando contra el mundo de los espíritus hoy a nuestro favor, en el sentido de que haya alguna duda respecto al resultado. La conquista ya se ha hecho. Él está al presente entronado «sobre todo» otro poder (v. 21). Veremos en Efesios 6 (que trataré en el capítulo 14) que estas autoridades a quienes Pablo nombra incluyen entidades demoniacas que trabajan en campos asignados.

De modo que lo que somos aquí no es solamente un cuadro vívido de la obra concluida de Cristo, sino un cuadro de total derrota del reino de las tinieblas. En el mundo antiguo el vencedor en la batalla tomaba prisioneros a los más altos oficiales de los ejércitos derrotados, los hacía acostarse, y ponía su pie sobre su garganta, la parte más vulnerable del cuerpo. Era un gesto de abyecta derrota para el perdedor. El vencedor también despojaba de sus armas al ejército enemigo y hacía desfilar por las calles a los soldados derrotados, diciendo en efecto: «Miren: el enemigo que ustedes temían ha sido derrotado. No tiene armas. Ya no tienen que temerle más.»

¡Eso es lo que Cristo ha hecho con nuestro enemigo! Satanás y todas sus fuerzas están ya bajo los pies de Cristo (v. 22). Si usted está sentado con Cristo, eso significa que el enemigo también está a sus pies. La libertad es nuestra primogenitura en Cristo. Le duele cuando no nos apropiamos de esta primogenitura y andamos en él.

Usted puede andar en victoria

No estoy diciendo que debido a que estamos en el lado vencedor, la batalla es fácil. Este libro demuestra claramente que estamos en una seria batalla espiritual. Aun cuando la libertad y la victoria son nuestra primogenitura, debemos estar alertas. Libertarse es fácil; permanecer libres es arduo. Andar en victoria es la parte difícil. Pero puede hacerse, y no conozco una mejor ilustración de esta verdad que las vidas de los grandes cristianos. Nuestra familia ha leído cientos de biografías de misioneros, y lo hacemos vez tras vez. Un ejemplo destacado de alguien que realmente comprendió su posición en Cristo y actuaba sobre esta base, es el gran misionero Juan Paton. Su autobiografía nos cuenta de sus treinta años entre los caníbales en las islas Nuevas Hébridas, en un ministerio iniciador.

Paton y su esposa llegaron a una isla en 1858, pero ella murió al dar a luz al año siguiente. En los años que siguieron, Paton estuvo en peligro constante entre estos caníbales. En *Thirty Years with South Sea Cannibals [Treinta años entre caníbales]*, Paton describe un día en que los caníbales trataron de atacarlo. Él empezó a huir cuando los nativos se lanzaron al ataque, gritando y vociferando. Un nativo lanzó su hacha de guerra contra Paton, pero justo cuando el guerrero soltaba de su mano el hacha, el pie de Paton tropezó contra un tronco, él cayó, y el hacha fue a incrustarse con un golpe seco en un árbol por sobre su cabeza. Paton entonces corrió a un lugar seguro.

En otra ocasión Paton estaba desyerbando su huerto cuando un caníbal le apuntó con su mosquete. Paton sabía que el caníbal tenía el arma apuntándole, pero continuó desyerbando el surco. El caníbal lo siguió. Por alguna razón el caníbal decidió no disparar. Más tarde alguien le preguntó: «¿Cómo pudo hacerlo?»

Paton replicó: «Sabe usted, si mi vida se acaba, se acaba. Y si no, mejor desyerbar el huerto.» Dios no permitiría que el caníbal disparara a Paton a menos que le hubiera llegado su hora, y si no era la hora señalada por Dios, Paton tenía cosas que hacer.

Recuerdo que cada noche le leía un capítulo del libro de Paton a mi hijo Richard cuando tenía casi cuatro años. Richard entonces se iba a la cama, me miraba y decía: «Papá, ¿verdad que Dios es maravilloso?»

Esa verdad es exactamente la que quería inculcar en todos mis hijos; la verdad de que Dios es maravilloso y que si estamos en Cristo no tenemos necesidad de temerle al enemigo. Es una verdad de la que usted también puede apropiarse. Satanás no puede tocarnos a menos que el Padre se lo permita, porque estamos en Cristo.

Ruth Paxson hace una importante distinción en su libro clásico sobre Efesios, *The Wealth, Walk and Warfare of the Christian [La riqueza, el andar y la guerra del cristiano]*. Me encanta como lo dice:

> ¿A quién le escribió Pablo esta epístola y a quién la dirige? La escribió a los santos en Éfeso pero la dirigió a los fieles en Cristo. Su residencia temporal era *en Éfeso*, que era el centro de la idolatría, superstición, lujo y vicio. . . . Sin embargo, su morada real era *en Cristo*, que era para ellos el centro de adoración, luz, vida y santidad. . . . Ah, amigo mío, *¿en quién* vive usted?

Ella tiene razón: La cuestión no es el lugar donde usted está, sino en quién está usted. Qué privilegio el nuestro al estar sentados en Cristo a la diestra de Dios, «sobre todo», participando de su victoria y poder sobre las fuerzas de las tinieblas.

Dios le librará

Permítame dejarle con otra verdad positiva antes que volvamos al tema de la derrota de Satanás en el Calvario. En Segunda de Timoteo 4:18 Pablo escribe: «Y el Señor me librará de toda obra mala, y me preservará para su reino celestial. A él sea gloria por los siglos de los siglos.»

Esa es una promesa maravillosa, que Dios nos librará de la obra mala de Satanás. Pero en realidad esta promesa es incluso más emocionante. La palabra griega que se traduce «obra» lleva la idea de «ataque». Algunas versiones traducen: «El Señor me librará de todo ataque malo.»

¿No es esto tremendo? ¡Qué promesa! El Señor me librará o rescatará de todo ataque del enemigo y me llevará a su reino celestial. Esta es una promesa de victoria en la guerra espiritual para todo hombre y mujer que está en Cristo.

Su enemigo derrotado

Un pastor del medio oeste de los Estados Unidos me escribió hace poco acerca de la novedosa libertad y victoria espiritual que ha hallado en su ministerio. Ahora está lleno de gozo, y eso ha afectado mucho su ministerio. Explicó cómo su libertad ha revitalizado en particular su ministerio de consejería:

> Después de años de esclavitud personal y derrota, mi teología empezaba a reflejar mi propia experiencia de que la victoria duradera no era posible en este lado del cielo.
>
> Mi ministerio de consejería parecía un cubículo de entrenador en la esquina de un cuadrilátero, viendo a mis pugilistas siendo vapuleados. Entre asalto y asalto ellos venían a mi oficina pidiendo

consejo. Mi meta era detener la hemorragia, darles una palmadita en la espalda para animarlos, darles unos pocos versículos de estímulo, y enviarlos de nuevo para que recibieran otra golpiza. Mi línea de gracia era: «Si vas a caer, hazlo victoriosamente.» ¡Cuán engañado estaba! Que gozo [ahora] guiar a otros a la libertad duradera. Reconozco que todavía estoy en un cubículo de entrenador, pero ellos están luchando contra un enemigo derrotado. Jesús asestó el golpe fatal en el Calvario, y por fe yo entro en su victoria.

Una vez que este pastor se dio cuenta de que Satanás es un enemigo ya derrotado, se percató de que no estaba luchando para ganar la victoria, sino a partir de una posición de victoria. Allí está la diferencia en el mundo entre lo dos métodos de abordar la vida cristiana.

DERROTADO EN LA CRUZ

Ese es un aspecto crucial de la guerra espiritual que les enseño a mis clientes que se hallan bajo ataque satánico, y uno que todos necesitamos recordar: Satanás ya ha sido derrotado en la cruz. Varios pasajes de las Escrituras hablan de esta derrota. El primero al que quiero mirar es Colosenses 2:13-15. Este pasaje es probablemente el más importante sobre el tema, en especial el versículo 15. En realidad, pienso que estos tres versículos debieran imprimirse en oro en su Biblia.

Pablo nos dice que Jesús trató con tres cosas importantes en su muerte en la cruz. Las primeras dos fueron nuestros pecados (Col. 2:14). Estábamos «muertos» en nuestros pecados, lo que quiere decir que no podíamos hacer nada al respecto. Pero Jesús nos «dio vida», nos hizo revivir, al perdonarnos «todos los pecados». Se nos quitó la sentencia de muerte por nuestros pecados y se la colocó sobre Jesús. Por medio de la cruz el Salvador también cumplió los requisitos de la ley, lo que nos libertó de su esclavitud (v. 14). Este «acta de los decretos» era un reconocimiento escrito de la deuda hecho con la letra misma del deudor. La ley mosaica nos puso en deuda con Dios. Pero Él canceló la deuda, clavándola en la cruz. Jesús lo pagó todo.

La tercera victoria que Jesús consiguió en la cruz se halla en el versículo 15, y es la que necesitamos enfocar. Aquí Pablo delinea el golpe fatal que la muerte de Cristo le asestó al mundo demoniaco: «Y despojando a los principados y a las potestades, los exhibió públicamente, triunfando sobre ellos en la cruz.» Esa «cruz», por supuesto, es la muerte de Cristo, que por todas las apariencias externas fue una derrota, no de Satanás, sino del mismo Jesús.

Pero felizmente, las apariencias no cuentan en el mundo espiritual. En su muerte Jesús «despojó» a los principados demoniacos; es decir, desarmó al mundo demoniaco. Les quitó sus armas.

Entonces Jesús puso a estos poderes derrotados en exhibición. Así como un general conquistador hacía desfilar a sus enemigos derrotados por las calles, así Jesús hizo desfilar a las fuerzas infernales proscritas. Ya no necesitamos temer a estos enemigos derrotados. Otra razón para exhibir públicamente al enemigo derrotado era recordarle al pueblo que su lealtad no era al ejército perdedor, sino al que estaba en el caballo, el conquistador. La lección para nosotros es obvia. Nuestra lealtad es a nuestro conquistador en el caballo blanco, el Señor Jesucristo. Esta verdad tiene tremendas implicaciones para los últimos días porque sabemos que Él saldrá cabalgando un día para conquistar (Ap. 19:11-16).

Colosenses 2:15 también nos dice que Jesús marchó en triunfo sobre Satanás y sus fuerzas. Esto completa el cuadro de total derrota para el mundo demoniaco. Jesús logró todo esto mientras colgaba en debilidad y vergüenza en una cruz romana, difícilmente el epítome del héroe conquistador. Pero su poder no dependía de lo que se veía. Podemos alabar a Dios por eso.

Tres preguntas

La verdad del triunfo de Jesucristo sobre Satanás ocasiona por lo menos tres preguntas. La primera es: ¿Por qué el mundo demoniaco se esforzó tan arduamente para crucificar a Jesús si la cruz era el instrumento de su derrota?

Creo que esto queda contestado en Primera de Corintios 2:6-8, un pasaje que por años no comprendía porque no creía en la realidad del mundo de los espíritus. Pablo dice que «los príncipes de este siglo» (vv. 6, 8) no comprendían cuál sería el resultado de la muerte de Cristo, o de lo contrario jamás hubieran impulsado a la gente a que lo crucificara.

Puede haber cierto debate en cuanto a si Pablo tenía en mente aquí a las autoridades terrenales o espirituales. Estoy convencido de que se está refiriendo a los príncipes demoniacos. El hecho es que aun cuando Jesús fue crucificado a manos de autoridades judías y gentiles, éstas fueron inspiradas por los demonios. El complot contra Él fue tramado en el antro del infierno. No hay duda de esto.

La explicación de Pablo demuestra que Satanás no lo sabe todo ni tampoco es todopoderoso. No sabía que la cruz significaría su derrota. Dios exhibió su sabiduría «en misterio» (v. 7; véase también Ef. 3:9), el misterio de la cruz.

A la luz de Colosenses 2 y 1 Corintios 2, es interesante volver a Lucas 22, un capítulo que ya miramos con anterioridad en otro escenario. Los vv. 52-53 demuestran claramente que el mundo demoniaco quería a Jesús muerto. En el huerto del Getsemaní dijo de sí mismo que esta era la hora en que reinaba «la potestad de las tinieblas».

Volviendo a Lucas 22:3, Satanás mismo entró en Judas. La traición de Cristo fue una tarea demasiado grande como para confiarla a un subalterno. Satanás cubrió todas sus bases... excepto una. No tenía control sobre el poder de Dios; y Dios confundió los poderes del infierno al convertir la cruz en triunfo.

Esta es una segunda pregunta que se me ocurre, y tal vez a usted también. Si Satanás es un enemigo derrotado, despojado de sus armas y exhibido públicamente, ¿por qué todo es un caos? Pablo da la respuesta en Colosenses 1:13: Hemos sido librados del poder de las tinieblas, no de la presencia de ellas. Satanás todavía puede influir en los hombres y mujeres hacia el mal, por un tiempo al menos. «El mundo entero está bajo el maligno», dice Juan (1 Jn. 5:19).

De modo que mientras vivamos en un mundo perverso, veremos y sentiremos sus horribles resultados. Satanás está derrotado solamente en las vidas de los creyentes. Él tiene en sus garras al mundo no salvo. Pero necesitamos continuar recordándonos que el único poder de Satanás en nuestra vida está en la mentira. Esto es todo lo que tiene para trabajar.

Permítame hacer una tercera pregunta, una que es más difícil contestar. ¿Por qué hay tantos perdedores en el equipo ganador? ¿Por qué tantos cristianos viven derrotados? No tengo ningún problema en comprender por qué mi vecino inconverso vive en derrota y esclavitud espiritual. Él no sabe nada mejor. Pero lo que me molesta es por qué tantos cristianos están luchando por tener la victoria espiritual.

Mi deseo en este libro es doble: (1) mostrar que la derrota espiritual no es inevitable para el creyente, y (2) ayudar al pueblo de Dios a llegar a la completa libertad en Cristo y a andar en victoria diariamente. Como alguien ha dicho, si acudimos al último capítulo de Apocalipsis hallaremos cómo acaba todo: en victoria para Cristo y sus seguidores. Si somos los triunfadores al fin porque pertenecemos a Cristo, ¿por qué no podemos vivir hoy como vencedores? El poder está aquí, todo el poder que jamás podemos necesitar para tomar las decisiones correctas.

No estoy hablando de la clase de «victoria» que algunas personas pregonan, en la que usted viaja en las nubes todo el tiempo y jamás reconoce ningún dolor o problemas. Usted no puede pasar más allá del libro de Job con semejante teología. Job era moralmente puro, sincero, preocupado por la reputación de Dios, y detestaba el mal.

Algunos cristianos piensan que un hombre consagrado como tal no va a recibir ninguna andanada del enemigo. Pero no es así. ¿Quién le mencionó a Job a Satanás? ¡Dios! Estar en el equipo triunfador no quiere decir que usted queda exento de la batalla.

ESTRATEGIAS DEL ENGAÑADOR

Recordar dos verdades importantes de las Escrituras puede ayudarnos a vencer la influencia de Satanás en nuestra vida. Primero, los métodos de Satanás a menudo usan la esclavitud para hacernos tropezar en nuestra devoción a Cristo. Segundo, los métodos de Satanás incluyen el engaño y las mentiras.

Esclavitud religiosa

TERRENO MÁS ALTO:
Cómo descansar en Cristo

Cristo ha alcanzado la victoria sobre Satanás en la cruz, y como seguidores de Cristo podemos tener victoria sobre la influencia de Satanás. Los siguientes son cuatro pasos para hallar descanso por Cristo al permitirle que nos guíe.

1. Pregúntese usted mismo cómo percibe que Dios lo trata como su hijo. ¿Ve su relación con Dios en términos de su propio desempeño? Si es así, probablemente es una persona orientada al desempeño, uno que a veces se siente empujado a hacer cosas «religiosas» pensando que si hace todas estas cosas (por lo general a la perfección), se sentirá amado y aceptado por Dios. Si esto lo describe a usted, busque Romanos 5:8 y Efesios 1:6 y lea la verdad de nuevo; la verdad de que aun cuando era pecador, Cristo murió por usted, y que ya ha sido aceptado por Él.
2. Lea el Salmo 23:1-2 y Juan 10:3-4, que nos recuerda que Jesús como el Buen Pastor guía a sus ovejas, no las arrea. Reconozca que el sentimiento de «sencillamente tengo que hacer más» no procede de Dios, y pídale su perdón por no descansar en la obra terminada de Cristo. También, pídale a Dios que lo liberte de tratar de lograr por las obras de la carne lo que ya ha sido provisto por Cristo en la cruz.
3. Dígale a Dios que dejará de tratar de ganarse su amor y aceptación. En lugar de eso, debido a que Él lo ama y lo acepta, dígale que le servirá.
4. Entre en el descanso que Cristo tiene para usted y desde ese lugar de reposo, sírvale.

Los versículos finales de Colosenses 2 revelan algo interesante acerca de las estrategias de Satanás en la guerra espiritual. Después de referir nuevamente la victoria total de Cristo sobre las fuerzas de las tinieblas en los vv. 13-15, Pablo dice «Por tanto» (v. 16) y describe algunas de las implicaciones de lo que acaba de decir. En los vv. 16-23 el apóstol trata de varias formas de esclavitud religiosa. En otras palabras, puesto que hemos sido perdonados y se nos ha dado vida con Cristo, y nuestro destino eterno está seguro, y puesto que Satanás fue sonoramente derrotado en la cruz, solo le queda una táctica para hacernos tropezar. Quiero conducirnos a la esclavitud a alguien o a algo que no sea Cristo.

Estos versículos nos recuerdan que Satanás no es demasiado particular en cuanto a qué forma toma la esclavitud. Si no puede seducirlo a usted sexual, emocional o financieramente, o por alguna otra forma de perversión, lo enredará en la esclavitud religiosa. Los resultados son lo mismo: usted queda impotente e inútil para el Señor. Y estos resultados son todo lo que le interesa al enemigo.

Ese es el peligro que los creyentes colosenses enfrentaban, y todavía es un peligro para nosotros hoy. ¿No es típico que Pablo pase de las alturas de la verdad eterna gloriosa o posicional directamente al teje y maneje de la vida diaria? Él lo hace por una muy buena razón. La verdad debe afectar y moldear nuestra vida ahora.

El engañador y mentiroso

Las Escrituras nos muestran vez tras vez una verdad mencionada anteriormente: Debido a que Satanás está derrotado, su único poder real está en la mentira.

Él es un engañador que quiere atraparlo a usted y a mí para que nos engañemos a nosotros mismos (Gá. 6:3; Stg. 1:22; 1 Jn. 1:8), que seamos engañados por otros (Ef. 5:6; 2 Ti. 3:13; 2 Jn. 7), y en su propia obra de engaño (1 Ti. 1:4; Ap. 12:9).

Pero la palabra operadora cuando se trata de Satanás es *derrotado*. Es el perdedor, lo que lo hace a usted un ganador en Cristo. Vivamos de acuerdo con esa victoria, en el poder de nuestro gran vencedor, Jesucristo.

13

APRENDA A VIVIR COMO UN GANADOR

Ahora que sabemos que en Cristo estamos en el equipo ganador, necesitamos comprender cómo vivir como vencedores. Como sugerí en el capítulo previo, no siempre es fácil diferenciar a los ganadores de los perdedores al mirar alrededor. Eso es porque aun cuando Satanás es un enemigo derrotado, todavía está allí luchando. Y aunque sabe que ya ha perdido la guerra, todavía gana muchas batallas contra el pueblo de Dios. ¿Por qué es esto, dado el poder que Cristo tiene y dado a que estamos sentados con Él?

Creo que esto va de nuevo a algo que mencioné previamente: al hecho de que muchos cristianos ni una sola vez han resistido al diablo en la guerra espiritual. Sin embargo, como hemos visto en Santiago 4:7, se nos dice que resistamos al diablo.

Reconozca al tentador

Este capítulo tratará a profundidad con lo que significa «resistir al diablo». He presentado este material a miles de misioneros, pastores, otros obreros cristianos, y laicos alrededor del mundo, y muchos me han dicho cuánto les ha ayudado a ver cómo trabaja el enemigo y cómo podemos estar firmes contra él. Espero que usted halle ayuda práctica aquí para su vida cristiana diaria, porque la guerra espiritual no es la excepción, sino la regla para el hijo de Dios. El apóstol Pablo dijo que todos nosotros luchamos contra los espíritus de los demonios (véase Ef. 6:12).

En el capítulo 12 hicimos algunas preguntas difíciles; permítame empezar este capítulo con varias más. ¿Cómo podemos resistir a un enemigo al que no vemos si no sabemos dónde está? ¿Por qué es que no reconocemos sus tentaciones sino después que caemos? Esto parece ser un poco tarde. ¿Tenemos que estar caídos en la cuneta antes que nos demos cuenta: «Pienso que acabo de caer en garras del enemigo»?

Queremos tratar con estas cuestiones de modo que podamos adelantarnos a la tentación, antes que se nos acabe el camino y terminemos caídos en la cuneta. Pero para hacer esto tenemos que saber cómo opera Satanás, porque por lo general él no anda llamando a la puerta y diciendo: «Logan, soy el diablo. Estoy aquí para arruinarte hoy.»

Hallaremos algunas respuestas a nuestras preguntas en el libro de Santiago, porción de las Escrituras por la que agradezco a Dios día tras día. La razón por la que no reconocemos la intervención del enemigo en la tentación se halla es Santiago 1:12-14:

> Bienaventurado el varón que soporta la tentación; porque cuando haya resistido la prueba, recibirá la corona de vida, que Dios ha prometido a los que le aman. Cuando alguno es tentado, no diga que es tentado de parte de Dios; porque Dios no puede ser tentado por el mal, ni él tienta a nadie; sino que cada uno es tentado, cuando de su propia concupiscencia es atraído y seducido.

Lo primero que Santiago nos dice es que si soportamos la tentación, es una señal de que amamos al Señor Jesús (v. 12). La segunda cosa es que si somos tentados a hacer el mal, podemos saber que no es de Dios, porque Él no nos tienta. Dios nos prueba y examina para acercarnos a Él, mientras que Satanás nos tienta para alejarnos de Dios.

Las pruebas de Dios

Esto es tan importante. ¿Cómo sabe usted si lo que está enfrentando es una tentación del enemigo o una prueba de Dios? Una buena pregunta para hacerse es: *Si me rindo a estos pensamientos, si avanzo y los ejecuto, ¿me estaré acercando a Dios o alejándome de Él?* Si la situación es una prueba de Dios, usted será espiritualmente más fuerte al seguir el impulso de su corazón.

Ahora, usted y yo podemos fallar la prueba de Dios, y el fracaso puede alejarnos de Él. Pero eso es un asunto enteramente diferente que ceder al pecado. La meta de la prueba de Dios es llevarnos a un andar más profundo e íntimo con Él.

La revelación de Dios

Después que Dios nos prueba, a menudo revela aspectos de su carácter que nunca conoceríamos si no hubiéramos atravesado la prueba. Sencillamente pregúnteselo a Abraham. Si él hubiera fracasado en la prueba de ofrecer a Isaac en el monte Moriah, nunca hubiera conocido a Dios como *Jehová Jiré*, «Jehová proveerá» (Gn. 22:14). Pero debido a que Abraham soportó la prueba, Dios le reveló su carácter como el Proveedor para su pueblo.

¿No le ha sucedido esto? Usted atraviesa alguna prueba y ve la suficiencia de Dios de una manera que nunca la había visto antes. Mirando en retrospectiva a la vida de nuestra familia, estoy agradecido por las pruebas que Dios hizo atravesar a la familia Logan. Hay muchas de ellas que quisiera que nunca se repitan, pero Dios fue fiel y cada vez aprendimos algo nuevo y maravilloso acerca de Él.

Una prueba que no quisiera que se repita es el tiempo que pasamos cuando nuestra segunda hija, Terri, entonces apenas una bebita, se estaba muriendo. No sabíamos qué hacer. Lo único que temíamos hacer era entregarla al Señor. Luchamos con esto, pero finalmente caímos sobre nuestras rodillas y le dijimos: «Señor, puedes llevarte a nuestra hijita si eso es lo que quieres hacer.» Fue lo más difícil que jamás hicimos.

Los pensamientos más horrendo venían. *Aquí estoy, en una instituto bíblico preparándome para servir a Dios. Eso es lo que ocurre, uno va a servir a Dios, y su hijita se enferma y se va a morir.*

Sí, estaba acusando a Dios. ¿Sabe usted de dónde procedían esos pensamientos? ¿No puede oler el azufre? Ahora puedo, pero en aquel entonces no lo reconocí. No comprendía al enemigo, ni me daba cuenta de que él estaba poniéndome esos pensamientos en mi cabeza. Estaba luchando con Dios. Yo estaba listo para ser su siervo, y Él se iba a llevar a mi hija. Pensé: *Esto es lo que uno recibe. Será mejor echarse para atrás.*

Dios consideró apropiado no llevarse a nuestra hija. Ahora comprendo que la tentación a dudar de Dios, a cuestionar su bondad y carácter, y a tirar la toalla, no procedían de Él; ninguna tentación a dudar o a desalentarse lo es.

COMPRENDA LAS TENTACIONES DEL ENEMIGO

Por el contrario, Santiago dice en el versículo 14 que todos nosotros somos tentados «cuando de [nuestra] propia concupiscencia [somos] atraído[s] y seducido[s]».

Nadie está exento

Note primero que «cada uno» es tentado. Eso subraya lo que Pablo dice respecto a nuestra lucha contra las fuerzas del mal en la guerra espiritual. Ningún cristiano está exento de la batalla.

La tentación es bien dirigida

También Santiago dice que cada uno de nosotros es tentado de la misma manera. No en exactamente las mismas cosas, sino de la misma manera: por medio de nuestros deseos o concupiscencias.

Antes que podamos esperar reconocer y resistir la intervención de Satanás en nuestras tentaciones, tenemos que comprender cómo obra. Satanás sólo nos tienta a hacer lo que haríamos en secreto de todas maneras. De otra manera, no es tentación. No tiene ningún atractivo para nosotros.

Todos somos vulnerables a la tentación. Satanás sabe su combinación, y la mía también. De modo que cuando soy tentado, todo parece ser tan normal que no reconozco al que está detrás de ello. Él sólo me está pidiendo que haga aquello para lo cual tengo debilidad de todas maneras. No reconozco la verdadera fuente de la tentación, porque estoy siendo tentado a hacer lo que no me parece raro o «descabellado».

De nuevo, lo que puede tentar a otros tal vez no lo tiente a usted, pero puede estar seguro de que Satanás lo tentará en sus áreas vulnerables. Cuando estoy aconsejando o enseñando a hombres, recalco este punto al preguntarles: «Si usted estuviera en una esquina en el centro de la ciudad Sioux [o su ciudad de residencia] y de súbito le viene el pensamiento de bajarse los pantalones, ¿qué haría?»

Invariablemente los hombres se ríen, y dicen: «Nada.» ¿Por qué? Porque para la mayoría de ellos hacer eso es tan descabellado que ni siquiera lo considerarían.

Pero para algunos hombres con los cuales he tratado, esa tentación no sería causa de risa. Lo pensarían. Sus manos se pondrían sudorosas. Tendrían que luchar arduamente para no hacerlo. ¿Por qué? Porque están batallando contra una forma de esclavitud sexual que hace atractivas acciones como esa.

Considere a cuatro hombres viajando en un automóvil. De súbito pasan por una librería para adultos. Los dos hombres en el asiento delantero ya han estado en esas librerías. Ir a ellas es una tremenda batalla para ellos. Los dos sujetos en el asiento posterior nunca han tenido problema con la pornografía.

De modo que, ¿adivine qué ocurre? Mientras que los dos sujetos en el asiento delantero están tomando nota de la dirección de la librería, los del asiento posterior están diciendo: «Miren ese lugar. Alguien debiera prenderle fuego.» Para estos hombres no es una tentación; es una monstruosidad detestable.

No juzgar a otros

Al considerar la naturaleza de la tentación, permítame darle una precaución importante. Considere de nuevo a los cuatro hombres que pasan en automóvil frente a la librería para adultos. Los dos en el asiento posterior aborrecen la pornografía, y no pueden entender por qué alguien se enredaría en eso. Pero supongamos que los mismos dos hombres por casualidad tienen problemas con la codicia de cosas materiales. Hacen y sacrifican casi cualquier cosa para progresar, para poder tener un nuevo auto, mejor ropa o una casa más grande.

¿Sabe que es lo que la mayoría de nosotros tenemos la tendencia de hacer? Si usted es el tipo de persona que persigue el dinero, miramos por encima de las narices a la gente que usa la pornografía. Ellos son los villanos. Y la pornografía usa la razón de que por lo menos ellos no están engañando a nadie o haciendo daño a alguien por mirar unas cuantas fotos. Todos tenemos la tendencia de justificar nuestro pecado en particular. Recuerde que no debemos juzgar a otros ni pensar que somos superiores debido a las áreas en las que somos inmunes a la tentación. Como Pablo advierte, debemos mirar para que no caigamos (véase 1 Co. 10:12).

Hay que saber a qué resistir

Es interesante que nunca se nos dice en la Biblia que resistamos a la tentación. ¿Conoce usted algún versículo de la Biblia que diga que debemos resistir la tentación? No; la Biblia siempre dice que resistamos al tentador.

El enfoque errado

¿Por qué es esto así? Porque si tratamos de resistir la tentación, ¿a qué estamos mirando? A lo mismo que nos va a arruinar.

Una vez le hablaba sobre los principios de la guerra espiritual a un grupo de cierta misión en particular. Antes de llegar había decidido que iba a perder peso durante la conferencia, lo que pensé que sería fácil porque todo el mundo sabe que los misioneros no reciben gran salario y las comidas probablemente serían sencillas. Entonces, un día durante la conferencia, estaba yo en la fila para recibir la comida y hallé que mi boca empezaba a hacerse agua. *Satanás debe haber preparado los postres anoche*, me dije. Allí, delante de mis ojos, estaba un pedazo de torta de frutillas con crema encima. Y era gratis. ¿Qué podía hacer yo?

Me quedé de pie un minuto mirando al postre, tratando de resistirlo. Pero mirándolo y diciendo: «No cederé, no cederé», no resultó. Eso como decir: «Vamos a la heladería y resistamos los helados.» No puede resultar. El enfoque está sobre el objeto equivocado, precisamente lo que me hacer tropezar. Dios no quiere que me enfoque eso, porque sabe que si me quedo mirándolo lo suficiente, estoy en problemas. Por eso dice: «Resistan al que está tras la tentación. Resistan al tentador, y huirá de ustedes.»

El enfoque correcto

Déjeme darle una ilustración de cómo debemos resistir usando un gran ejemplo: Jesús. Él muestra que podemos resistir con la verdad de Dios, las Escrituras. En Lucas 4 leemos que fue tentado aun cuando estaba lleno del Espíritu: «Jesús, lleno del Espíritu Santo, volvió del Jordán, y fue llevado por el Espíritu al desierto por cuarenta días, y era tentado por el diablo» (Lc. 4:1-2*a*).

Note que Jesús fue llevado por el Espíritu al desierto con un propósito: ser tentado. Así que de entrada aprendemos algo muy importante y estimulante. No es pecado ser tentado. Jesús fue tentado «en todo» como nosotros (He. 4:15), excepto que Él no pecó.

Lo que Satanás hace, no obstante, es decirnos: «Ya lo pensaste. Será mejor que lo hagas de una vez.» Esto sale directamente del averno, porque bien puede no haber sido mi pensamiento de ninguna manera, sino un pensamiento intruso procedente de él. Esto quiere decir que no tengo por qué darle cabida o ponerlo en acción.

Pedro (Mt. 16:23) y Ananías y Safira (Hch. 5:3) tuvieron pensamientos intrusos de parte de Satanás. El problema fue que no resistieron esos pensamientos, y les costó a los últimos sus vidas. Ananías y Safira fueron juzgados porque actuaron siguiendo los pensamientos de Satanás, no debido a que los tuvieron.

En Lucas 4:3 leemos que Satanás le habló al Señor Jesús. ¿Oyó Jesús lo que Satanás le dijo? Sí; lo oyó, y oyó el consejo equivocado de Satanás. Sabemos eso porque Él respondió a cada tentación específicamente. De modo que Jesús recibió los pensamientos equivocados.

Pero note que *Jesús nunca actuó según esos pensamientos equivocados*. Renunció completamente a ellos, dicho sea de paso. Mi punto es que recibir un pensamiento errado no me hace un pecador. Es lo que hago con ese pensamiento. Para ser tentado, la tentación tiene que entrar en mi mente. Hay una diferencia entre un pensamiento intruso y mi propio pensamiento. El pecado puede ser concebido solamente si hago del pensamiento intruso del enemigo una parte de mi propio pensamiento.

Note que cuando Jesús resistió al enemigo la primera vez, Satanás no huyó, ¿verdad? Vino a Jesús de nuevo, y Él lo resistió una segunda vez con las Escrituras, e igualmente la tercera vez. Luchar contra el enemigo no es una simple escaramuza, un espectáculo de menor importancia. Satanás a menudo persistirá; nuestra tarea es resistir, en el poder de la Palabra de Dios y en la fuerza del Espíritu.

Mire cuán hábilmente usó Jesús las Escrituras para derrotar al diablo. Sabemos que toda la Biblia es inspirada y útil. De modo que cuando Jesús fue tentado por el enemigo, ¿por qué no dijo sencillamente: «En el principio creó Dios los cielos y la tierra»? ¿No es eso una porción bíblica? ¿No es útil? Sí, pero no trata con el problema entre manos. Jesús usó porciones bíblicas específicas para la tentación específica.

La segunda cosa que necesita usted saber es que Jesús no citó las Escrituras palabra por palabra. Creo que este es un ejemplo del uso de la palabra griega *jrema*, que como *logos* también significa «palabra». Hablaremos más de esto cuando tratemos de la armadura del cristiano en el capítulo 14, porque la «Palabra de Dios» en Efesios 6:17 es *jrema*.

Básicamente esta palabra significa que podemos usar la verdad de la Palabra de Dios en el momento en que se la necesita. Jesús y Satanás no estaban teniendo un concurso de citas bíblicas. Jesús contrarrestó la tentación con la verdad de las Escrituras, y eso es lo que importaba. Si usted puede citar perfectamente cada palabra de cada versículo, fantástico. Pero eso no es necesario en el fragor de la batalla espiritual.

La tentación: Una experiencia fortalecedora

Cuando concluyó la tentación de Jesús, Él «volvió en el poder del Espíritu a Galilea» (Lc. 4:14). ¡Qué maravillosa progresión hay aquí! Jesús fue lleno del Espíritu, atravesó tremenda tentación, resistió con éxito en el poder del Espíritu, y volvió fortalecido por el mismo Espíritu que lo había llenado.

¿Sabía que la tentación puede ser una de las experiencias más fortificantes de su vida cuando usted defiende su terreno y resiste a Satanás en el poder del Espíritu? Usted no necesita temer un encuentro con el enemigo. De lo que estamos hablando aquí es de lo opuesto a una batalla tipo «agárrese al travesaño de la cama», en la que usted se aferra con aguante y determinación. ¿Puede usted tener alguna medida de victoria sobre la tentación en el poder de la carne? Sí, usted puede. Conozco alcohólicos y drogadictos que han seguido varios programas y ya no beben ni usan drogas. Pero no son cristianos.

Es posible tener victoria con aguante y determinación. Pero si el enemigo tienta la carne y usted tiene victoria en la carne, ¿adivine quién gana? La carne. Y si usted fracasa y retrocede, ¿adivine quién gana? La carne gana de todas maneras.

Cómo resistir al diablo

Felizmente como cristianos no tenemos que resistir a Satanás en el poder de la carne. Dios ha provisto una manera mejor. Antes que veamos algunas instrucciones bíblicas para resistir a Satanás, nos ayudará notar algunas verdades generales acerca de resistir la tentación.

En primer lugar, necesitamos ver que cuando resistimos al enemigo estamos en contra de un ataque en retirada. El enemigo está fuera. Cuando alguien en el Nuevo Testamento estaba endemoniado, Jesús arrojó a los espíritus fuera de la persona.

Pero cuando los espíritus atacaban desde afuera, Jesús no los arrojó fuera. Los resistió. Así que al batallar contra el enemigo afuera, si le resistimos con la verdad, ¿qué hará? Se irá. ¿No sería hermoso si resistir una sola vez lo lograría? Pero ese no fue el caso ni siquiera con Jesús. Satanás siempre está buscando el tiempo oportuno.

En segundo lugar, es estimulante saber que algunas veces, después que hemos atravesado una batalla real, Dios pondrá un cerco especial de protección a nuestro alrededor por un tiempo. Luego Él lo levanta para que podamos luchar de nuevo y aprender a estar firmes. Él nos protege en esa batalla, y entonces nos deja luchar de nuevo.

Acercarse a Dios

Regresamos al libro de Santiago, esta vez al capítulo 4, y vemos las instrucciones del apóstol para resistir. Quiero que primero note el versículo 8, que nos dice qué hacer después de haber atravesado un tiempo de tentación: «Acercaos a Dios, y él se acercará a vosotros.»

Eso es exactamente lo opuesto de lo que por naturaleza nos inclinamos a hacer después de batallar contra la tentación. Pensamos: «Vaya, eso fue terrible. Mis pensamientos fueron tan horribles. Estoy tan abochornado. Sencillamente quisiera esconderme de Dios.» Pero Dios quiere que nos

TERRENO MÁS ALTO:
Cómo resistir a Satanás

Cuando se trata de la victoria espiritual en nuestra vida debemos recordar que estamos en un batalla que no es «contra sangre y carne», sino contra las fuerzas espirituales de maldad (Ef. 6:12). Debemos resistir a Satanás. Las siguientes son maneras de resistir eficazmente.

1. Humíllese ante Dios (Stg. 4:6). Reconozca su necesidad de gracia (fortalecimiento divino) y dirección. Ore como lo hizo David en el Salmo 23:3: «Padre, condúceme por las sendas correctas, porque tu reputación está en juego.»
2. Sométase a Dios (Stg. 4:7). Dedique su cuerpo a glorificar a Dios (1 Co. 6:19-20), su mente a pensar los pensamientos de Él (Fil. 4:8), sus emociones a amarle (Mt. 22:37), y su voluntad a servir como para Dios y no para los hombres (Ef. 6:6-7).
3. Resista activamente al diablo (Stg. 4:7). Venga contra Satanás usando el nombre de nuestro Señor Jesucristo (Fil. 2:9-11) y estando firme en su obra concluida en la cruz. Lea Apocalipsis 12:11 y note las maneras en que los santos vencieron a Satanás. Identifique el señuelo que Satanás está usando para atraparlo (2 Ti. 2:26, véase el capítulo 7). Use porciones bíblicas específicas contra la tentación (Lc. 4:4, 8, 12).
4. Contraataque (Ef. 6:18-20). Seleccione blancos de oración para cada área de ataque, y ore que estas personas le hagan gran daño a Satanás y a su reino.
5. Acérquese a Dios (Stg. 4:8). «Limpie sus manos» al pedir perdón por cualquier violación de las normas de Dios. «Purifique su corazón» porque el enemigo usa nuestros sueños secretos y nuestro doble ánimo contra nosotros. Use el Salmo 139:23-24 como una guía para sus oraciones.
6. Vuelva a la carrera (He. 12:1-2). Fije su mirada en Cristo y vigile la senda para notar las trampas de Satanás. Para ayudarle aquí le recomiendo ampliamente el libro de Joseph Caroll *How to Worship Jesus Christ [Cómo adorar al Señor Jesucristo]*.

acerquemos a Él. ¿No es eso hermoso? Tan a menudo vemos en las Escrituras que lo que Dios nos dice que hagamos es por completo lo opuesto a lo que normalmente haríamos. Por ejemplo, no es normal que el hombre ame a su esposa de la manera en que debiera. Por eso Dios le ordena que lo haga. No es natural. No es natural que una mujer se someta a su esposo. Si lo fuera, Dios no lo hubiera mencionado. Pero lo ordena.

De modo que en el mismo momento en que usted se sienta más inclinado a alejarse de Dios, Él lo insta a que se acerque. Si usted hace eso, ¿qué hará Él? Se le acercará a usted. Por eso digo que la tentación puede ser una experiencia muy fortificante. En lugar de separarlo del Señor, puede darle momentos muy dulces con Él.

Limpiar su corazón

Santiago continúa en 4:8: «Pecadores, limpiad las manos.» ¿Sabe que esto se dirige a mí? Quiere decir que en la batalla me ensucio un tanto las manos y necesito pedirle a Dios que me limpie. ¿Qué limpia la suciedad del pecado en mis manos? La sangre de Cristo (1 Jn. 1:9).

Luego, al final del versículo 8 Santiago nos dice que tratemos con nuestros deseos secretos: «Vosotros los de doble ánimo, purificad vuestros corazones.» Una persona de doble ánimo es la que quiere andar con Dios y sin embargo no resuelve sus deseos secretos; aquellas cosas que el enemigo usa para tentarle.

Tenemos que atender con firmeza estos deseos. El proceso puede ser doloroso, según Santiago reconoce cuando nos insta: «Afligíos, y lamentad, y llorad. Vuestra risa se convierta en lloro, y vuestro gozo en tristeza» (v. 9).

Humillarse

Cuando hemos hecho eso, estamos listos para humillarnos «delante del Señor» (v. 10). ¿Qué hace Él en respuesta? ¿Nos refriega la cara en el lodo? No, ¡nos levanta!

«Someteos, pues, a Dios; resistid al diablo, y huirá de vosotros», nos dice Santiago en 4:7. Entonces nos dice cómo resistir: acercándonos a Dios, purificando nuestro corazón de pecado y deseos secretos, y humillándonos delante de Él. Es una estrategia ganadora siempre, ¡porque es la estrategia de Dios!

UN ENCUENTRO DE LUCHA SERIA

En el próximo capítulo consideraré cómo prepararnos para la batalla al vestirnos la armadura espiritual. Por ahora, consideremos la ilustración que Pablo tiene en mente cuando dice que no luchamos contra fuerzas que no podemos ver: «Porque no tenemos lucha contra sangre y carne, sino contra principados, contra potestades, contra los gobernadores de las tinieblas de este siglo, contra huestes espirituales de maldad en las regiones celestes. Por tanto, tomad toda la armadura de Dios, para que podáis resistir en el día malo, y habiendo acabado todo, estar firmes» (Ef. 6:12-13).

Pablo describió un tipo de lucha muy diferente de los encuentros de lucha que se presentan hoy en la televisión; que no es nada más que entretenimiento, un espectáculo secundario. Hulk Hogan y algún otro grandulón se lanzan mutuamente fuera del cuadrilátero mientras que todo el mundo grita. Pero en los días de Pablo los encuentros de lucha eran eventos serios, crueles. Por lo general dos esclavos luchaban un encuentro final hasta que uno de ellos ya no podía levantarse. El ganador entonces se ponía de pie y ponía su pie sobre el cuello del perdedor. Pedía una espada y le arrancaba los ojos al perdedor, el cual andaría en oscuridad el resto de su vida como recordatorio de haber perdido el encuentro de lucha.

¿Por qué un luchador se arriesgaría a una ceguera así? Debido a que el esclavo que ganaba y a su familia se le daba la libertad. Se inscribía sus nombres en la pared de la ciudad, y nunca más tenía que pagar impuestos, y sus hijos tendrían acceso a la mejor educación. El riesgo valía la pena.

Cuando usted y yo luchamos contra los principados y potestades en las regiones celestes, hay mucho en juego. Si perdemos, si fracasamos por no resistir, caemos en pecado que rompe nuestra comunión espiritual con el Padre y puede llevarnos a incrementados ataques y esclavitud espiritual.

¿Ha estado usted perdiendo sus batallas con la tentación? Permítame animarle a acudir al Señor y orar: «Señor, muéstrame dónde soy vulnerable.» Pudiera ser la ansiedad; pudiera ser la amargura. No sé cuáles sean los «botones de peligro» de sus tentaciones, pero sé quién lo sabe: el enemigo de su alma. También lo sabe el Señor, y Él puede mostrarle cuáles son para que usted pueda estar preparado para resistir al tentador cuando viene.

La mejor forma de resistencia es la que Jesús usó: la Palabra. Busque porciones bíblicas específicas que hablan a su necesidad y alístese para usarlas cuando Satanás venga en contra suya. Usted puede resistir al tentador y andar en la luz.

Hay un pecado que puede acosarnos fácilmente (He. 12:1). Todos lo tenemos. Quisiera haberme librado del mío, pero Dios estimó sabio no quitarlo. Pero dice: «Jim, te daré algo mejor. Te daré más gracia» (véase Stg. 4:6). Recuerde: «Resistid al diablo, y huirá de vosotros.»

14

QUÉ VESTIR PARA LA BATALLA

No trato de leer más allá en las palabras de las Escrituras, pero hay unos pocos lugares donde no puedo evitar preguntarme qué estaba en la mente del autor cuando lo escribió.

Uno de esos lugares es Efesios 6:10, donde Pablo empieza su enseñanza sobre la guerra espiritual y la armadura del cristiano, diciendo: «Por lo demás.» Creo que tras estas palabras hay más que una simple señal de que Pablo está llegando al tema final del libro. Pienso que él está diciendo: «Finalmente, puedo decirles lo que quería decirles: que es cómo luchar la guerra espiritual. Pero primero, tenía que lograr que ustedes fueran espirituales, y llevó cinco capítulos y medio hacerlo.»

Nosotros estamos en una situación muy similar en este libro. Hay mucho que tenía que decirles antes que pudiéramos llegar a este punto donde estamos listos para ponernos la armadura y librar una buena batalla por la mente. Ahora estamos listos. ¿Cómo aplicamos la armadura de Dios, por la que podemos «estar firmes contra las asechanzas del diablo»?

El meollo de la batalla

Efesios 6 es el meollo de la batalla para la guerra espiritual. Pablo ha preparado a los efesios, y a nosotros, para esto diciendo que no entristezcamos al Espíritu Santo (Ef. 4) y que seamos llenos del Espíritu (Ef. 5). Ahora que nuestra vida están bajo el control del Espíritu Santo estamos listos para la guerra, listos para estar en victoria. De modo que veamos la armadura del cristiano al alistarnos para la batalla.

> Por lo demás, hermanos míos, fortaleceos en el Señor, y en el poder de su fuerza. Vestíos de toda la armadura de Dios, para que podáis estar firmes contra las asechanzas del diablo. Porque no tenemos lucha contra sangre y carne, sino contra principados, contra potestades, contra los gobernadores de las tinieblas de este siglo, contra huestes espirituales de maldad en las regiones celestes. Por tanto, tomad toda la armadura de Dios, para que podáis resistir en el día malo, y habiendo acabado todo, estar firmes (Ef. 6:10-13).

Nuestros diabólicos enemigos

En el capítulo anterior hablé del concepto de la lucha (v. 12*a*). Consideremos ahora la última parte del versículo 12, donde Pablo menciona a cuatro grupos de espíritus diabólicos contra los cuales batallamos. Antes que podamos ponernos la armadura, Pablo quiere que sepamos contra quiénes estamos luchando.

El primer grupo son los *principados*. Esta es una palabra muy descriptiva. Un príncipe es una autoridad nombrada, y una *municipalidad* indica una región de gobierno político. De modo que estos son demonios designados para gobernar sobre ciertas áreas geográficas en el reino de las tinieblas.

Hallamos respaldo para esta idea en el libro de Daniel. Un ángel le dijo al profeta que su oración había sido oída y contestada, pero que «el príncipe del reino de Persia» le estorbó por veintiún días en traer la respuesta. Que este no era un simple ser humano es obvio por el hecho de que el arcángel Miguel tuvo que ser llamado para ayudar. Este «príncipe» era un principado diabólico.

El segundo grupo que Pablo menciona es *potestades*. Estos son demonios que tratan de tener poder sobre las vidas de los individuos. Quieren enquistarse en las vidas del pueblo de Dios. Una vez encontré a un demonio que se llamaba «perversión» en un niño de apenas ocho años de edad. El demonio dijo que estaba sencillamente esperando que este muchacho llegara a la edad de la actividad sexual para poder destruirlo.

Cuando estaba con mi misión, otro misionero me llevó consigo un día para hablarles del evangelio a unos niños que vivían en edificios de la Autoridad Portuaria de Nueva York. Eran lugares deprimentes, donde los niños vivían en degradación increíble.

Mi compañero trabajaba con frecuencia en estos edificios. Antes de entrar en el primero me dijo: «Jim, ve si puedes percibir alguna sensación predominante al entrar en estos edificios.» Lo primero que sentí no fue malo; pero a medida que avanzábamos había una sensación simplemente aplastante de desesperanza. Estaba escrita en cada rostro. En el próximo edificio la sensación aplastante que recibí fue de violencia.

Al recordar esa experiencia, creo que estas sensaciones fueron espíritus de influencia, las potestades que Pablo tiene en mente aquí. Dicho sea de paso, muchos misioneros creen que el espíritu controlador en los Estados Unidos es el materialismo.

Hay un tercer orden, rango o grupo de espíritus demoniacos en Efesios 6: *gobernadores de las tinieblas de este siglo*. Estos son demonios asignados a hombres y mujeres en liderazgo para influir a favor del reino de las tinieblas en sus decisiones. Creo que incluso los pastores tienen un demonio asignado a cada uno.

El grupo final son las *huestes espirituales de maldad en las regiones celestes*. Estos parecen ser espíritus asociados con la religión. ¿Sabía usted que más personas por todo el mundo están acudiendo a la enseñanza de la Nueva

Era que viniendo a Cristo? Esto es cierto incluso en lo que era la Unión Soviética y los países de Europa Oriental que hace poco ha quedado libres del comunismo. ¿Cómo se explica esto? No hay ninguna sede para el movimiento de la Nueva Era. No envían misioneros. No pienso que se puede explicar esto en términos meramente humanos. Considere la incuestionable lealtad de los adeptos a la Rama Davidiana en Waco, Texas, a principios de 1993. Las autoridades tuvieron que impedir a la fuerza que los seguidores de David Koresh se precipitaran de nuevo al edificio en llamas. Considere también la disposición de la mayoría de padres de dar a sus hijos refrescos envenenados a la orden de Jim Jones en Guyana. ¿Lo haría algún padre normalmente? La única explicación para tal conducta —un tipo de fanatismo y engaño religioso que resultó en muertes sin sentido— es la influencia demoniaca.

El día malo

Cuando se mira a todas estas fuerzas formadas contra nosotros, no nos sorprende que necesitemos toda la armadura de Dios. Necesitamos vestirnos la armadura para resistir los ataques durante «el día malo» (v. 13). Esto no es un período de veinticuatro horas. Me gusta la definición dada por Kenneth Wuest, profesor de griego por muchos años en el Instituto Bíblico Moody. Él dice que el día malo es un día en particular, un día de violentas tentaciones y ataques dondequiera que nos vienen. Recuerde que vimos que en Lucas 4 Satanás dejó a Jesús «por un tiempo», hasta otro día en que pudiera desatar sus peores ataques.

De modo que «el día malo» que Pablo tiene en mente aquí es el día en que llega el gran ataque, cuando todo el infierno se desata. Cuando nuestro amigo Bill regresó a su casa después de llegar a la libertad de su terrible forma de esclavitud sexual, le dije que un día malo le sobrevendría.

Nada en particular ocurrió por cerca de tres meses. Luego un día Bill me llamó y me dijo que le habían pedido que fuera a una escuela secundaria local para tomar medidas para ciertas renovaciones arquitectónicas que la escuela quería hacer. Por alguna razón, me dijo, tenía un mal presentimiento respecto a la tarea asignada, aun cuando no había nada de especial significación en ella.

Cuando Bill llegó a la escuela para tomar las medidas, los estudiantes estaban preparando una representación dramática para el teatro escolar, lo que quería decir que no podía medir esa parte de la escuela. Tendría que regresar una segunda vez para medir el teatro. Me llamó y me pidió que orara por él.

Bill llegó al teatro de la escuela y empezó su trabajo. Mientras avanzaba en su tarea, notó algunos cuartos a un lado del teatro que también tenía que medir. Oprimió el interruptor de la luz para un cuarto, y entró, y rápidamente descubrió que estaba lleno de los mismos artículos que usaba cuando practicaba su esclavitud sexual. Los objetos en sí mismo eran inermes, y no quiero dar la impresión equivocada acerca de la escuela. Pero al ver todos esos vestidos y artículos misceláneos ante sí, Bill de súbito se vio confrontado con su «día malo».

Más tarde me dijo que la tentación era tan fuerte que casi podía oír una voz diciéndole: «Adelante, solo esta vez. No te hará daño tocarlos.» Pero, alabado sea el Señor, Bill resistió al tentador en el nombre de Cristo, y salió.

Todo marchó bien hasta el siguiente día de los enamorados, que quedaba cerca del primer aniversario de la libertad de Bill. Quedó bajo ataques sostenidos en su hogar, en el trabajo, en la iglesia y dondequiera que fue ese día.

Me llamó y me dijo: «Jim, es realmente malo. No sé si podré lograrlo.» Pero el Señor le dio mayor gracia, y Bill permaneció firme. Después de ese día los ataques intensos cesaron. La experiencia de Bill refuerza la naturaleza del día malo que el erudito bíblico Clinton Arnold describe como tiempos específicos cuando el ataque del enemigo viene con poder extraordinario y la tentación a ceder es excepcionalmente fuerte.

Eso, mi amigo, ¡es guerra espiritual! Y puesto que «el día malo» no viene solamente una vez (como tanto quisiéramos que fuera), necesitamos mantener nuestra armadura en buenas condiciones.

LA ARMADURA DEL CRISTIANO

Ahora estamos listos para considerar la armadura del cristiano, una parte importante a la vez:

> Estad, pues, firmes, ceñidos vuestros lomos con la verdad, y vestidos con la coraza de justicia, y calzados los pies con el apresto del evangelio de la paz. Sobre todo, tomad el escudo de la fe, con que podáis apagar todos los dardos de fuego del maligno. Y tomad el yelmo de la salvación, y la espada del Espíritu, que es la palabra de Dios (Ef. 6:14-17).

EL CINTURÓN DE LA VERDAD

El primer artículo en la armadura en el arsenal del creyente es el cinturón de la verdad. El cinturón o cinto es lo que mantenía en su lugar la armadura del soldado romano. Cuando se trata de la verdad, usted tiene solamente dos alternativas. O bien cree lo que percibe ser la verdad, o abraza y cree la verdad de Dios.

¿Por qué necesitamos ponernos el cinturón de la verdad? Para responder a eso todo lo que necesitamos es preguntarnos: ¿Con quién nos enfrentaremos hoy? Satanás, «el padre de mentira», ¡el gran engañador! La única manera de estar firmes contra un mentiroso o engañador es con la verdad. Recuerde que el mentiroso persistirá en venir contra usted con sus mentiras mientras resulten. ¿Para qué cesar? Suponga que usted se dirige a su hogar una noche después de su trabajo y ve un hombre rudo grandulón de pie frente a su puerta de entrada. Usted estaciona su vehículo, se baja de él, y se dirige a la puerta. El extraño extiende su mano y le pide cinco dólares para permitirle entrar a su propia casa. Si usted le da el dinero, ¿adivine qué? A la noche siguiente volverá a estar allí. Y si le da otros cinco dólares, estará esperándolo cada noche de allí en adelante.

En realidad, el hombre continuará regresando mientras su mentira resulte. Pero si usted sabe la verdad de que esta es su casa y que él no tiene ningún derecho de estar allí, puede decirle: «Fuera de aquí, o llamo a las autoridades.»

Así es como Satanás trabaja; persistirá regresando hasta que le hagamos frente a su patraña. Si no tenemos el cinturón de la verdad firmemente sujeto alrededor de nuestra cintura nada más encaja bien. Pero como pueblo de Dios estamos equipados bien en esta área. Tenemos la verdad encarnada en la persona del Señor Jesús (Jn. 14:6), el Espíritu de verdad (Jn. 14:17), la Palabra de verdad (2 Co. 6:7) y la iglesia, que es «columna y baluarte de la verdad» (1 Ti. 3:15).

Otra cosa acerca de la verdad. Si la verdad de Dios es importante, puede estar seguro de que Satanás hará que usted esté demasiado ocupado como para leer su Biblia.

La coraza de justicia

El segundo artículo de la armadura espiritual es la coraza de justicia (v. 14). Ella nos protege contra la obra de Satanás como el «acusador». La justicia a que se refiere aquí puede ser nuestra justicia o la de Cristo. Creo que Pablo está refiriéndose a la justicia de Cristo, que Él nos da a cambio de nuestro pecado (2 Co. 5:21).

La razón para esto es que cuando se trata de estar en contra del acusador, Cristo es la única Persona que es totalmente sin culpa. Satanás no puede señalar ningún pecado en la vida de Cristo (Jn. 14:30), mientras que usted y yo tenemos abundancia de cosas en nuestra vida por las cuales Satanás puede acusarnos, incluso cosas que Cristo nos ha perdonado.

Por eso necesitamos estar con la justicia de Cristo a nuestro alrededor como una coraza. Cuando estamos en Cristo, Satanás no tiene nada de nosotros para tocar, nada de qué acusarnos. El enemigo y sus secuaces no nos tienen miedo, pero sí temen a Cristo.

El calzado

En el versículo 15 Pablo dirige su atención a nuestros pies, instándonos a calzarnos el tercer artículo de la armadura espiritual: el calzado del evangelio de la paz. Esto no es simplemente para salir a predicar el evangelio. Este no es el contexto aquí. El tema sobre el tapete es la guerra espiritual, de modo que creo que Pablo tiene en mente nuestra necesidad de resistir los ataques del enemigo y estar en la paz de Cristo.

«Mi paz os doy», dijo Jesús (Jn. 14:27). ¿Por qué necesita usted calzarse el calzado del evangelio? Porque va a encontrarse con un «león rugiente» llamado Satanás (1 P. 5:8), que tratará de hacer que sus pies resbalen queriendo convencerlo de que Dios no se preocupa por usted. Es más, el enemigo está «buscando a quien devorar» (1 P. 5:8). Literalmente, Satanás quiere «tragárselo entero».

¿Sabe usted cómo un león usa su aterrador rugido para asustar a su presa? Me han dicho que el león más viejo de la manada se mueve al punto en que el viento lleve su rugido hacia un hato de gacelas o lo que sea. Los animales aterrorizados salen disparados en dirección contraria, donde el resto de la manada de leones está esperando para devorarlos.

Si oyéramos a un león rugir, la mayoría de nosotros huiríamos. Si rugiera de nuevo, volveríamos a huir. Muy pronto estaremos dirigidos por el temor. Jesús dice: «No hagan eso. Estén firmes en la paz que yo les doy.»

Pedro repite esa promesa en el versículo precedente. Nos asegura que podemos echar en Dios todos nuestros cuidados, «porque él tiene cuidado de vosotros» (1 P. 5:7). Esta frase se puede traducir: «Ustedes ya son asunto de preocupación de Dios.»

Muchas veces en mi ministerio de consejería he visto la importancia del calzado de la paz. La gente que está enfrascada en intensa guerra espiritual, especialmente lo que están siendo víctimas día tras día, algunas veces concluyen: «Dios en realidad no se preocupa por mí. Si lo hiciera, no me dejaría languidecer en esta terrible esclavitud.» Pero Pedro dice enfáticamente: ¡Dios se preocupa! Usted y yo somos objeto de su más profunda preocupación. Un misionero del Instituto Lingüístico de Verano una vez me dijo que cuando tradujo Primera de Pedro 5:7 a un dialecto maya resultó: «Lo que te preocupa a ti, le preocupa a Él.» ¡Qué maravillosa promesa!

Esa promesa es tan importante porque recuerde que estamos hablando de guerra. Si usted estuviera en una batalla en el mundo antiguo, donde la lucha era hombre a hombre, lo mejor era estar bien calzado. No habría nada peor que perder el equilibrio con un enemigo estando sobre usted, espada en mano.

Incluso en la guerra moderna, la manera en que usted camina es crítica. Sólo pregúntele a cualquier veterano de la guerra de Vietnam cuán fácil era caer en una trampa disimulada o en una mina terrestre. Si usted tuviera que atravesar caminando un campo sembrado con centenares de minas ocultas listas para destrozarle los pies, ¿cómo caminaría? ¡Con mucho cuidado!

¿Le gustaría saber en un tiempo así que usted es asunto de intenso interés para Dios? Pienso que sí. A mí también. Esta seguridad es exactamente la que el calzado de la paz de Dios nos provee si nos lo calzamos. ¿No es interesante que al hablar de la guerra Pablo trae a colación el tema de la paz? Creo que estos tres primeros artículos de la armadura son una verdad posicional. Tengo estas cosas en virtud de ser un cristiano. Sencillamente tengo que recordarlas, aceptar su verdad, y responder consecuentemente. Pero los otros cuatro artículos no son posicionales. Tengo que tomarlos y ponérmelos encima. Hay un cambio del tiempo del verbo aquí. Es más activo.

El escudo de la fe

«Sobre todo», dice Pablo, debemos tomar el escudo de la fe (Ef. 6:16). Esta frase puede sugerir que el escudo de la fe es el artículo más importante de nuestra armadura espiritual. El escudo cubría al soldado, dándole una protección total contra los dardos y flechas del enemigo. La fe es tan importante porque nos da: Perdón de pecados, seguridad de salvación, identificación con la familia de Dios, triunfo sobre Satanás y esperanza de liberación.

En su forma más sencilla, la fe es creer lo que Dios ha dicho. ¿Por qué nos erguimos frente al enemigo? Porque Dios lo dice así. Estamos en la fuerza de lo que Él dice, no de lo que pensamos. Mis ideas no es lo importante aquí.

Como he dicho en el capítulo 4 con relación al perdón, la obediencia precede a la comprensión. La fe exige una autorización, una base para creer. Una autorización, como notamos, es un documento legal que le da a alguien permiso para hacer algo. Si alguien quiere investigar dentro de su casa, probablemente le exigirá que le muestre la orden de allanamiento, un documento legal que le dé derecho a hacerlo. Él recibe ese documento solamente si puede proveer evidencia de que se encontrará algo durante la búsqueda.

En Hebreos 11 vemos toda una serie de hombres y mujeres que se mencionan en conexión con su fe. Sus acciones se basaron en lo que Dios dijo (autorización), y Dios los sostuvo como hombres y mujeres de fe.

En Marcos 4 hay un gran cuadro de esta verdad, donde Jesús y los discípulos enfrentaron una feroz tormenta. Leemos en el versículo 39 que Jesús «reprendió» al viento, que dicho sea de paso, es la misma palabra que se usa siempre para lo que les dijo a los demonios.

Luego se volvió a los discípulos y les preguntó: «¿Por qué estáis así amedrentados? ¿Cómo no tenéis fe?» (Mr. 4:40). Debe de haber sido una tormenta terrible, porque estos hombres eran curtidos marineros. Pero la clave de la pregunta de Jesús se halla en el versículo 35. Él había dicho que iban a ir al otro lado del Mar de Galilea, no a irse al centro de una tormenta y ahogarse.

De modo que el verdadero problema era que los discípulos no le creyeron a Jesús. Dudaron de su palabra, y Él tuvo que reprenderlos por eso. El escudo de la fe apaga aquellos dardos de duda que Satanás nos lanza. En el mundo antiguo un escudo era absolutamente necesario. Los soldados romanos incluso entrecruzaban sus escudos para tener mayor protección.

El yelmo de la salvación

Luego tenemos el yelmo de la salvación (Ef. 6:17). La palabra *salvación* aquí puede traducirse también como «liberación», y creo que esa es exactamente la idea que Pablo tiene en mente. Si su hijo sale corriendo a la calle, y yo salgo corriendo tras él, lo quito del camino de un automóvil, y se lo traigo a usted de regreso, ¿qué es lo más probable que usted diría? «Gracias por salvarlo.»

Lo que hice no tiene nada que ver con la eternidad. Pasajes tales como Primera de Tesalonicenses 5:8 hablan acerca de «la esperanza de la salvación como yelmo». Aquí en Efesios 6 Pablo no está preocupado que el enemigo nos arrebate nuestra salvación, ni tampoco está diciendo que solo podemos esperar ser salvos. Satanás no puede arrebatarnos nuestra salvación porque nuestra esperanza en Cristo es cierta, no un simple deseo.

El yelmo de la salvación, en otras palabras, es la esperanza de liberación. ¿Por qué necesitamos esto? Porque como hemos visto en todo este libro, Satanás quiere hacernos creer que nuestra situación no tiene esperanza.

Recuerde que si usted cree que su situación está perdida, si llega a convencerse de que está atrapado en su esclavitud y que no hay nada que pueda hacer, solo tiene dos alternativas. Puede abandonarse al pecado o puede alistarse para despedirse de la vida. Cuando empiezo a creer la mentira del enemigo, Dios dice que necesito ponerme el yelmo.

La espada del Espíritu

El siguiente artículo de la armadura espiritual es la espada del Espíritu. Esto, a menudo, ha sido mal comprendido y mal interpretado. Pablo está refiriéndose a la Palabra de Dios *memorizada*, no a la Biblia. El Espíritu Santo no puede traer a su mente lo que no está allí.

Esta es la *jrema* de Dios, no el *logos*. Una *jrema* es la palabra para una necesidad inmediata. Esto quiere decir saber y citar las Escrituras bajo la influencia del Espíritu Santo, no repetir meramente palabras como parte de una simple fórmula. Las palabras no son mágicas. Note que es la espada del *Espíritu*. Es la espada que *Él* usa, no nosotros. El Espíritu Santo es quien da poder a la Palabra cuando le citamos las Escrituras al enemigo.

Por consiguiente, la espada del Espíritu no será de ningún uso para nosotros en la guerra espiritual si estamos entristeciendo o apagando al Espíritu Santo. Algunas personas se vuelven místicas en este punto. Conozco a un hombre que duerme con su Biblia sobre el pecho, para que lo proteja. ¡Qué risible! Usted haría mejor entonces abriendo su Biblia en Juan 3:16 y colocándola debajo de su cama por las noches. Eso es ocultismo, no es bíblico. Debo también mencionar que usar la *rema* del Espíritu no exige que citemos cada versículo de la Biblia al pie de la letra. El poder está en la verdad de las Escrituras. Cuando venimos contra el enemigo con la verdad de Dios, él tiene que huir.

Orar con súplica

El artículo final de la armadura espiritual se halla en Efesios 6:18: «orando en todo tiempo con toda oración y súplica en el Espíritu.» Una buena manera que he hallado de implementar la armadura de orar *con súplica* es desarrollar lo que llamo blancos de oración.

La idea tras los blancos de oración es que le dan otra línea de defensa contra los ataques del enemigo. Ya hemos dicho que cualquiera que sea su área o áreas de debilidad en la tentación, usted querrá desarrollar un arsenal de versículos para lidiar con ellas. Sugiero que escoja versículos para fortificarse contra todas las tres categorías principales de la tentación que el apóstol Juan menciona en Primera de Juan 2:16: «los deseos de la carne, los deseos de los ojos, y la vanagloria de la vida.»

Una vez que usted empuñe bien la espada del Espíritu, la Palabra de Dios, entonces seleccione un blanco de oración para cada una de sus áreas de debilidad. Permítame mostrarle cómo funciona esto.

Un blanco de oración es una persona que usted conoce: sea un creyente, un inconverso o un cristiano descarriado. Cuando quiera que el enemigo le ataca con una tentación destructiva, contraataque orando por la persona a quien usted seleccionó como blanco. Ore que esta persona retorne y haga gran daño a Satanás y a su reino.

Por ejemplo, suponga que tengo una debilidad real en el ámbito de la ira. Tengo un amigo que realmente necesita a Cristo. Cada vez que me veo tentado a explotar en ira y resisto, el Espíritu Santo me trae a la mente a este amigo, como parte de mi resistencia al tentador y su tentación a la cólera. Empiezo a orar que Dios atraiga a esta persona hacia sí, y que este amigo entonces le haga gran daño a Satanás y a su reino. Es difícil seguir iracundo cuando usted ha orado por alguna otra persona.

Los blancos de oración es un concepto muy sencillo, pero puedo decirle que revolucionarán su vida de oración, para no mencionar que ayudarán a fortalecerle en la batalla. Necesitamos hacer más que simplemente tratar y agazaparnos a la masacre de Satanás. Blandir la espada del Espíritu y orar por mis blancos de oración me pone a la ofensiva, en contraataque cuando Satanás ataca. Allí es donde quiero estar, no agazapándome o retrocediendo.

15

LA BATALLA ESTÁ EN SU CABEZA

La guerra espiritual es una batalla por la mente o el entendimiento. Esta es la verdad final que queremos considerar acerca de la guerra espiritual, y puede ser la más importante.

El hecho de que la guerra sea una batalla por el entendimiento no debiera sorprenderlo, basado en todo lo que se ha dicho hasta aquí acerca de la manera en que el enemigo nos ataca y gana terreno en nuestra vida. Proteger de sus ataques nuestra mente es vital porque el pecado empieza como un pensamiento. Una sugerencia, una idea, una posibilidad tentadora, lo que sea que tome, Satanás quiere traer a la mente algún plan para atraparnos y obligarnos a actuar en consecuencia.

Fortificar nuestra mente para la guerra espiritual eficaz es el paso final en el proceso que hemos estado describiendo, y por el que podemos recuperar cualquier terreno cedido a Satanás y empezar a limpiar de esa tierra las fortalezas que él ha construido.

Una vez que hemos pasado de la derrota espiritual a la victoria espiritual, la meta es vivir día tras día en victoria. Podemos hacerlo sólo en la medida en que reemplacemos las fortalezas de mentiras de Satanás con torres de verdad a las que podamos huir cuando el enemigo ataca.

Se pudiera decir, entonces, que tomar el control de nuestra mente y convertirla en armas espirituales eficaces en el poder del Espíritu Santo es la etapa de la guerra espiritual cuando nos lanzamos a la ofensiva. Una vez que he recuperado el terreno dado al enemigo y he destruido sus fortalezas, quiero evitar que vuelva a apoderarse de cualquier terreno la próxima vez que vuelva a atacar. Por eso nuestro entendimiento es algo crucial.

La batalla por la mente

Para ayudarlo en este importante aspecto, quiero hablar primero acerca de la mente bajo ataque, la batalla por nuestra mente que estamos enfrentando. Algo de esto será necesariamente repaso, porque ya hemos visto algunas de las maneras en que Satanás ataca nuestro entendimiento. Pero es tan crucial que comprendamos estas verdades, que pienso que no hará daño repetir uno o dos puntos dichos previamente. Luego consideraremos cómo

TERRENO MÁS ALTO:
Cómo vestirse la armadura espiritual

En su libro *Winning the War Within* [*Cómo ganar la guerra interior*], el Reverendo Charles Stanley revela que empieza cada día vistiéndose de la armadura mediante la oración, un artículo a la vez.[1] Las siguientes son algunas ideas para ayudarlo a hacer una oración similar como parte de su rutina espiritual diaria.

1. Dígale a Dios que en este día, por fe, usted se pone su cinturón de verdad. Rechace cualquier pensamiento o sugerencia que no se alínea con su verdad, sin que importe lo que sus sentimientos o sentidos pudieran estarle diciendo. Agradézcale también a Dios por haber llegado a conocer la verdad en cuanto a Él (Ef. 4:21) y acerca de usted mismo.
2. En oración colóquese encima la coraza de justicia. Pídale a Dios que conserve en su sitio su coraza para proteger su corazón y emociones, para evitar sentirse atraído por cualquier cosa que sea impura. Fije su corazón y mente en lo que es verdadero, y bueno y puro (Fil. 4:8).
3. Póngase el calzado del evangelio de la paz, para que pueda andar con paso seguro y que el enemigo no le haga tropezar. Ore que pueda exhibir la paz de Dios por donde quiera que va.
4. Tome el escudo de la fe, de modo que pueda estar firme contra el enemigo. Agradézcale a Dios de que su fe no está desprovista de fundamento, sino que tiene garantía, una base para la acción. Aprópiese de su promesa para darle la fuerza que necesita para repeler los «dardos de fuego» del enemigo.
5. Coloque sobre su cabeza el yelmo (casco) de la salvación, que es la esperanza de la liberación divina. Agradezca al Señor por haberle provisto de este artículo de protección contra la mentira del enemigo de que su situación está perdida, y de que no hay salida.
6. Colóquese la espada del Espíritu, la Palabra de Dios. Agradézcale a Dios por el precioso don de su Palabra y regocíjese de que su Espíritu puede darle una Palabra para su necesidad inmediata. Determine pasar tiempo en la Palabra hoy para aumentar su arsenal de verdad.
7. Ore con súplica. Ore por sus blancos de oración, las personas que Dios ha puesto en su corazón.

podemos renovar nuestra mente como cristianos, según Pablo nos lo dice en Romanos 12:1-2. Quiero darle un «plan de batalla» bíblico que incluye lo que quiere decir renovar su entendimiento, cómo puede tomar el control de sus pensamientos, y como fijar su mente en aquellos pensamientos que agradan a Dios y están de acuerdo con su Palabra.

De modo que empecemos a procurar obedecer el mandato de Pedro de «ceñir los lomos de vuestro entendimiento» (1 P. 1:13), una figura del lenguaje que ilustra a una persona en el mundo antiguo metiendo dentro de su cinturón los extremos sueltos de su túnica para estar libre para la acción. Una exhortación equivalente en nuestros días sería: «¡Súbanse las mangas y pónganse a trabajar!»

Ese es un gran cuadro de lo que Dios quiere que hagamos con nuestra mente. No hay nada pasivo en la guerra espiritual, especialmente cuando se trata de guardar y fortificar la mente. Me gusta la manera en que un erudito bíblico define la mente, según la usa Primera de Pedro 1:13: Es el «centro del entendimiento que produce pensamientos y resoluciones, el poder de juicio racional que puede ser inclinado por factores externos tales como la apelación de deseos malos (v. 14).»[1]

Hay mucho de verdad en esa frase. Lo que está diciendo se ajusta precisamente con lo que dijimos antes respecto a nuestros pensamientos. Recuerde que los pensamientos proceden de una de tres fuentes: nosotros mismos, Dios o Satanás. ¡Ay de la persona que no puede diferenciarlos! La gran artimaña de Satanás es plantar en nuestro entendimiento pensamientos intrusos, hacernos pensar que son nuestros, y luego acusarnos por tenerlos.

Por eso es vital comprender el pasaje bíblico de Segunda de Corintios 10:3-5. ¿Alguna vez ha puesto estos versículos lado a lado con Romanos 12:2? Estos dos pasajes son totalmente consecuentes. Lo que nos dicen es que hay un falso sistema de creencias por ahí que procura capturarnos y meternos a la fuerza en su molde, un sistema moldeado por todas las influencias que nos rodean y de dentro de nosotros que la Biblia llama el «mundo» y la «carne».

Ya dije en un capítulo previo que cada uno de nosotros tiene dentro de sí un sistema de creencias que es producto de estas influencias: la familia, la educación, los medios de comunicación masiva, los amigos, la música, etc. No estoy sugiriendo de ninguna manera que todo lo que recibimos de estas fuentes sea falso. De ninguna manera. Sin embargo, para que nuestra conducta sea aceptable ante Dios, nuestras percepciones falsas basadas en estas influencias deben ser reemplazadas por un sistema de creencias basado en la verdad.

¿Por qué? Porque hacemos uso de nuestro sistema de creencias para formular nuestras decisiones y acciones. ¿Qué clase de decisiones y acciones resultarán de un sistema de creencias terriblemente errado? ¡Decisiones y acciones terriblemente erradas!

Nuestro amigo Bill es un ejemplo típico. Mientras creía que estaba irremediablemente atrapado en su problema sexual y estaba también destruyendo lentamente a su familia, la única decisión racional parecía ser quitarse la vida. Dios tuvo que cambiar el sistema de creencias de Bill, su entendimiento, antes que él pudiera ser libre.

De acuerdo con Proverbios 23:7: «Porque cual es su pensamiento en su corazón, tal es él.» En esencia, es imposible que una persona viva en forma inconsecuente a su sistema de creencias. Una persona tal vez no siempre viva lo que profesa, pero siempre actuará de acuerdo con lo que cree.

De modo que nuestro reto es volver a enfocar y reprogramar nuestra mente, reemplazar los pensamientos equivocados con pensamientos correctos y que honren a Dios. Concluiremos este capítulo, y el libro, mirando la lista de «pensamientos recomendados» por Pablo en Filipenses 4:8. Pero todavía no estamos listos para eso.

Dos acciones que realizar

Regresemos a Segunda de Corintios 10:3-5, que contiene verdades que son esenciales para ganar la batalla por la mente. Note primero el fuerte contexto del conflicto. Estos versículos nos alertan que estamos en una batalla muy real, y que el campo de batalla es la mente del cristiano.

Veo aquí dos importantes acciones que es absolutamente vital realizarlas para poder ganar la batalla por nuestra mente. La primera es que debemos someter nuestra mente al control del Espíritu Santo. La importancia de ser llenos del Espíritu se describe en otro lugar de las Escrituras (Ef. 5:18). Pertenecemos al Señor en cuerpo, alma y espíritu, y es el Espíritu Santo quien mora en nosotros para darnos poder para la obediencia. De modo que nuestra mente debe ser colocada bajo su control. ¿Cuál es la alternativa a una mente controlada por el Espíritu? Una mente «carnal», y Pablo nos dice en el versículo 4 que las armas de la carne son completamente inútiles en la guerra espiritual.

La segunda acción que debemos realizar es aceptar la Palabra de Dios como nuestra autoridad final. ¿Por qué es esto importante cuando se trata de derribar las fortalezas de Satanás en nuestra mente? Porque estas fortalezas son reforzadas por los sentimientos. En mi propia vida, no sólo creía que era inferior, por muchos años me sentí fuertemente inferior, y este sentimiento tenía efecto devastadores en mi ministerio y en mi andar personal con Cristo.

Aquí es donde la consagración del creyente a la autoridad de la Palabra cambia las cosas. Tenía que tomar una decisión. ¿Me aferraría a mi creencia equivocada y sentimientos errados acerca de mí mismo, o creería en la verdad de Dios, objetiva, escrita, de que soy una persona digna y valiosa a su vista? Usted ha enfrentado el mismo tipo de decisiones, estoy seguro. En mi caso, para que algo ocurriera en mi vida tuve que hacer una nueva elección.

Tuve que decidir si creer a Dios y no a mis sentimientos, o aferrarme a mis creencias erradas reforzadas por sentimientos equivocados.

Todo se reduce a esto: ¿Es Dios digno de nuestra confianza, y es su Palabra la autoridad final en nuestra vida? Dios, por su gracia, me capacitó para confiar en Él y creer en su Palabra. Cuando lo hice, la fortaleza de la inferioridad fue derribada en mi vida.

Dos batallas que librar

Además de las dos acciones, observo en Segunda de Corintios 10:3-5 dos batallas. La primera es la que acabo de describir, el derribar fortalezas (v. 4) La segunda batalla aquí se llama llevar «cautivo todo pensamiento a la obediencia de Cristo» (v. 5). Si alguien piensa que la guerra espiritual es un asunto pasivo donde sencillamente vaciamos nuestra mente y dejamos que Dios la llene, este versículo corregirá eso. Ese es un versículo de acción. La idea tras la palabra *cautivo* es que debemos tomar nuestros pensamientos «a punta de lanza».

Pienso que lo que M. R. Vincent tiene para decir respecto al versículo 5 en su obra *Word Studies in the New Testament [Estudios de palabras del Nuevo Testamento]* es muy útil. Él llama a las fortalezas «elevadas obras militares, o fortalezas elevadas, naturales con sus murallas de roca almenada». Llevar nuestros pensamientos a la cautividad, dice, continúa la metáfora militar. «La obediencia [a Cristo] es la nueva fortaleza a la cual son llevados los cautivos.»[2]

¿No es ese un gran cuadro? Las nuevas fortalezas de las que Vincent está hablando es lo mismo que hemos llamado torres de verdad. La perspectiva que nos da es tan valiosa porque la idea no es simplemente liberar del control de Satanás nuestros pensamientos para que puedan flotar libremente. Como pecadores, nuestros pensamientos todavía necesitan ser llevados a la cautividad y la obediencia. La meta es someter nuestra mente al comandante apropiado.

CÓMO DISCERNIR LA FUENTE DE NUESTROS PENSAMIENTOS

Pero esto también hace surgir una pregunta. Si vamos a llevar cautivos nuestros pensamientos, ¿cómo sabemos cuándo hemos capturado un pensamientos intruso del enemigo y si necesitamos darle una vuelta o librarnos de él? ¿Qué apariencia tienen los pensamientos equivocados? No puedo hacer mucho para llevar cautivos mis pensamientos a Cristo si no puedo distinguirlos.

Cómo identificar los pensamientos errados

Una razón por la que esto es tan importante es que como creyentes podemos caer víctimas de lo que parecen ser buenos pensamientos. Pueden incluso ser pensamientos religiosos, diciéndonos al parecer cosas buenas. La diferencia es que cuando estos pensamientos proceden del enemigo, vienen con una fuerza enormemente coercitiva que es muy diferente del acicate gentil de la dirección del Espíritu Santo. Pienso que usted verá la diferencia en el testimonio que sigue.

Pero debido a que estos pensamientos vienen con un disfraz religioso, a la mayoría nunca se nos ocurre cuestionar su origen. Como con frecuencia les recuerdo a los que aconsejo, el enemigo no se preocupa por el instrumento que usa para engatusarnos, siempre y cuando logre atarnos y dejarnos inútiles.

Un caso de estudio

Esta idea tal vez sea un poco difícil de captar, de modo que permítame contarle la historia de Alan. Como pastor de una iglesia pequeña en Texas, Alan es un fervoroso creyente, que además tiene también un trabajo secular a tiempo completo para proveer para su esposa y sus dos hijas pequeñas.

Como muchos otros cristianos que se siente acicateados a trabajar muy duro, Alan trabajaba diligente y sinceramente para el Señor, pero no sentía gozo ni ningún otro fruto del Espíritu porque sus esfuerzos no eran dirigidos por el Espíritu. La niñez de Alan fue la típica de los muchachos de los pueblos pequeños. Se crió en una iglesia rural, e hizo profesión de fe cuando tenía ocho años. Es notable que antes que Alan naciera, su madre atravesó un período de severo legalismo en su fe. Se deshizo de todo lo que pudiera parecer mundano, quitando todos los cuadros de las paredes de su casa. Sorprendentemente, queriendo hacer lo que era «correcto», en cierto punto incluso se fue para que le leyeran las palmas de la mano.

De acuerdo con Alan, su mamá dejó ese movimiento en particular poco después que él nació, pero él se sentía hostigado por pensamientos severos y compulsivos desde muy temprana edad. Describe que era «acicateado legalistamente». Cuando tenía seis o siete años, sintió una fuerte necesidad de relacionarse con la iglesia.

Cuando Alan se sintió convicto de pecado y fue guiado a darle su corazón a Cristo, dice que recuerda que no quería pasar al frente para hacer su decisión pública. Le dijo al Señor: «Voy a trabajar para ti, pero no quiero pasar al frente.» Alan fue bautizado ese mismo año, y dice que ya estaba comprometido a hacer cualquier cosa que Dios quisiera que él hiciera. Este elevado nivel de dedicación persistió en él, pero llegó a ser extremadamente legalista en todo. En su testimonio escrito explica cómo se manifestaba este legalismo:

Si leía las Escrituras, tenía que leer cada palabra y cierto número de versículos cada día. No leía por el gozo de leer la Palabra de Dios. Criticaba a todo el mundo, y me sentía como que tenía que decirle a todo el mundo lo que tenían que hacer. Una vez vi a otro muchacho en la iglesia tomando la comunión en lo que me pareció que no era la actitud apropiada de reverencia, y me enfurecí tanto que le mostré mis puños crispados.

Mi actitud compulsiva también se expresaba en otras áreas que no tenían nada que ver con la religión. Tenía que tocar las cosas con ambas manos, por ejemplo. Tenía que pisar cada grieta en la vereda, o pararme sobre ella con ambos pies.

Recuerde que estamos hablando aquí de un niño. ¿Puede usted ver cómo el enemigo estaba encaminando a Alan a tener problemas más tarde en su vida? Alan no estaba oyendo ninguna voz ni nada que pudiera clasificarse como extraño. Eran sencillamente pensamientos muy fuertes, compulsivos, que nunca puso en duda. Dio por sentado que era parte normal de su crecimiento.

Un indicio de que algo andaba mal era que Alan nunca había tenido ningún sentido de gozo a principios de su vida cristiana. Es más, dice que se sentía miserablemente desdichado durante esos años, aun cuando estaba haciendo todo lo que pensaba que Dios quería que hiciera.

A comienzos de su adolescencia, Alan luchó en cuanto a la seguridad de su salvación, al mismo tiempo que batallaba para servir a Dios con celo. Mientras más dudas sentía, más celo ponía en servir. «El enemigo quería robarme toda semblanza de paz y gozo y hacerme un esclavo de la religión, un zelote religioso que servía debido a un sentido de temor y culpa en lugar de amor», dice Alan, mirando en retrospectiva a aquellos años.

Dicho sea de paso, lo que Alan describe es también característica de muchos miembros de las sectas religiosas que quedan atrapados en el terrible legalismo de esos sistemas falsos. Aquí el enemigo usa sus pensamientos intrusos para hacer gran daño, porque la mayoría de personas dan por sentado que si están siendo acicateados a hacer cosas religiosas, eso es bueno.

Alan, por supuesto, no estaba siguiendo ninguna secta. Era un adolescente sincero y confundido que conocía al Señor, pero que había quedado atrapado en el carrusel de sentir que simplemente tenía que hacer ciertas cosas; pensamientos que ahora reconoce que venían del enemigo. Dada su compulsión para arreglar a otras personas, no era sorpresa que en la secundaria conocieran a Alan como el «predicador», y llegó a ser una especie de solitario. Era en extremo proclive a discutir y a juzgar, tratando arduamente de ser testigo de la mejor forma que sabía, pero abordando las cosas de la manera equivocada.

Alan también era riguroso con su hermana, cuatro años menor que él. Para entonces su madre ya casi ni asistía a la iglesia, y su padre se mantenía ocupado en la cochera cuando no estaba trabajando. La familia entera quedó afectada por este espíritu legalista, incluso mucho tiempo después que la madre de Alan había abandonado sus prácticas legalistas.

Mirando hacia atrás, a los años en la universidad, Alan puede ver ahora cómo el enemigo había estado encaminándolo hacia una caída. Hasta este punto Alan había sido compulsivamente religioso y había vivido una vida muy estricta. Pero en la universidad encontró la pornografía, y cayó en la trampa del pecado sexual. En lugar de horrorizarse por eso y ser impulsado en sentido contrario, Alan trató de justificar sus componendas morales. Se dijo que había llevado una buena vida y que merecía algo de placer. Hacía votos a Dios y regateaba con Él, pero todo el tiempo estaba cediéndole más y más terreno al enemigo.

Lo que es en realidad interesante es que conforme Alan cedía moralmente, sus dudas religiosas desaparecían, lo que, como reconoce, indica de dónde procedían esas dudas. El enemigo había usado pensamientos intrusos para mantener a Alan en una esclavitud religiosa, un zelote que trabajaba para Dios por un sentido de obligación. Y para mantener a Alan atado, Satanás inundaba su mente con dudas que le arrebataban cualquier sentido de paz o gozo.

Cuando Alan estaba finalizando la universidad, una nueva dirección vino a su vida. A los veintiún años empezó a salir con una mujer muy especial. Pronto se casaron y con el tiempo tuvieron un hijo. Durante este tiempo Alan arregló cuentas respecto a su pecado, pero no comprendía cómo lidiar con la intervención del enemigo en su vida. Dice que creía que Dios le iba a quitar la vida por su pecado. Empezó a tener serios problemas físicos: dolores del pecho, dificultad para respirar, ataques de ansiedad.

A pesar de todo esto, Alan todavía tenía en su corazón el servir a Dios. Se relacionó con la obra juvenil y con el tiempo se le pidió que sirviera en una iglesia pequeña como pastor interino. Pronto se sintió apabullado por la culpa que había en su vida.

«Satanás asumió el papel de acusador en mi vida —dice Alan—. Me cargó con culpa y me hizo sentir indigno de ser pastor. En realidad me estaba agotando.» Llamó a una organización cristiana y ésta lo refirió a mí, y Alan y yo tuvimos una larga conversación antes que aceptara venir a verme. «Quiero sanar de estos problemas físicos —me dijo—, pero también quiero quedar libre de esta infelicidad que parece haber sido parte de mi vida cristiana desde el mismo comienzo.»

Más adelante pasamos una semana juntos. Recalqué cómo Cristo nos ha aceptado y nuestra honrosa posición en Él. Hablamos de dónde reside la batalla espiritual, y guié a Alan a recorrer los pasos hacia la libertad. Las dos puntos clave para la libertad fueron que Alan pudo reconocer la fuente de sus batallas espirituales y aceptar su limitación física como parte del plan sabio de Dios.

«Ver dónde estaba mi batalla espiritual me dio un cimiento sólido y fortaleza para continuar. Conforme recuperaba el terreno cedido, los pensamientos intrusos se alejaron», escribió Alan más tarde.

«Por supuesto, quería que mis problemas físicos también desaparecieran, pero una clave real para mí fue verlos a la luz de seguir al Señor. Llegué al punto en que estuve dispuesto a aceptar mis limitaciones físicas porque, como Pablo, podía ver que Dios podía producir algo bueno a través de todo eso (2 Co. 12).»

Alan empezó a ver lo que era importante: que Dios le amaba y quería lo mejor para él, que estaba en Cristo, y que el enemigo estaba bajo sus pies. Estas verdades revolucionaron la vida y predicación de Alan, y aun cuando todavía sufre físicamente, su ministerio es fructífero y lleno de gozo.

Cómo reconocer los ataques de Satanás

Lo que Alan experimentó es sólo una de las maneras en que Satanás puede atacar nuestra mente. Las Escrituras nos dan otros ejemplos de cómo Satanás puede venir en contra del entendimiento, de la mente, no solo de los creyentes sino también de los inconversos por igual. Satanás puede oscurecer o cegar el entendimiento (Ef. 4:17-18; 2 Co. 4:3-4), corromper los sentidos (2 Co. 11:3), engañarnos con sus maquinaciones (Ef. 6:11), evitar la comprensión de la Palabra (Mr. 4:15), y venir como ángel de luz para esparcir tinieblas (2 Co. 11:14). Satanás incluso se dedica a seducir, usando «espíritus engañadores» para alejar nuestra mente de la verdad y confiar en una mentira (1 Ti. 4:1).

Qué contraste a la manera en que las Escrituras describen un entendimiento afinado con Dios y bajo el control del Espíritu Santo, que está listo y anhelante de recibir la verdad de la Palabra de Dios (Hch. 17:11). Esta clase de mente o entendimiento produce humildad (Hch. 20:19; Col. 3:12); es una mente espiritual (Ro. 8:6), una mente dispuesta (2 Co. 8:12), dominio propio (2 Ti. 1:7), un entendimiento limpio (2 P. 3:1).

En resumen, un entendimiento o mente a tono con Dios y bajo el control del Espíritu Santo es un entendimiento o una mente renovado. Veamos cómo podemos renovar nuestro entendimiento como Dios lo quiere y ganar esta batalla del todo importante, la gran batalla continua en la guerra espiritual

CÓMO RENOVAR NUESTRO ENTENDIMIENTO

La exhortación primordial para que renovemos nuestro entendimiento se halla en Romanos 12:2. Pero la súplica del apóstol Pablo por la renovación del entendimiento en realidad empieza en el versículo 1, con un llamado a presentar nuestro cuerpo a Dios como un sacrificio vivo. El lugar para empezar a renovar nuestro entendimiento es una rendición completa de nosotros mismos al Señor: en cuerpo, alma y espíritu, lo cual incluye nuestro entendimiento.

Creo que esto tiene que ser una actitud diaria de rendición. Como muchas personas han observado, el problema con un sacrificio vivo es que persiste en bajarse del altar. Nuestro entendimiento en realidad está vivo y activo, recibiendo y procesando pensamientos cada día. Por eso para el cristiano la renovación de la mente es una de las disciplinas diarias en la guerra espiritual. Las buenas noticias son que podemos adiestrar nuestra mente de la misma manera en que entrenamos nuestro cuerpo. Es un proceso positivo, no simplemente asunto de vaciar nuestras cabezas de malos pensamientos. En las Escrituras nunca se nos dice que vaciemos nuestra mente. Es más, Jesús advirtió respecto al peligro de la actividad demoniaca en una mente que queda vacía y barrida (véase Mt. 12:45).

Algunos recordatorios importantes

Ya hemos identificado las tres fuentes de nuestros pensamientos: nosotros mismos, el Señor, y el enemigo. Permítame recordarle aquí que usted no tiene por qué ser dominado por su vieja manera de pensar. Sus pensamientos no son autoritativos. Tener un pensamientos no dice nada respecto a quién o qué es usted. Aceptar sus pensamientos como autoritativos es colocarse en riesgo de problemas reales.

También, la sola presencia de un pensamiento en su mente no quiere decir que tiene que obedecerlo. Tampoco la presencia de un pensamiento quiere decir que ocurrirá. No creamos realidad por nuestra vida de pensamientos. Repito estas cosas porque muchas personas creen que si piensan en algo, están destinados a realizarlo, o que pensar ese pensamiento de alguna manera les da libertad para realizar la acción.

Un final recordatorio que quiero dejarle antes que entremos en la disciplina de renovar el entendimiento es: tener un pensamiento malo no lo hace a usted pecador o culpable. Si así fuera, Jesús hubiera pecado, puesto que recibió (pero no los puso en práctica) pensamientos malos, que le fueron sugeridos por Satanás en la tentación en el desierto.

Es verdad que el diablo no aflojará el control de la vida mental de la persona sin lucha, de modo que debemos estar preparados para la guerra espiritual cuando declaremos la guerra a nuestra vieja manera de pensar. Pero la batalla ya ha sido ganado por nosotros. Hemos sido hechos libres. Dios nos ha dado «dominio propio» (2 Ti. 1:7).

Una disciplina diaria para la renovación del entendimiento

Como usted puede decirlo ya, me gusta hablar de pasos específicos, alcanzables, que las personas pueden dar para llegar a donde Dios quiere que estén. Esto es cierto cuando se trata de obedecer Romanos 12:1-2, de modo que permítame sugerir algunos pasos que han ayudado a miles de hombres y mujeres a hacerse cargo de su pensamientos y poner su entendimiento bajo el control del Espíritu Santo.

1. Pruebe sus pensamientos. «Probad los espíritus si son de Dios» (1 Jn. 4:1).

Acostúmbrese al proceso de examinar sus pensamientos para determinar su origen. La fuente de algunos pensamientos será rápidamente obvia si son viles y perversos. Pero como vimos en el caso de Alan, el origen de otros pensamientos no es tan obvia.

Tenemos el ministerio del Espíritu para ayudarnos en el proceso, pero demasiados creyentes nunca han engranado su mente para que coopere con el Espíritu. Fue Platón quien dijo que la vida sin examinar no vale la pena vivirla. Podríamos parafrasear esto y decir que los pensamientos sin examinar no valen la pena pensarlos. (Por supuesto, cuando examinamos nuestros pensamientos, no tratamos de rastrear la fuente de cada pensamiento que nos pasa por la mente. Eso sería imposible de todas maneras. En lugar de esto, estamos hablando de aquellos pensamientos que se abren paso a nuestro pensamiento consciente y tienen efecto de alguna clase sobre nuestras acciones.)

Felizmente, Dios no nos ha dejado a nuestras propias fuerzas para que tratemos de descubrir las cosas. Su Palabra nos da la norma por la cual hay que probar cada pensamientos. No necesitamos caer en la trampa de creer que Dios es algo así como de mente abierta para las cosas, que si algo me parece hermoso y cierto, eso es todo lo que importa. La verdad de Dios no funciona de esta manera. ¿Cuál es el primer artículo de la armadura espiritual que se pone el cristiano? El cinturón de la verdad (Ef. 6:14).

2. Rechace los pensamientos equivocados. El hecho de que tenemos poder en Cristo para decir no a los pensamientos errados es una revelación que les abre los ojos a muchos de los que aconsejo. Para cuando llegan a mi oficina, muchas de estas personas están tan acostumbradas a ser esclavos de sus pensamientos errados, que nunca se les ocurre que tienen el poder para rechazar obedecer a esos pensamientos malos.

Hay una distinción importante que debemos tener presente aquí: La diferencia entre los pensamientos y el acto de pensarlos. El enemigo puede sembrar pensamientos errados en nuestra mente, pero no puede obligarnos a pensar sobre ellos, a rumiarlos y dejarlos germinar hasta que crezca a un pecado completo.

Creo que esta distinción es de lo que habla Santiago 1:14-15. La concupiscencia tiene que «concebir» para producir pecado. Es decir, tenemos que alimentar y nutrir a un pensamiento lujurioso antes que éste pueda producir nada. Insto a los que aconsejo, y a usted también, a usar esta sencilla afirmación cuando les viene un pensamiento equivocado: «No doy mi consentimiento a eso.»

3. Resista al diablo. Ya hemos tratado con esto en suficiente detalle, de modo que no necesito añadir mucho más. Pero la resistencia necesita ser incluida en nuestro proceso de renovación diaria de nuestro entendimiento, porque Satanás no siempre huye a nuestro primer esfuerzo de decirle que no. Tenemos la autoridad y el poder de Cristo para ordenarle al enemigo

TERRENO MÁS ALTO:
Cómo renovar su entendimiento

Una mente sintonizada con Dios es más capaz de resistir los ataques de Satanás. La renovación de la mente o entendimiento (Ro. 12:2) es crucial, y esta lista de seis partes muestra cómo abrir su mente al control de Dios. (Véase también en las páginas 200 un plan de acción que puede seguir para renovar cada día su entendimiento y dominar la batalla espiritual.)

1. Reconozca que las mentiras, los pensamientos negativos, las acusaciones y las dudas ya no son verdad respecto a usted como una nueva criatura en Cristo (2 Co. 5:17).
2. Pida a Dios perdón por cualquier resentimiento que persista, ira, odio y amargura que tal vez conserve contra personas que le han herido o han pecado contra usted. Perdónelas para que Dios pueda perdonarlo a usted (Mr. 11:25).
3. Rechace las mentiras del enemigo como intentos de arruinar su crecimiento y libertad en Cristo. Despójese de su viejo yo (Ef. 4:22).
4. Sumerja su mente y corazón en la verdad de Dios. Pase tiempo en los pasajes de las Escrituras que le hablen al alma; aprópiese por fe de sus promesas.
5. Pídale al Espíritu Santo que lo fortalezca. Agradézcale a Dios por lo que esta haciendo en su vida (Ef. 5:20). Alabe y bendiga al Señor (Sal. 16:7; 34:1).
6. Descanse en la seguridad de que, conforme usted es fiel, Dios hará la obra de renovar su entendimiento.

que salga.

4. *Cuéntele al Señor inmediatamente todo pensamiento.* Esto es muy importante cuando se trata de los pensamientos que Satanás con mayor frecuencia usa para tratar de hacernos tropezar: los recuerdos de pecados y fracasos pasados. Si tal pecado está bajo la sangre de Cristo y usted ha lidiado con sus consecuencias, el enemigo no tiene ninguna autoridad para afligirlo con él. Usted puede entregar a Cristo ese pensamiento acusador y agradecerle porque Él murió para limpiarlo.

5. *Memorice la Palabra de Dios.* Podríamos escribir un capítulo entero sobre el increíble valor e importancia de memorizar las Escrituras. Volvemos otra vez a la importancia de reemplazar los pensamientos equivocados con los buenos; y la única fuente infalible de buenos pensamientos es la Palabra de Dios. La memorización de las Escrituras es una de aquellas disciplinas diarias que tiene un maravilloso efecto acumulativo sobre su entendimiento y corazón. Conforme empapa su mente en las Escrituras, usted empieza a pensar los pensamientos de Dios. Y así le da al Espíritu Santo un tremendo arsenal de verdad a la cual echar mano y traerla a su mente cuando usted la necesita.

6. *Ponga su entendimiento en las cosas de arriba.* Un versículo maravilloso del Nuevo Testamento actúa como un «catálogo» bíblico de lo que Dios quiere que pensemos. Esta es una descripción de catálogo:

> Por lo demás, hermanos, todo lo que es verdadero, todo lo honesto, todo lo justo, todo lo puro, todo lo amable, todo lo que es de buen nombre; si hay virtud alguna, si algo digno de alabanza, en esto pensad (Fil. 4:8).

No puedo pensar en una mejor manera de concluir nuestro estudio que considerar cada uno de estos términos que Pablo usa, y ver cómo Dios quiere que usemos nuestro entendimiento.

«Todo lo que es verdadero.» La idea de la verdad es lo que se conforma a la realidad desde la perspectiva de Dios, que es genuino y acertado. Lo opuesto de la verdad, dicho sea de paso, no es la falsedad. Es la fantasía, lo que es irreal, que no se conforma con la realidad bíblica.

«Todo lo honesto.» Esto tiene que ver con lo que es honroso, que honra a Dios, digno de nuestra reverencia y estima. Sugiero que debemos rechazar los pensamientos que son innobles, viles o indignos de alguien que está tratando de imitar al Señor Jesucristo.

«Todo lo justo.» En la Biblia la única norma de lo que es justo o recto es la rectitud y justicia de Dios. De modo para pensar lo que es justo y hacer lo que es justo, debemos meditar en la ley de Dios, su Palabra (véase Sal. 1:2).

«Todo lo puro.» Esto quiere decir incontaminado, casto, inocente, limpio, libre de toda impureza moral. Obedecer esta norma sola eliminaría como la mitad de los problemas con nuestros pensamientos. «Todo lo amable.» Esta palabra sugiere pensamientos que son agradables, atractivos, que nos mueven hacia el amor antes que hacia lo que es intratable y arisco. Pensamientos amables (cariñosos) llevan a la clase de acciones que le hacen tener una excelente reputación ante otros.

«Todo lo que es de buen nombre.» El hermoso término *de buen nombre* quiere decir «se habla bien de ello». Sugiere un compromiso a hablar sólo lo que es favorable acerca de otros. Esto no niega la necesidad de hablar la verdad en amor cuando es necesario. En lugar de eso, lo que Pablo tiene en mente aquí es lo opuesto a la difamación y el chisme.

¡Qué tremenda lista! Y qué llamado para que nosotros, como pueblo de Dios, conformemos nuestro pensamiento a este modelo. La «virtud» y «alabanza» ligado a pensar de esta manera hace de estos los más elevados y más excelentes pensamientos que podemos tener porque glorifican a Dios.

Mi reto al concluir para usted como creyente igual que yo es hacer de la renovación de su entendimiento una disciplina diaria mientras «pelea la buena batalla». Dios lo honrará por eso, y usted hallará poder espiritual, autoridad, fruto y paz como nunca antes imaginó que había disponible para usted.

Recuerde que andar en la victoria espiritual no es asunto de un paso a la vez, sino de una elección a la vez. ¡Dios le ha dado todos los recursos que necesita para hacer esa elección apropiada!

NOTAS

Introducción
1. Warren Wiersbe, *The Strategy of Satan* [*La estrategia de Satanás*] (Wheaton, Ill.: Tyndale, 1985), p. 105.

Capítulo 2: Cediendo y ganando terreno espiritual
1. Neil Anderson, *Released from Bondage* [*Libertad de la esclavitud*] (San Bernardino, Calif.: Here's Life, 1991), p. 15.
2. Timothy Warner, *Spiritual Warfare* [*Guerra espiritual*] (Wheaton, Ill.: Crossway, 1991), p. 79.
3. Ibíd., p. 80.
4. Anderson, *Released from Bondage* [*Libertad de la esclavitud*], p. 16.
5. Warner, *Spiritual Warfare* [*Guerra espiritual*], p. 79.
6. Scott Moreau, *The World of Spirits* [*El mundo de los espíritus*] (Nairobi, Kenya: Evangel Publishers, 1990), p. 90.
7. Frank Gaebelein, ed. *The Expositor's Bible Commentary* [*Comentario bíblico del expositor*], vol. 11 (Grand Rapids, MI.: Zondervan, 1978), p. 64.
8. Clinton Arnold, *The Power of Darkness* [*El poder de las tinieblas*] (Downers Grove, Ill.: InterVarsity, 1992), p. 128.
9. Ed. Silvoso, *How to Reach Our Cities for Christ* [«Cómo alcanzar a nuestras ciudades para Cristo»] videocasete (Oak Brook, Ill.: Institute in Basic Life Principles, 1992).

Capítulo 8: Las familias bajo ataque
1. Es interesante que la madre de la muchacha ha llegado a ser creyente y su testimonio está disponible en video. Póngase en contacto con el Centro Internacional de Consejería Bíblica, 1551 Indian Hills Drive, Suite 200, Sioux City IA, 51104, U.S.A., y le enviaremos información sobre cómo obtener una copia de esta cinta de video. O puede ordenarla directamente de *Arrows Ministry*, P. O. Box 992, Mission, SD 57555, U.S.A.
2. Este misionero ha hecho un video, «The Snake Story» [«La historia de la serpiente»], en el que relata su experiencia en el campo misionero. Póngase en contacto con el Centro Internacional de Consejería Bíblica,

en la dirección indicada arriba, pidiendo información sobre cómo obtener una copia de esta cinta de video, o puede ordenarla directamente del *Institute in Basic Life Principles*, Box 1, Oak Brook, IL 60522, U.S.A.

Capítulo 10: La belleza duradera de una esposa y madre

1. Gary Smalley, *If Only He Knew [Si sólo lo supiera]* (Grand Rapids, MI.: Zondervan, 1989), p. 15.
2. H. Norman Wright, *Marriage & Family Enrichment Resource Manual [Manual de recursos para el matrimonio y el enriquecimiento familiar]* (Denver, CO.: Christian Marriage Enrichment, 1979), p. 58.
3. Ibíd.
4. Smalley, *If Only He Knew [Si sólo lo supiera]*, pp. 13-14.

Capítulo 11: Los niños también pueden resistir

1. Esta es una oración que se sugiere y que usted puede usar para pedir la protección de Dios: «Padre celestial: Te pido en el nombre y por la sangre del Señor Jesucristo que ates y reprendas a Satanás, y que pongas un cerco de protección alrededor de mí y de cada miembro de mi familia. Te pido esto confiando en tu Palabra, que dice en Filipenses 1:6: "Estando persuadido de esto, que el que comenzó en vosotros la buena obra, la perfeccionará hasta el día de Jesucristo." En el nombre de Jesús nuestro Pastor, Amén.»
2. Artículos sospechosos incluirían materiales de lectura y objetos de religiones falsas, objetos de ocultismo, cualquier material sexualmente orientado, la música y videos de música errada, juegos de video en los que interviene el mal, y artículos de la Nueva Era. Destruir tales materiales no es una respuesta exagerada: en realidad, es lo que los cristianos consagrados hicieron en Éfeso (Hch. 19:19).

Capítulo 14: Qué vestir para la batalla

1. Me encanta como el Dr. Stanley concluye su oración por la armadura espiritual cada día, y se la recomiendo: «Señor, ahora marcho regocijándome de que me has escogido para representarte en este mundo perdido y muriéndose. Que otros vean a Jesús en mí, y que Satanás y sus huestes tiemblen conforme tu poder se manifiesta en mí. En el nombre de Jesús, Amén». Recomiendo el libro de Stanley, publicado (en inglés) por Thomas Nelson.

Capítulo 15: La batalla está en su cabeza

1. Howard Marshall, *1 Peter, The IVP New Testament Commentary Series [1 Pedro, Serie de comentarios IVP del Nuevo Testamento]*, Grant R. Osborne, ed., (Downers Grove, Ill.: InterVarsity, 1991), pp. 50-51.
2. M. R. Vincent, *Word Studies in the Greek New Testament [Estudios de*

palabras del Nuevo Testamento en griego] (Wilmington, Del.: Associated Publishers and Authors, 1972), pp. 833-34.

BIBLIOGRAFÍA SELECTA

Anderson, Neil T., *Living Free in Christ [Viviendo libre en Cristo]*. Ventura, Calif.: Regal, 1993.
Arnold, Clinton. *The Powers of Darkness [El poder de las tinieblas]*. Downers Grove, Ill.: InterVarsity, 1992.
Beeson, Ray. *The Real Battle [La batalla real]*. Wheaton, Ill.: Tyndale, 1988.
Bubeck, Mark, *El adversario*. Grand Rapids, MI.: Editorial Portavoz, 1988.
_____. *Venciendo al adversario*. Grand Rapids, MI.: Editorial Portavoz, 1991.
_____. *The Satanic Revival [El avivamiento satánico]*. San Bernardino, Calif.: Here's Life, 1991.
Bunyan, John. *El progreso del peregrino*. Grand Rapids, MI: Editorial Portavoz, 1986.
Carroll, Joseph S. *How to Worship Jesus Christ [Cómo adorar a Jesucristo]*. Chicago: Moody, 1991.
Crossman, Eileen, *Mountain Rain [Lluvia montañera]*. Littleton, Colo.: OMF Books, 1982.
Dickason, C. Fred. *Ángeles: escogidos y malignos*. Grand Rapids, MI: Editorial Portavoz, 1995.
Gothard, Bill. *Life Purpose Journals [Diarios del propósito de la vida]* (vols. 1 y 3). Oak Brook, Ill.: Institute in Basic Life Principles, 1991.
Gurnall, William. *The Christian in Complete Armour [El cristiano con armadura completa]*. Editado y presentado por James S. Bell, hijo. Chicago: Moody, 1994.
Matthews, Arthur R. *Born for Battle [Nacido para la batalla]*. Littleton, Colo.: OMF Books, 1985.
Murphy, Ed. *Handbook for Spiritual Warfare [Manual para la guerra espiritual]*. Nashville: Thomas Nelson, 1992.
Pentecost, J. Dwight. *Vuestro adversario el diablo*. Miami, Logoi Inc. 1974.
Peterson, Robert. *Roaring Lion [León rugiente]*. Littleton, Col.: OMF Books, 1969.
Stanley, Charles. *Winning the War Within [Ganando la guerra interior]*. Nashville: Oliver-Nelson, 1988.
Unger, Merrill F. *What Demons Can Do to Saints [Lo que los demonios les pueden hacer a los santos]*. Chicago: Moody, 1991.
Warner, Timothy, *Spiritual Warfare [Guerra espiritual]* Wheaton, Ill.: Crossway, 1991.

Watt, Gordon. *Effectual Fervent Prayer [Oración ferviente eficaz]*. Greenville, S.C.: Great Commission Publishers, 1981.

Webster, Richard. *Tearing Down Strongholds [Derribando fortalezas]*. Taipei, Taiwan.: Campus Evangelical Fellowship. 1990.

_____. *Worship & Warfare [Adoración y guerra]*. Taipei: Campus Evangelical Fellowship, 1990.

White, Tom. *Breaking Strongholds [Derribando fortalezas]*. Ann Arbor, Mich.: Servant, 1993.

Wiersbe, Warren W. The Strategy of Satan [La estrategia de Satanás]. Wheaton, Ill.: Tyndale, 1985.

_____. What to Wear to War [Qué vestir para la guerra]. Lincoln, Neb.: Back to the Bible, 1986.

Made in the USA
Columbia, SC
09 September 2024

41755121R00115